LICHT STRAHLEN

BIBEL LESEN 2023

BORN-VERLAG

LICHTSTRAHLEN AUCH ZUM MITNEHMEN

Auch in diesem Jahr gibt es die Lichtstrahlen wieder als App für unterwegs – für alle Buchbesitzer sogar **kostenfrei!**

www.bornverlag.de

© 2022 **BORN**-VERLAG, Kassel
Printed in Germany - all rights reserved

Herausgeber:
Deutscher Jugendverband
„Entschieden für Christus" (EC) e.V.

Schriftleitung und Lektorat: Steffi Pfalzer
Korrekturlesen inhaltlich: Kathrin Schmidt, Freudenstadt
Redaktion: Kerstin Kamhem
Gestaltung und Satz: be · Dieter Betz Design-Kommunikation, Friolzheim
Bildnachweis Umschlag: PeopleImages/iStock
Druck: CPI books, Leck

Verwendung von Jahreslosung, Monatssprüchen und Bibelleseplan mit freundlicher Genehmigung von Ökumenische Arbeitsgemeinschaft für Bibellesen, Caroline-Michaelis-Straße 1, 10115 Berlin, www.oeab.de

Bibeltexte (Verwendung mit freundlicher Genehmigung des Herausgebes):
Lutherbibel, revidierter Text 2017, © 2016 Deutsche Bibelgesellschaft, Stuttgart
Einheitsübersetzung der Heiligen Schrift, revidierter Text 2017,
© 2016 Katholische Bibelanstalt Gmbh, Stuttgart, Alle Rechte vorbehalten
BasisBibel, © 2021 Deutsche Bibelgesellschaft, Stuttgart

ISBN 978-3-87092-631-1
Bestellnummer 182.099
www.bornverlag.de

IHR LIEBEN,

ein neues Jahr liegt vor uns — wie schön!! Was wird es wohl mit sich bringen? Das wissen wir noch nicht — und wahrscheinlich ist das auch ganz gut so! Aber was wir wissen: Gott geht mit! Und er hat uns im Blick — welch eine geniale Jahreslosung, die uns durch dieses neue Jahr begleiten möchte! Aber dazu auf den nächsten Seiten mehr ...

Wir freuen uns, dass auch die Lichtstrahlen wieder ein Jahresbegleiter sein möchten und sind dankbar für all die Menschen, die daran mitgewirkt haben. Ein dickes DANKESCHÖN an dieser Stelle allen Autoren und Autorinnen, die Zeit investiert, nachgedacht, über Bibeltexten gebrütet und gebetet, Worte formuliert und Gedanken kurz zusammengefasst haben, so dass uns jetzt wieder 365 Impulse für dieses Jahr vorliegen! Das ist genial und wäre ohne Euer großartiges Engagement überhaupt nicht denkbar!!!

Mögen die einzelnen Auslegungen und Texte zum Segen werden für Euch, liebe Leserinnen und Leser und möge Gott Euch durch die Texte ganz persönlich ansprechen und begleiten — das ist unser Wunsch!

Seid herzlich gegrüßt vom gesamten Team
des **BORN**-Verlags,
Eure

Steffi Pfalzer
Programmleitung BORN-Verlag

Kerstin Kamhem
Redaktion Lichtstrahlen

INHALTSVERZEICHNIS ||||||||||||||||||

- **6** Gedanken zur Jahreslosung
- **9** Psalm 139
- **10** Lichtstrahlen am Morgen
- **11** Lichtstrahlen am Abend
- **12** Morgengebet 1
- **13** Morgengebet 2
- **14** Abendgebet 1
- **15** Abendgebet 2
- **16** Segensgebet
- **17** Gebet in Bedrängnis
- **18** Der Deutsche Jugendverband „Entschieden für Christus" (EC) e.V.
- **20** Jugendevangelisation im Deutschen EC-Verband
- **21** Das BuB im Deutschen EC-Verband
- **22** Gebetsanliegen für jeden Tag der Woche
- **26** Teenagerarbeit im Deutschen EC-Verband
- **27** Biblisches Buch 1. Mose
- **28** Biblisches Buch Römer
- **29** Kalenderwochen 1-5
- **49** Kinder- u. Jungschararbeit im Deutschen EC-Verband
- **50** Pfadfinderarbeit im Deutschen EC-Verband
- **51** Kalenderwochen 6-12
- **79** Team-EC im Deutschen EC-Verband
- **80** Biblisches Buch Matthäus
- **81** Kalenderwochen 13-16

97 Biblisches Buch Sprüche	**224** Biblisches Buch Judas
98 Biblisches Buch Philipper	**225** Kalenderwoche 47
99 Kalenderwochen 17-29	**229** Biblisches Buch Jesaja
151 Junge Erwachsene im Deutschen EC-Verband	**230** Biblisches Buch Lukas
152 Beratung und Begleitung im Deutschen EC-Verband	**231** Kalenderwochen 48-49
153 Kalenderwochen 30-41	**239** Der BORN-Verlag im Deutschen EC-Verband
201 Biblisches Buch Jakobus	**240** Kommunikation u. Medien im Deutschen EC-Verband
202 Biblisches Buch Hiob	**241** Kalenderwochen 50-53
203 Kalenderwochen 41-46	**254** Solzial-Missionarische Arbeit im Deutschen EC-Verband
223 Freiwilligendienste im Deutschen EC-Verband	**255** Autorenverzeichnis
	256 Bibelstellenverzeichnis

Wie das mit den Lichtstrahlen gelingen kann ...
Bei der Auslegung der einzelnen Bibeltexte beziehen sich die Autoren überwiegend auf die Bibelübersetzung BasisBibel. Täglich ist etwas Platz unter der Auslegung für eigene Gedanken, um sie festzuhalten und die Lichtstrahlen zu einem persönlichen Jahrbuch zu machen. Am Sonntag ist zudem ein Lied für die Woche aus „Feiert Jesus! 5" (FJ! 5) vorgeschlagen.

JAHRESLOSUNG

Du bist ein Gott, der mich sieht. (1. Mose 16,13)

„Der liebe Gott sieht alles!" — Mit dieser Aussage sind unzählige Christen älteren Semesters aufgewachsen. „Mach bloß nichts Falsches. Gott sieht es!" Es ist immer problematisch, wenn wir Gott für unsere Erziehungszwecke missbrauchen. Denn was leicht als Drohung verstanden werden kann, ist in Wirklichkeit eine faszinierende Erkenntnis:
Gott sieht mich! Ich bin kein unbedeutendes Staubkorn im Sand der Welt. Ich bin nicht einfach Teil einer unzählbaren Masse. Ich werde gesehen. Ich werde wahrgenommen. Und das nicht von irgendjemandem, sondern von Gott höchstpersönlich. Gott sieht mich! Was für eine wunderbare Aussage.

Abrahams Magd Hagar hat das am eigenen Leib erlebt. Sie musste das Elend ihrer Chefin Sarah mit ansehen. Sarah war unfruchtbar und sehnte sich doch zutiefst nach einem Kind. Kein Mittel blieb unversucht. Und so musste Hagar für ihre Chefin Sarah zur Erfüllungsgehilfin werden, um der Verheißung Gottes etwas nachzuhelfen. Zuerst sah sie ihre große Chance darin, als sie sozusagen zur Leihmutter der Verheißung Gottes werden sollte.
Allerdings machte sie der Gedanke, sich von Sarah zu emanzipieren, hochmütig und überheblich. Die Katastrophe nahm ihren Lauf und Hagar wurde von Sarah förmlich in die Wüste geschickt. Vertrieben und verstoßen saß sie an einer Wasserquelle, so wie die Frau am Jakobsbrunnen (Joh 4), der sich Jesus annahm.

Doch das Unglaubliche geschieht. Gott meldet sich zu Wort. Er sieht Hagar. Er sieht ihre verzweifelte Lage. Und er greift durch einen seiner Engel in das Geschehen ein. Das Leben von Hagar nimmt unverhofft eine hoffnungsvolle Wende. Die Verheißung ist atemberaubend: „Ich werde deine Nachkommen so zahlreich machen, dass man sie nicht zählen kann" (1. Mose 16,10).
Diese Verheißung, die Abraham bekommen hat, bekommt nun auch sie. Gott sieht sie an. Er sieht sie in ihrer Not. Und er wendet das Blatt. „Du bist schwanger und wirst einen Sohn zur Welt bringen.

Den sollst du Ismael, ‚Gott hat gehört', nennen. Denn der Herr hat dich gehört, als du ihm diene Not geklagt hast" (1. Mose 16,11). Die unscheinbare Magd Hagar bekommt eine Verheißung, die ihr das Leben neu eröffnet. Diese Begegnung wird zu einer bedeutenden Wegmarkierung im Leben von Hagar. Für sie bekommt Gott einen neuen Namen: „Du bist ein Gott, der mich sieht."

Man kann viele außergewöhnliche Dinge über Gott sagen. Man kann ihm viele aufregende Eigenschaften zuschreiben. Aber diese Aussage ist besonders eindrücklich: Du schaust mich an. Nicht herablassend. Liebevoll. Du siehst mich. In meiner Situation. In meiner Not. Du siehst mich an und wertest mich auf.

Eine andere junge, unbedeutende Frau hat diese Verheißung viele Jahre später ebenfalls erhalten: „Du wirst schwanger werden und einen Sohn zur Welt bringen. Dem sollst du den Namen Jesus geben" (Lk 1,31). Die Umstände waren ähnlich kompliziert wie bei Hagar. Und auch die junge Maria macht die Erfahrung: Gott sieht mich. „Ich lobe den Herrn aus tiefstem Herzen. Alles in mir jubelt vor Freude über Gott, meinen Retter. Denn er wendet sich mir zu, obwohl ich nur seine unbedeutende Dienerin bin. Von jetzt an werden mich alle Generationen glücklich preisen" (Lk 1,46-48).

Offensichtlich hat Gott ein besonderes Herz für „niedrige Mägde". Er sieht sie an und schaut nicht über sie hinweg. Gott lässt sich nicht blenden von den Reichen und Schönen. Er sieht das, was unbedeutend und überschaubar ist – er sieht es an und gibt ihm Würde und Bedeutung.

„Du bist ein Gott, der mich sieht." Diese Aussage löst bei manchen Unbehagen aus. Gott, der Superpolizist im Himmel, dem nichts entgeht und der alles sieht, was wir falsch machen.
Hagar hat Gott anders erlebt: In meiner Not hat er mich angesehen und besucht. Ich bin ihm nicht egal. Er sieht mich. Er nimmt mein Elend wahr und erhört mich.

→

„Gott sieht mich." So nennt Hagar ihren Gott. Das ist bemerkenswert. Andere Götter betonen den Abstand. Sie sind weit weg. Erhaben. Unerreichbar. Der Gott der Bibel ist ein Gott, der uns sieht. Durch Jesus wird das beeindruckend sichtbar: Er verlässt seinen himmlischen Thronsaal. Er begibt sich hinein in die Welt – auf Augenhöhe zu den Menschen.

„Du bist ein Gott, der mich sieht." In dieser Aussage stecken unendlich viel Liebe, Anerkennung und Hoffnung. Ich werde von Gott nicht übersehen, selbst wenn es manchmal so scheint. Er sieht mich, auch da, wo andere mich übersehen. Er sieht mich und kennt mich. Was für manch einen Menschen bedrohlich klingt, ist für mich das pure Evangelium. Jesus weiß, was los ist in meinem Leben. Er kennt mich durch und durch. Ich kann ihn nicht enttäuschen. Er hat sich nie getäuscht in mir. Er weiß, woran er an mir ist. Das wusste er, als er mich gerufen hat. Und das weiß er bis heute. Er sieht mich, wie ich bin. Und er liebt mich, wie ich bin. Und weil das so ist, deshalb kann ich zu mir stehen. Auch zu den Dingen, bei denen ich mich nicht mit Ruhm bekleckere. Auch in den Situationen, in denen ich regelrecht versage.

Du bist ein Gott, der mich sieht. Und mir vergibt. Gott sieht nicht das, was ich kann und habe. Er sieht das, was ich bin: sein geliebtes Kind.

Klaus Göttler
Generalsekretär beim Deutschen EC-Verband, Kassel
E-Mail: generalsekretär@ec.de

PSALM 139
GOTT KENNT MICH

Herr, du hast mich erforscht
und kennst mich genau.
Ob ich sitze oder stehe: Du weißt es.
Meine Absicht erkennst du von fern.
Ob ich gehe oder ruhe: Du merkst es.
Alle meine Wege sind dir bekannt.
Noch liegt mir kein Wort auf der Zunge,
schon weißt du, Herr, was ich sagen will.
Von hinten und von vorn hast du mich umfasst
und hast deine Hand auf mich gelegt.
Zu wunderbar ist dieses Wissen für mich.
Es ist mir zu hoch: Ich kann es nicht begreifen.
Wohin könnte ich gehen vor deinem Geist,
wohin fliehen vor deiner Gegenwart?
Würde ich in den Himmel steigen: Du bist dort.
Würde ich mich in der Unterwelt verstecken:
Dort bist du auch.
Würde ich hochfliegen, wo das Morgenrot leuchtet,
mich niederlassen, wo die Sonne im Meer versinkt:
Selbst dort nimmst du mich an die Hand
und legst deinen starken Arm um mich.
Da sagte ich: „Finsternis komme über mich!
Nacht soll mich umhüllen wie sonst das Licht!"
Doch für dich ist die Finsternis nicht finster,
und die Nacht leuchtet so hell wie der Tag:
Finsternis ist für dich wie das Licht.
Ja, du hast meine Nieren geschaffen,
mich im Bauch meiner Mutter gebildet.
Ich danke dir und staune,
dass ich so wunderbar geschaffen bin.
Ich weiß, wie wundervoll deine Werke sind.
Nichts war dir unbekannt am Aufbau meines Körpers,
als ich im Verborgenen geschaffen wurde —
ein buntes Gewebe in den Tiefen der Erde.
Ich hatte noch keine Gestalt gewonnen,
da sahen deine Augen schon mein Wesen.
Ja, alles steht in deinem Buch geschrieben:
Die Tage meines Lebens sind vorgezeichnet,
noch ehe ich zur Welt gekommen bin.
Wie kostbar sind für mich deine Gedanken, Gott!
Wie zahlreich sind sie doch in ihrer Summe!
Wollte ich sie zählen: Es sind mehr als der Sand.
Würde ich erwachen: Noch immer bin ich bei dir.
Ach Gott! Ich wünschte mir, dass du die Frevler tötest!
Und ihr Mörder, lasst mich doch endlich in Ruhe!
Ja, sie widersetzen sich dir in böser Absicht,
voller Tücke erheben sie sich — deine Feinde!
Sie hassen dich, Herr. Sollte ich sie nicht hassen?
Sollte ich deine Widersacher nicht verabscheuen?
Ja, ich hasse sie mit aller Leidenschaft.
Zu Feinden sind sie für mich geworden.
Erforsche mich, Gott, und erkenne mein Herz!
Verstehe mich und begreife, was ich denke!
Sieh doch, ob ich auf einem falschen Weg bin,
und führe mich auf dem Weg, der Zukunft hat!

„STILLE ZEIT" MIT DEN LICHTSTRAHLEN AM MORGEN

EINGANGSGEBET

Hier bin ich Gott, vor dir, so wie ich bin –
mit meiner Sehnsucht, meiner Hoffnung, meiner Freude,
meinem Ärger, meiner Müdigkeit …
Hilf mir zu sehen, was du mir zeigen möchtest,
zu hören, was du mir sagen möchtest,
zu spüren, dass du mit mir gehst und bei mir bleibst.
So bin ich jetzt vor dir und kann zur Ruhe finden,
weil ich längst von dir gefunden bin.
Amen.

BIBELTEXT LESEN

5 Minuten Zeit nehmen, um über
das Gelesene nachzudenken;
Erklärung hier im Buch lesen

GEBET FÜR DEN TAG

Herr, ich bringe dir diesen Tag dar,
mit dem meine Arbeit und
mein Denken neu beginnen.
Ich möchte ihn mit dir gestalten und
bitte dich um dein Mitgehen,
ganz dicht an meiner Seite.
Amen.

„STILLE ZEIT"
MIT DEN LICHTSTRAHLEN
AM ABEND

EINGANGSGEBET

Hier bin ich Gott, vor dir, so wie ich bin —
mit allem, was mich noch beschäftigt von diesem Tag her.
Hier bin ich mit meinen Erfolgen, meinem Scheitern,
meinen ungeklärten Fragen und unerledigten Aufgaben.
Ich lasse dich teilhaben an dem, was gelungen ist
und mich erfreut hat. Ich gebe dir zurück, was
nicht gelungen und unvollendet geblieben ist.
Hilf mir zu sehen, was du mir jetzt zeigen möchtest,
zu hören, was du mir sagen möchtest,
zu spüren, dass du mit mir gehst und bei mir bleibst.
So bin ich jetzt vor dir und kann zur Ruhe finden,
weil ich längst von dir gefunden bin. Amen.

BIBELTEXT LESEN

5 Minuten Zeit nehmen, um über
das Gelesene nachzudenken;
Erklärung hier im Buch lesen

LUTHERS ABENDSEGEN

Das walte Gott Vater, Sohn und Heiliger Geist! Amen.
Ich danke dir, mein himmlischer Vater, durch Jesus Christus,
deinen lieben Sohn, dass du mich diesen Tag gnädiglich
behütet hast, und bitte dich, du wollest mir vergeben alle
meine Sünde, wo ich Unrecht getan habe, und mich diese Nacht
auch gnädiglich behüten. Denn ich befehle mich, meinen Leib
und Seele und alles in deine Hände. Dein heiliger Engel sei mit
mir, dass der böse Feind keine Macht an mir finde.

MORGENGEBET 1

Guten Morgen!

Danke für diesen neuen Tag.
Lass ihn uns gemeinsam genießen und gestalten.
Bitte begleite mich mit deinem Frieden in dem, was ich wünsche.
Erfülle mich mit deiner Freude in dem, was ich denke.
Begeistere mich mit deiner Liebe in dem, was ich sage.
Beschenke mich mit deiner Weisheit in dem, was ich plane.
Und stärke mich mit deiner Kraft in dem, was ich tue.
Ich liebe dich.
Ich vertraue dir.
Du gibst mir, was ich heute brauche.
Dir zur Ehre und anderen zum Segen. Amen.

Linda Koch

MORGENGEBET 2

VORBEI IST DIE NACHT, MIT IHREM ENDE
STARTET EIN NEUER TAG FÜR MICH.

NOCH SIND DIE AUGEN MÜDE,
DIE GLIEDER SCHWER UND DER MAGEN LEER.

DOCH DIE GEDANKEN KREISEN SCHON, DER
TERMINKALENDER IST VOLL, DIE ZEIT IST KNAPP.

BEVOR ICH MICH IN DIE ROUTINE DES ALLTAGS BEGEBE,
MÖCHTE ICH AUFTANKEN BEI DIR.

ICH MÖCHTE ZUR RUHE KOMMEN, VOR DIR
DURCHATMEN, MICH NICHT HETZEN LASSEN UND
DIESEN TAG MIT DIR GESTALTEN.

HILF MIR, NICHT LEER ZU LAUFEN, IMMER WIEDER
INNEZUHALTEN, NACH DIR ZU FRAGEN, MICH NICHT
TREIBEN ZU LASSEN.

ICH MÖCHTE DIESEN TAG AUS DEINER HAND NEHMEN, MIT
DIR GESTALTEN UND HEUTE ABEND WIEDER IN DEINE HAND
ZURÜCKGEBEN.

Steffi Pfalzer

Abendgebet 1

Herr, alle Begegnungen und
Aufgaben, alles was mich heute
ermutigt, bewegt und herausgefordert hat,
steht unter deinem liebenden Blick.
Danke.

Vergib mir, wo ich schuldig
geworden bin und bitte hilf mir,
anderen genauso zu vergeben.

Lass mich auftanken bei dir.
Ich lege meine Familie,
meine Freunde, meine Projekte,
meine Sorgen und meine Träume
in deine starken Hände.
Danke, dass sie bei dir
gut aufgehoben sind.

Du bist ein Gott, der mich sieht,
auch wenn ich meine Augen schließe.
Amen.

Linda Koch

ABENDGEBET 2

HERR, MEIN GOTT,
ICH DANKE DIR, DASS DU DIESEN TAG
ZU ENDE GEBRACHT HAST.
ICH DANKE DIR, DASS DU LEIB UND SEELE
ZUR RUHE KOMMEN LÄSST.
DEINE HAND WAR ÜBER MIR UND HAT MICH
BEHÜTET UND BEWAHRT.
VERGIB ALLEN KLEINGLAUBEN UND
ALLES UNRECHT DIESES TAGES
UND HILF, DASS ICH ALLEN VERGEBE,
DIE MIR UNRECHT GETAN HABEN.
LASS MICH IN FRIEDEN UNTER DEINEM SCHUTZ
SCHLAFEN UND BEWAHRE MICH VOR DEN
ANFECHTUNGEN DER FINSTERNIS.
ICH BEFEHLE DIR DIE MEINEN,
ICH BEFEHLE DIR DIESES HAUS,
ICH BEFEHLE DIR MEINEN LEIB UND MEINE SEELE.
GOTT, DEIN HEILIGER NAME SEI GELOBT.

AMEN

Dietrich Bonhoeffer

Segensgebet

Gott segne dich.
Er begleite dich mit seinem Frieden
in deinen Wünschen.
Er erfülle deine Gedanken mit Freude
und deine Worte mit Liebe.
Er schenke dir Weisheit in dem, was du planst,
Gelingen in dem, was du tust
und Vertrauen in dem, was du lässt.
Sei gesegnet.

Linda Koch

GEBET IN BEDRÄNGNIS

Gott, zu dir rufe ich.
Sammle meine Gedanken,
hilf mir zu beten;
ich kann es nicht allein.

In mir ist es finster,
aber bei dir ist das Licht;
ich bin einsam,
aber du verlässt mich nicht;
ich bin kleinmütig,
aber bei dir ist die Hilfe;
ich bin unruhig,
aber bei dir ist Friede;
in mir ist Bitterkeit,
aber bei dir ist die Geduld;
ich verstehe deine Wege nicht,
aber du weisst den Weg für mich.

Dir sei Ehre in Ewigkeit.

Dietrich Bonhoeffer

Besser zusammen!
Eine Jugendbewegung, die verbindet

Der EC Deutschland begleitet seit über 140 Jahren Menschen in der prägendsten Phase ihres Lebens. So ist es dazu gekommen:
Ein junger Pfarrer erlebt in seiner Gemeinde eine Erweckung unter seinen Konfirmanden und sucht händeringend nach einer geeigneten Form, wie er diesem geistlichen Aufbruch einen Rahmen geben kann. Der EC war geboren: EC „Entschieden für Christus". Oder wie es im Englischen heißt, denn der Pfarrer lebte in den USA: „Christian Endeavour" (Christliche Bestrebungen). Diese etwas sperrigen und alten Worte machen deutlich, worum es geht: Junge Menschen wollen ihren Glauben an Jesus Christus ganz praktisch leben und Gott in ihrem Alltag beim Wort nehmen.
Aus diesem Anfang in Portland im US-Bundesstaat Maine wurde schnell eine weltweite Jugendbewegung. 1994 schwappte sie nach Deutschland über. Der Deutsche EC-Verband entstand und verbreitete sich im ganzen Land. Ursprünglich in Woltersdorf bei Berlin ansässig, siedelte die EC-Zentrale nach dem zweiten Weltkrieg nach Kassel über. Von dort aus unterstützt sie die Arbeit der 16 Landesverbände und rund 700 Jugendarbeiten in Deutschland. Zur EC-Bewegung in Deutschland gehören mehr als 40.000 Kinder und Jugendliche. Inhaltlicher Fokus sind die vier Dimensionen, die die EC-Arbeit von Anfang an charakterisieren:

UP   die Beziehung zu Gott
IN   die Verbundenheit zu einer örtlichen Gemeinde
WITH   die Verbundenheit zu allen Christen
OUT   die missionarische und soziale Dimension

Dieser inhaltliche Fokus findet sich ganz besonders in der Veranstaltung „Focus" wieder: Unter dieser Bezeichnung treffen sich EC-Mitglieder regelmäßig an ihren Orten, um ihre Beziehung zu Gott zu stärken und miteinander neu Prioritäten zu setzen für das eigene Leben und die gemeinsame Kinder- und Jugendarbeit.

Im Kindes- und Jugendalter geschehen entscheidende Prägungen im Leben. Hier werden grundlegende Weichen gestellt. Der EC-Verband möchte gerne Kinder und Jugendliche unterstützen und sie mit Jesus Christus als Fundament und Anker ihres Lebens in Verbindung bringen.
Als Mitglieder dieses Verbandes lernen Jugendliche Verantwortung zu übernehmen und Leitung wahrzunehmen.

Der Deutsche Jugendverband „Entschieden für Christus" (EC) e. V. ist Träger der freien Jugendhilfe, ein freies Werk innerhalb der Evangelischen Kirche in Deutschland (EKD) und Mitglied der „Arbeitsgemeinschaft Evangelische Jugend in Deutschland" (aej). Er ist Mitglied des „Gnadauer Evangelischen Gemeinschaftsverbandes" und über die Evangelische Allianz in Deutschland mit Christen unterschiedlichster Prägungen vernetzt.

Jugendevangelisation im Deutschen EC-Verband

Ich bin Andy Müller und nehme dich mit hinein in den Arbeitsbereich, für den ich seit 2016 zuständig sein darf. Wir, der Deutsche-EC-Verband haben schon immer das Anliegen, dass junge Menschen Jesus kennenlernen. Deshalb engagieren wir uns mit eigenen Programmen und zusammen mit Partnern in Sachen Jugendevangelisation. Damit du einen Blick dafür bekommst, was das praktisch bedeutet, hier drei Beispiele:

go-on, eine neue Form der Jugendevangelisation. Mit go-on verbinden wir die Vorteile von Online und vor Ort Veranstaltungen. Eine Woche lang reist ein festes Team mit Technik und Evangelist durch einen EC-Landesverband. An jedem Abend findet in einem Ort ein evangelistischer Abend in Zusammenarbeit mit der örtlichen EC-Jugendarbeit statt. Gleichzeitig können sich alle Jugendarbeiten, aber auch einzelne Teens zu diesem Abend via Zoom zuschalten. Das Schöne dabei ist: Auch Orte mit wenig Mitarbeitenden können einen Abend mit Unterstützung durchführen!

Neben den go-on Wochen finden im EC die vor allem im Süden etablierten **ICH GLAUB´S Wochen** als missionarische Jugendwochen statt.

truestory
Mit unserem Partner Pro Christ sind wir eng unterwegs und ich bin als Referent bei Jugendwochen genauso dabei wie bei der Weiterentwicklung der truestory-Veranstaltungen (ehemals JESUSHOUSE).

Sport und eSport
Wir erleben immer wieder, dass wir durch die Sportarbeit nochmal eine ganz andere Zielgruppe erreichen als in der klassischen Jugendarbeit. Neben den „Klassischen Sportarten" sind wir momentan damit beschäftigt, wie wir das große Thema eSport noch mehr in unserem Verband etablieren können. Hier liegt eine riesige Chance, junge Menschen zeitgemäß zu erreichen und ihnen von Jesus zu erzählen.

Andreas Müller, Referent für Jugendevangelisation beim Deutschen EC-Verband, Kassel
E-Mail: andreas.mueller@ec.de

Willkommen in Woltersdorf

Unser EC Begegnungs- und Bildungszentrum liegt in Woltersdorf, in der von Wäldern und Seen geprägten Landschaft des Seenland Oder-Spree.
Die Nähe zur quirligen Metropole Berlin (wir sind in Spuckweite zum südöstlichen Stadtrand) spürt man hier kaum, allerdings sind wir durch die einzigartige Straßenbahn sehr gut an das Berliner Nahverkehrsnetz angebunden und daher mit öffentlichen Verkehrsmitteln bestens zu erreichen.

Woltersdorf ist wohl die kleinste Gemeinde in Deutschland mit einer eigenen Straßenbahn!
Neben den vielen anderen Freizeitmöglichkeiten im Seenland Oder-Spree zieht besonders die Woltersdorfer Schleuse Besucher aus dem Umland und der Ferne an. Von hier kann man mit dem Ausflugsschiff, dem Tretboot oder auch dem Hausboot die Seen der Umgebung erkunden.
Nahe der Schleuse steht seit 1886 der Woltersdorfer Aussichtsturm, von dem sich ein herrlicher Rundblick bis nach Berlin bietet.

Das EC Begegnungs- und Bildungszentrum — kurz BuB — besteht zum einen aus dem Gäste- und Tagungshaus und zum anderen aus dem Freizeithaus für Selbstversorger. Beide Häuser richten sich hauptsächlich an Gruppen.
Das Gäste- und Tagungshaus ist ebenso wie das Woltersdorfer Krankenhaus aus der ehemaligen EC Zentrale, dem Bundeshaus, hervorgegangen, welches ursprünglich als Sanatorium entstanden ist.

Im Gäste- und Tagungshaus finden bis zu 90 Personen in 42 Zimmern Platz, viele unserer Zimmer haben einen Blick auf den See.
Mit seinen vielen Tagungsräumen und der guten Ausstattung ist das Gästehaus für Seminare, Klausuren, Fortbildungen und Tagungen besonders geeignet. Auch Chöre und Orchester fühlen sich bei uns sehr wohl.
Durch unsere Küche werden unsere Gäste komplett versorgt.

Im Freizeithaus für Selbstversorger, welches hauptsächlich für Kinder- und Jugendgruppen konzipiert ist, können bis zu 32 Personen übernachten. Das Haus liegt an einem Kanal, der zwei Seen miteinander verbindet und direkten Wasserzugang bietet. Unseren Gästen stellen wir dort Kanus zur Verfügung.

Michael Herwig, Leitung EC Begegnungs- und Bildungszentrum, Woltersdorf
E-Mail: kontakt@ec-bub.de
https://www.ec-bub.de

GEBETSANLIEGEN *Sonntag*
für Jugendevangelisation

HEUTE BETE ICH ...

…dass wir immer wieder gute Ideen haben und Projekte entwickeln, die Jugendliche in ihrer Lebenswelt mit der besten Botschaft der Welt erreichen.
…dass wir die Möglichkeiten haben, in Schulen und Vereinen zu den verschiedensten Veranstaltungen einladen zu können.
…für unsere Teens und Jugendlichen, dass sie ihre Freunde einladen zu den verschiedenen evangelistischen Angeboten.
…für unsere Referentinnen und Referenten, dass sie immer wieder von Gott motiviert und gestärkt werden, von ihm zu erzählen.

GEBETSANLIEGEN *Montag*
für die persönliche und geistliche Stärkung von Christen durch Schulung, Ausbildung und Weiterbildung

HEUTE BETE ICH ...

…für Menschen, die andere beraten oder seelsorgerlich begleiten.
…für unsere Seminarangebote aus dem Bereich Beratung & Begleitung: Mentoring Grund- und Aufbaukurse, Trainerseminar „Explore!", Persönlichkeitsentwicklung, Leiten in 4D.
…für Jugendarbeiten und Gemeinden, die eine Perspektiventwicklung (upgrade_EC oder Lernende Gemeinschaft) durchführen, um ihre Arbeit neu auszurichten und Menschen mit Jesus bekanntzumachen.
…für die Menschen, die unter den psychosozialen Folgen der Corona-Pandemie und unter den Spaltungen in Gesellschaft und Familien leiden.

GEBETSANLIEGEN *Dienstag*
für die Arbeit mit Kindern

HEUTE BETE ICH ...

… für die wöchentlichen Kinder- und Jungschargruppen, Kinderwochen, Freizeiten und Familiengottesdienste.
… für die Kinder und ihre Familien.
… für die Mitarbeitenden in Kinder- und Jungschargruppen.
… für die Kinder, die noch keinen Kontakt zu einer christlichen Gruppe haben.

GEBETSANLIEGEN *Mittwoch*
für die Pfadfinderarbeit

HEUTE BETE ICH ...

… für Bewahrung bei den Abenteueraktionen.
… für viele neue Kinder und Jugendliche, die Jesus noch nicht kennen.
… für reichlich Anmeldungen auf den Stufenschulungen für Nachwuchsleiter.
… für reichlich Anmeldungen für die Ü18-Schulungen.
… für ganz viel Spaß auf den Sommerlagern.

GEBETSANLIEGEN *Donnerstag*
für Junge Erwachsene

HEUTE BETE ICH ...

... dass Junge Erwachsene Heimat an neuen Orten finden können.
... dass Junge Erwachsene im Glauben wachsen und reifen können.
... dass Junge Erwachsene ihre Verantwortung für und in der Welt erkennen und leben können.
... dass Junge Erwachsene Wurzeln schlagen können, wenn sie es brauchen oder Freiheit leben, wenn sie es wollen.

GEBETSANLIEGEN *Freitag*
für weltweite Anliegen
Sozialmissionarische Arbeit

HEUTE BETE ICH ...

... für benachteiligte Menschen weltweit.
... für die drei Arbeitsbereiche der Sozial-Missionarischen Arbeit: Indien, Nepal und Litauen.
... für alle Botschafterinnen und Botschafter, die sich im EC für mehr Globale Nächstenliebe engagieren.
... für über 60 Jahre „Hoffnung schenken" im internationalen Bereich.

GEBETSANLIEGEN
für Teenager

HEUTE BETE ICH ...

... dass Teenager zum Glauben kommen oder in ihrer Beziehung zu Jesus wachsen.
... dass wir junge Menschen finden, die bei uns in der EC-Zentrale oder bei Team-EC ihr FSJ machen wollen!
... dass Materialien und Bücher die Arbeit vor Ort unterstützen und genutzt werden.
... dass junge Menschen die Bibel wieder ganz neu entdecken!
... dass Team-EC viele Kinder erreicht und die Teamer von Jesus und ihrem Glauben erzählen können.

Teenagerarbeit im Deutschen EC-Verband

- **Fit for future**
  In Schulungen, besonders zu Jugendarbeit in 4 Dimensionen und den dazugehörigen Prinzipien, machen wir ehren- und hauptamtlich Mitarbeitende fit für die gegenwärtige Arbeit mit Teenagern. 2023 bieten wir darüber hinaus auch einen Schulungskongress zu JA4D an: www.ec.de/44hours
- **EC-Lifestyle**
  Wir haben eine Zugehörigkeitsform unserer Mitgliedschaft entwickelt, die direkt auf die Bedürfnisse von Teenagern abzielt: EC-go. Eine Möglichkeit im EC, Verbundenheit zu erleben, Glauben zu teilen, Identität zu stärken und den EC-Lifestyle fürs eigene Leben zu entdecken.
- **Erlebnis pur**
  Allein aus neurowissenschaftlicher Perspektive sind Erfahrungen unverzichtbar. Diesem Schwerpunkt wollen wir u. a. in der erlebnispädagogischen Arbeit nachgehen, z.B. durch Veröffentlichungen oder durch Seminare für Multiplikatoren.
- **Live Escape Game**
  Ein Live Escape Game funktioniert nach einem einfachen Prinzip: Indizien suchen, Hinweise kombinieren, Rätsel lösen und Codes knacken, um das Geheimnis des Raumes zu lüften. Wir haben etliche Games in unterschiedlichen Formaten entwickelt. Hier spielen auch der Glaube und die Bibel eine Rolle, denn die Storys hinter den Aufgaben orientieren sich an biblischen Texten und Settings.
- **Glauben teilen im Podcastformat**
  Mit Gott geht alles? Andy und Ingo reden über Glauben im Alltag und was ihn un+möglich macht. Ein Podcast, der Mut macht, Fragen aufwirft und dich auch mal herausfordert. Den Podcast gibt es auf allen gängigen Plattformen.
- **eSport**
  Als ein Teil der sportmissionarischen Arbeit ist eSport ein Thema für uns. Damit holen wir (Pre-)Teens und Jugendliche ab, bei denen eSport oft einen großen Teil ihrer Freizeitbeschäftigung darstellt.
- **Jugenarbeit.online**
  Die Perfekte Materialplattform für alle Altersbereiche. Für Teenager sind wir mit dem Redaktionskreis TEC: „Teenager erleben Christus" mit dabei und entwickeln regelmäßig neues Material für die örtliche Jugendarbeit.

Mehr Infos unter: www.ec.de/teenager
Ingo Müller, Referent für Teenager und Team-EC beim Deutschen EC-Verband, Kassel
E-Mail: Ingo.Mueller@ec.de

BIBLISCHES BUCH

1. MOSE

Die Genesis ist das „Buch der Anfänge". Sie beschäftigt sich mit den Grundfragen der Geschichte Gottes mit den Menschen und bezeugt Gott als den Allmächtigen, der alles in seiner Hand hält. Er hat die ganze Welt geschaffen und wendet sich doch jedem Einzelnen zu.

DIE URGESCHICHTE

1. Mose 1 – 11 sagt Grundlegendes über den Menschen und sein Verhältnis zu Gott. Die Welt und die Menschen sind von Gott gewollt! Erkenntnisse über die Natur werden hier aus der unmittelbaren Beobachtung gewonnen, so wie das damals in der Wissenschaft üblich war. Zugleich sind sie jedoch dichterisch gestaltet und vom Geist Gottes durchdrungen. Damit gilt ihre Botschaft auch für unsere Zeit, selbst wenn sie unserer Form der Naturerkenntnis nicht immer entspricht. Der Sündenfall zerstört zwar das „sehr gut" der Anfangsordnung, unterbricht jedoch nicht Gottes Wirken in dieser Welt. Die weiteren Erzählungen stehen unter dem doppelten Vorzeichen von Segen und Sünde: Die Vermehrung der Menschen zeigt das Wirken des Segens, die immer wieder auftretende Sünde bestätigt jedoch auch die Kluft zwischen Mensch und Gott.

DIE VÄTERGESCHICHTEN

1. Mose 12 – 50 erzählt Familiengeschichten. Die „Erzväter" stehen zwar im Vordergrund, aber für eine patriarchale Gesellschaft wird Würde und Wert der Frauen sehr hochgehalten. Es ist eine Geschichte in drei Generationen: Abraham, Isaak, Jakob. Die Hauptfiguren sind allerdings eher Abraham, Jakob und Josef (= 4. Generation). Isaak erscheint vor allem als Sohn Abrahams und Vater Jakobs. Innerhalb der Erzählungen gibt es durchgehende Motive: Verheißung von Land und Nachkommen, Gefährdung durch Hungersnot, Preisgabe der Ahnfrau, Unfruchtbarkeit, Streit unter Brüdern usw. Der Segen geht nicht automatisch auf den Erstgeborenen über, sondern ist freie Gabe Gottes (Isaak statt Ismael, Jakob statt Esau, Juda und Josef statt Ruben, Ephraim statt Manasse). Die Abraham-, Isaak- und Jakoberzählungen schildern eher einzelne Episoden, die Josefsgeschichte wiederum ist eine übergreifende, in sich abgeschlossene Erzählung (1. Mose 50,20). Sie zeigt, was für ein gelingendes Leben zu beachten ist.

In der Vätergeschichte zeigt sich der Gott, der die Welt geschaffen hat, als ein ganz persönlicher Gott. Die Väter, ihre Familien und ihre Geschichte mit Gott können deshalb in mancherlei Hinsicht für uns als Beispiel dienen (vgl. Röm 4), selbst wenn wir einige ihrer Entscheidungen besser nicht kopieren.

Dr. Christoph Rösel, Generalsekretär der Deutschen Bibelgesellschaft, Stuttgart
E-Mail: roesel@dbg.de

BIBLISCHES BUCH

RÖMER

BOTSCHAFT

Die Botschaft des Römerbriefes ist, dass Gott mit der Sünde, d. h. mit dem Schaden dieser Welt, fertig wird. Die Sünde hat zwar alles ruiniert – sogar die Krone der Schöpfung, der Mensch, ist vom Scheitel bis zur Sohle wesensmäßig mit ihr eins geworden – aber Gott setzt sich dennoch durch und holt zurück, was ihm gehört: Er rettet den Menschen, das missbrauchte Gesetz, die geschundene Schöpfung, sein erwähltes Volk. Christus hat dies ermöglicht. Sein Sterben war nicht nur ein Anschlusstreffer im Kampf gegen die „Mannschaft" von Sünde, Tod und Teufel, sondern der endgültige Sieg. Diese Selbstdurchsetzung Gottes nennt Paulus „Gerechtigkeit Gottes".

AUFBAU UND BOTSCHAFT

1,1-17: Einführung – „Gottes Gerechtigkeit"

Paulus stellt sich vor, grüßt und nennt das Thema: „Gerechtigkeit Gottes: Der Gerechte wird aus Glauben leben." Diese Aussage wird begründet und entfaltet.

1,18 – 3,20: Zorn Gottes – „Warum wir Gottes Gerechtigkeit brauchen"

Alle Menschen haben die Gerechtigkeit Gottes nötig, denn alle stehen unter dem Zorn Gottes. Zorn Gottes heißt: Sündigen-Wollen bestraft Gott mit Sündigen-Müssen. Kein Gesetz, keine Appelle helfen weiter. Alle sind schuldig.

3,21 – 4,25: Gute Nachricht – „Wie wir sie bekommen"

Christus ist unsere Gerechtigkeit. Gott macht den Menschen durch den Sühnetod Jesu gerecht. Nicht auf dem Gesetz Moses, sondern auf dem Glauben Abrahams liegt die Verheißung des ewigen Lebens.

5,1 – 15,13: Was die Gerechtigkeit bringt …

… für das neue Sein und Bewusstsein der Christen: Frieden mit Gott (Kap. 5); Freiheit von Sünde (Kap. 6), Gesetz (Kap. 7) und Tod (Kap. 8); Gewissheit des Heils (Kap. 8)

… für Israel: 9,1 – 11,36

… für das Aktivsein der Christen:

12,1 – 15,13

Der Glaubende hat nun die Kraft, einen gottvollen Lebensstil zu entwickeln – im Verhältnis zu Gott, zur Gemeinde, zum Nichtchristen, zum Staat, zum Schwachen.

15,14 – 16,27: Abschluss

Grüße; Reisepläne; Ermahnungen; Warnung vor Irrlehrern; Tertius, der Briefschreiber, grüßt; Lobpreis; Amen.

WEITER GEDACHT

Dieser Brief hat wohl mehr als jedes andere Buch der Bibel Menschen verändert.

Johannes Wegner, Gemeinschaftspastor der Liebenzeller Gemeinschaft Backnang
E-Mail: Johannes.Wegner@lgv.org

KW 1 bearbeitet von Karin Schüttendiebel,
Lehrerin u. Medienberaterin für Filmbildung,
31515 Steinhude
E-Mail: karin.schuettendiebel@ec.de

MONATSSPRUCH JANUAR

GOTT SAH ALLES AN, WAS ER GEMACHT HATTE: UND SIEHE, ES WAR SEHR GUT.
1. Mose 1,31

UNENDLICHES STAUNEN!
Psalm 8

Psalm 8 beschreibt die Wunder dieser Erde – ein Nachsinnen darüber, wie Gott dazu gekommen ist, den Menschen zu erschaffen und ihn wertzuachten. Die Frage „Warum hat er das gemacht?" steht ganz dicht bei der Frage „Warum hat Gott das zugelassen?" Ist die Erde ein Experiment und Gott der Wissenschaftler? Steht er staunend vor seinem Laborergebnis oder kontrolliert er das Experiment und schafft durch Anpassung der Parameter Glück wie Katastrophe? Unabhängig davon, ob Gott seiner Schöpfung freien Lauf lässt oder gezielt eingreift, ist das Schöpfungswerk an sich ein komplexes Wunder, das näher zu betrachten sich auch als Teil dieser Schöpfung immer wieder lohnt.

Ich lade dich ein, die erste Woche des Jahres 2023 ganz bewusst mit offenen Augen durch diese Welt zu gehen und die kleinen und großen Wunder (neu) zu entdecken. Es ist Januar – dunkel, kalt, matschig?

Ich empfehle neben den eigenen Spaziergängen daher bildgewaltige Dokumentationen des göttlichen Naturschauspiels. Im Staunen entsteht ein Hochgefühl und daraus entsteht Dankbarkeit: eine Stimmung, in der Psalmen entstehen können.

Alles Gute für das neue Jahr!

Das merke ich mir: _____

_____

_____

Du bist ein Gott, der mich sieht.
Gen 16,13

Gott sieht mich.
Ich fühle mich deshalb nicht überwacht, sondern ich darf eine Beziehung zu meinem Gott haben. Mein Leben ist ihm nicht gleichgültig. Stark!
Karin Schüttendiebel

WOCHENSPRUCH
Jesus Christus gestern und heute und derselbe auch in Ewigkeit.
Hebräer 13,8

2 ALLES AUF ANFANG
Montag — 1. Mose 1,1-13

Zu Beginn des neuen Jahres ganz neu anzufangen, kannst du zumindest in Bezug auf das Bibellesen für dich in Anspruch nehmen: Wir gehen in den nächsten Tagen zusammen zurück zu den Anfängen der Zeit. Welche Bilder entstehen vor deinen Augen, wenn du Vers für Vers laut liest und nachhallen lässt? Unabhängig davon, wie langsam du liest, hier werden in wenigen Zeilen die Bildung des Universums bis hin zum lebendigen Grün im Zeitraffer erzählt. Wie lange dabei Gottes Tage, die einzelnen Kapitel der Schöpfung, angedauert haben mögen und welche Spuren er dabei für Astrophysikerinnen und Paläogeologen gelegt hat, bleibt sein Geheimnis. So hat das „gute Licht" (V.4) einen mittleren Abstand von 150 Millionen Kilometern bis zur Erde. Und diese Distanz ist in Relation zur Energieleistung ideal – der Unterschied von Vers 2 zu Vers 11 liegt hierin begründet: Aus einer lebensfeindlichen Umgebung entsteht ein Sauerstoffparadies. Das Open-Source Game „Minetest" gibt dir die Möglichkeit, selbst Welten zu erschaffen und zu gestalten. Als Idee für dich selbst oder als Challenge für deine Gruppe: Vollzieh die Schöpfung nach und baue die Bilder nach, die beim Lesen entstanden sind. Am Ende kannst du so durch die verschiedenen Phasen laufen.

Das merke ich mir: _____

3 BIS JETZT WAR ALLES GUT
Dienstag — 1. Mose 1,14-25

Der bisherige Rhythmus wird unterbrochen: Den wiederkehrenden Formeln „Gott sprach" und „so geschah es" folgt „Gott sah, dass es gut war". So auch in Vers 18. Bis jetzt war alles gut – jetzt wird es sogar noch besser: „Gott segnete sie" (V.22). Segen ist eines meiner Lieblingswörter. Segen ist Liebe, Segen ist Bewahrung und der beste Wunsch. Segen ist ein Geschenk. Und der erste Segen in der Bibel gilt nicht etwa den Menschen, sondern Gottes animalischen Geschöpfen – den Kreaturen im Wasser und in der Luft. Wahrscheinlich benötigt einfach alles, was sich bewegen kann, besonderen Schutz. Im Weiteren segnet Gott die Menschen (V.28), was diese These unterstützen würde. Aber danach segnet Gott den siebten Tag und erklärt ihn zu einem heiligen Tag. Vielleicht, um diesen dauerhaft als Ruhetag zu bewahren. Wie verstehst du Segen? Was bedeutet er dir? Worüber sprichst du selbst den Segen? Und warum? Meistens taucht Segen an drei Stellen auf: nach dem Gottesdienst, beim Tischgebet und bei Geburtstagswünschen. In der alltäglichen Begegnung dein Gegenüber zu segnen (offen oder still), wäre vielleicht mal eine neue geistliche Übung. Verändert das die Beziehung? Ich behaupte: Ja.

Das merke ich mir: _____

DER SONNTAGSBRATEN

1. Mose 1,26 — 2,4a

Mein Studienseminarleiter hat uns jeden Mittwochvormittag nach Ende seines Unterrichts ein schönes Wochenende gewünscht. Das hat jede Woche aufs Neue für ein großes Aufstöhnen unsererseits gesorgt! Wir alle wussten, wie viel Arbeit noch vor uns lag, bevor wir auch nur daran denken durften, uns gemütlich zurückzulehnen. Wie gut ist da die Erfindung des siebten Tages. Endlich zur Ruhe kommen! Das Werk ist vollendet. Alles ist erledigt. Alles ist gut. Zeit für einen Feiertag und einen schönen Sonntagsbraten! Lies nochmal Vers 29. Scheinbar war das mal anders angelegt mit dem, was uns als Nahrung dienen soll. Der Vers davor ist bekannt: Macht euch die Erde untertan und mit ihr alles, was darin lebt — inklusive der Tiere. Aber hier steht nichts davon, dass man sie aufessen soll. Spannend! Diese Stelle habe ich bisher wahrhaftig immer überlesen und nun frage ich mich, was das für mich und meine Ernährungsgewohnheiten bedeutet. Fleischkonsum steht im Zusammenhang mit Klimawandel und Bevölkerungswachstum ohnehin seit längerem auf dem Prüfstand. Dazu kommt die Frage nach dem Tierwohl. Verstehen wir uns weiterhin mehr als das Ende der Nahrungskette oder mehr als Bewahrer der Schöpfung? Als Gottes Ebenbild (V.27) tendiere ich zu Letzterem.

Das merke ich mir: _____

ZEIT FÜR KULTUR

1. Mose 2,4b-17

Gott ist ein Künstler. Und ein Gärtner. Inmitten seiner funkelnagelneuen Schöpfung errichtet er einen Garten, ein Kulturprodukt also. Ein abgeschlossenes Areal, das er planvoll anlegt: Ein Bewässerungssystem (V.10) nebst weiteren Wasserläufen und optisch ansprechenden Bäumen (V.9): „Sie sahen verlockend aus". Reines wie Edles schmückt Gottes Garten (V.12) und mitten hinein setzt er sein jüngstes „Werk" (V.7). Eine Lehmplastik — einen adam (Mensch) aus adama (Erdboden), den er anatmet und somit animiert (lat. animare — beleben). Das nun lebendige Wesen macht er zu seinem Hilfsgärtner (V.15). Die zwei weiteren „Werke", die der Künstler in der Mitte des Gartens platziert, präsentieren sich mit klangvollen Namen: „Der Baum des Lebens" und der „Baum der Erkenntnis von Gut und Böse". Und damit platziert Gott den ältesten Konflikt der Welt in das Herz seiner Schöpfung. Mitten hinein in das erste Gesamtkunstwerk aller Zeiten. Warum? Schon diese Frage zeigt, auf welcher Seite des Baumes ich vom Stamm gefallen bin. Wissensdrang, Bildung, Erkenntnis und einhergehende Mündigkeit sind hohe Werte unserer Kultur. Wieso sollte das schlecht sein? Der Beginn der Menschheitsgeschichte bleibt für mich ein rätselhaftes Kunstwerk.

Das merke ich mir: _____

6 UTOPISCH! Psalm 72

Epiphanias | Freitag

Die hier aufgelistete „Jobbeschreibung" für den Friedensfürsten ist beeindruckend: Beender von Unterdrückung und Gewalt (V.12ff.). Bringer von Gerechtigkeit und Frieden (V.7). Die anzuwendende Rechtsgrundlage — also das Gesetz — ist von Gott gegeben (V.1). Bis zum Ende der Zeiten, oder zumindest bis zum Ende des uns bekannten Universums, soll diese Form der Herrschaft bestehen (V.5.7).

Allerdings: Bei diesem Anspruch kräuseln sich die Nackenhaare — so viel Gewalt und Macht darf kein Mensch auf sich vereinen. So gerecht kann keiner sein! Tributzahlungen und Unterwerfung werden hier schließlich auch genannt (V.10f.) und vermutlich wird niemand von diesen großen Königen seine Macht freiwillig aufgeben. Der totalitäre Anspruch, der in diesem Krönungspsalm umschrieben wird und der einen auch ungut an Begriffe wie „Gottesstaat" und „1000-jähriges Reich" erinnert, zeigt aber vor allem auch eine Sehnsucht auf.

Die Sehnsucht nach paradiesischen Zuständen, als alles noch eins war und Frieden und Überfluss herrschten. Da bietet Vers 19 den Lösungsansatz und das Vaterunser schließt den Kreis: Sein Reich komme!

Das merke ich mir: _____

_____

7 MIT LEIB UND SEELE 1. Mose 2,18-25

Samstag

Mann und Frau. Eins oder Gegensatz? Gleichberechtigt oder „Bestimmer" und „Helferin"? Der Gott, der zuvor mit Worten Licht geschaffen hat und der aus Erde ein Lebewesen formt, greift nach dieser Beschreibung quasi zum Skalpell, um seiner bisher unversehrten Schöpfung „etwas aus den Rippen zu schneiden" — eine Frau. Und der Mann erkennt sie als etwas, das ihm fehlt(e): „Von mir ist sie genommen. Wir gehören zusammen" (V.23). Die BasisBibel weist darauf hin, dass die verwendeten Begriffe Mann und Frau im Hebräischen sehr ähnlich klingen: „isch" und „ischa". Insgesamt wird hier symbolisch die tiefe Verbundenheit und die Unausweichlichkeit der Beziehung zwischen Mann und Frau dargestellt. Die Verse 24 und 25 verdeutlichen eine post-paradiesische Perspektive: Denn zu dem hier beschriebenen Zeitpunkt gibt es weder Vater noch Mutter noch Kinder noch Scham. Was es gibt, ist die Du-Beziehung des Menschen, ausgerichtet auf ein Gegenüber mit dem tiefen Wunsch nach ganzheitlicher Verbindung. Eins mit Leib ist einfach. Eins mit Leib und Seele ist die lebenslange Herausforderung wie Erfüllung. Hast du dein Gegenüber schon gefunden? Ich wünsche es dir von Herzen.

Das merke ich mir: _____

_____

KW 2 bearbeitet von Sandra van Westen,
Kinder- und Teenagerreferentin, 34117 Kassel
E-Mail: sandra.van.westen@friedenshof.de

VOM ÄLTERWERDEN
Psalm 71

Der Beter von Psalm 71 ist schon von klein auf im Glauben aufgewachsen. Er weiß, dass er schon im Mutterleib zu Gott gehörte. Sein ganzes Leben war er mit Gott unterwegs und doch hat sich sein Glaube im Laufe der Zeit verändert und wurde selbstständiger. Auch unser Glaube verändert sich im Laufe der Zeit. Am Anfang übernehmen wir viel, was uns erzählt und vorgelebt wird, und mit der Zeit fangen wir an, Dinge zu hinterfragen und selbstständiger zu glauben. Außerdem werden wir, wie auch der Psalmbeter, in unserem Leben und Glauben Höhen und Tiefen erleben. Doch auch schwierige Zeiten stärken den Glauben, auch wenn es sich in dem Moment vielleicht nicht so anfühlt. Der Psalmbeter ist im Moment in einer schwierigen Situation und trotzdem erinnert er sich an die guten Erfahrungen zurück und vertraut seinem Gott. Doch gerade fühlt er sich alt, schwach und krank und betet, dass sein Herr ihm nicht fernbleibt. Wir lernen vom Psalmbeter, der mittlerweile im hohen Alter ist, dass mit der Zeit nicht die Angst hochkommen soll, sondern dass wir dankbar und demütig bleiben sollen. Die Treue Gottes wird uns auf unserem Glaubensweg stärken und uns ein Zeugnis für andere sein. Heute schon und immer mehr mit zunehmendem Alter!

Das merke ich mir: _____
_____
_____

WOCHENSPRUCH
Welche der Geist Gottes treibt, die sind Gottes Kinder.
Römer 8,14

Du bist ein Gott, der mich sieht.
Gen 16,13

Egal wie klein und wertlos ich mich fühle, egal ob ich von anderen Menschen Anerkennung bekomme oder nicht – Gott ist ein Gott, der mich sieht und der mich liebt.

Sandra van Westen

9 SÜNDE

Montag — 1. Mose 3,1-13

Noch war alles, wie Gott es sich vorgestellt hat — der Garten Eden, das Paradies! Ein wunderschöner Ort, an dem Adam und Eva eine sehr innige Beziehung zueinander und zu Gott hatten. Gott ließ sie seine Liebe spüren, setzte aber gleichzeitig Grenzen. Von der Frucht des Baumes der Erkenntnis darf nicht gegessen werden. Gott macht deutlich: Er ist der Herr darüber. Doch eine Schlange schafft es, Eva zu verführen und überzeugt sie, etwas gegen Gottes Willen zu tun. Die Schlange könnte ein Sinnbild von Versuchung sein. Menschen haben das Bedürfnis, Macht zu haben und wie Gott zu sein. Doch mit dem Moment, in dem die beiden ersten Menschen die Frucht essen, ist alles anders. Die Beziehung zueinander und zu Gott ändert sich. Plötzlich tritt ein Schamgefühl auf. Das Verhalten von Adam und Eva zerstört Vertrauen und die Beziehung. Die Sünde ist jetzt in der Welt. Auch heute ist die Sünde in der Welt und trennt uns von Gott und zerstört Beziehungen, weil wir Macht und gerne alles selbst in der Hand haben wollen. Dabei sollten wir Gott einfach Herr über alles sein lassen und uns darüber freuen, dass wir seine geliebten Geschöpfe sind. Diese Liebe bleibt für immer, trotz der Sünde in der Welt.

Das merke ich mir: _____

_____

10 GNADE

Dienstag — 1. Mose 3,14-24

Das war nicht die beste Aktion von Adam und Eva. Das merken sie selbst auch ganz schnell und schämen sich. Plötzlich stört es sie, dass sie nackt sind. Die Beziehung untereinander und mit Gott ist ab diesem Augenblick anders. An Gottes harter Reaktion zeigt sich, wie krass der Einschnitt ist. Sünde hat eine zerstörerische und trennende Kraft! Aber trotz der Sünde, die die Beziehung stört, lässt Gott seine Menschen nicht hängen. Er versorgt sie. Auch wir sind mit dem Beginn unseres Lebens sündige Menschen und wir machen immer wieder Fehler.

Doch wenn wir zu Gott gehören, haben wir die Gewissheit, dass Gott uns trotz unserer Sünde nicht hängenlässt, sondern mit allem versorgt, was wir brauchen. Wer zu Gott gehört, gehört zu den Befreiten. Das heißt, wir brauchen keine Angst vor den Folgen der Sünde haben. Jesus hat sie besiegt und uns ist vergeben, er bleibt uns treu. Durch diese Treue können wir befreit leben und brauchen keine Angst zu haben, weil wir einen starken Gott an unserer Seite haben, der für uns einsteht.

Selbst durch den Sündenfall hat Gott seine Menschen nicht hängenlassen. Was für eine Gnade!

Das merke ich mir: _____

_____

RUHELOS

1. Mose 4,1-16

Mittwoch 11

An dieser Stelle geschieht ein Mord in der Bibel. Kain bringt seinen Bruder Abel um. Auch noch ein Mord in der Familie. Die Bibel erzählt also nicht nur schöne Geschichten, sondern es ging auch damals bei den Menschen schlimm zur Sache. Vielleicht fragst du dich, warum das passiert ist und was Gott uns damit sagen möchte. Eins ist sicher, Gott war nicht glücklich über diese Tat. Immerhin sind beide seine geliebten Kinder und er leidet mit, wenn einem seiner Kinder etwas zustößt. Aber genau wie heute waren auch die Menschen damals keine Marionetten und haben selbst entschieden, was sie tun. Nun muss Kain aber auch Gottes Konsequenzen tragen und wird von seiner Familie getrennt und weggeschickt. Er kommt in das Land Nod. Das bedeutet übersetzt Ruhelosigkeit und ist ein Bild dafür, dass er in die äußerste Gottesferne verbannt wurde. Aber Kain wird von Gott gezeichnet und das heißt, er ist nicht verloren. Gott hat ihn nicht ganz verlassen. Auch heute gehören wir zu Gott, wenn wir mit ihm unterwegs sind. Wir alle sind Kinder Gottes, was auch immer wir getan haben. Egal wie ruhelos wir innerlich sind. Wir gehen nicht verloren, sondern sind durch Jesu Tod am Kreuz gerettet, wenn wir uns für ein Leben mit ihm entscheiden.

Das merke ich mir: _____
_____

WEITER GEHT'S

1. Mose 4,17-26

Donnerstag 12

Die Geschichte Gottes mit den Menschen geht weiter. Obwohl Adam und Eva vom Baum der Erkenntnis gegessen haben und obwohl Kain seinen Bruder Abel ermordet hat. Gott lässt seine Menschen nicht fallen, sondern geht mit ihnen weiter durchs Leben. An dieser Stelle haben wir mehrere Generationen der Abstammung von Adam und Eva. Menschen, die viele Fehler gemacht und gegen Gottes Willen gehandelt haben und trotzdem geht es weiter. Daraus können wir schließen, dass Gott einen Plan mit den Menschen hat. Immerhin hätte er ja als Herr und Schöpfer an dieser Stelle die Menschheit aufgrund der ganzen Enttäuschung beenden und töten und sich dadurch Ruhe schaffen können. Hat Gott aber nicht. Es geht weiter und Gott ist dabei. Wenn wir in der Bibel weiterlesen, merken wir, es gibt viele Höhen und Tiefen, auch große Enttäuschungen. Doch Gottes Weg mit den Menschen hört nicht auf. Bis heute. Auch wir heute sind noch Teil von Gottes Geschichte mit den Menschen und ich bin mir sicher, Gott hat für jeden von uns einen Plan fürs Leben. Wie Gottes Weg mit uns aussieht, kann ganz unterschiedlich sein, aber ich mache dir Mut, herauszufinden, was Gott mit dir vorhat. Frage ihn immer wieder und beziehe ihn in deine Zukunftspläne mit ein!

Das merke ich mir: _____
_____

Freitag 13 — BEGRENZTES LEBEN

1. Mose 6,1-4

Vielleicht liest du den Text und fragst dich: „Was genau soll mir das jetzt sagen?" So ging es mir zumindest, als ich diesen Text das erste Mal gelesen habe. Mir war er tatsächlich vorher noch nie aufgefallen und mein erster Gedanke war: „Verstehe ich nicht, lass ich weg ..." Das war allerdings nicht einfach so möglich und ich habe mir Zeit genommen, mich mit dem für mich schwierigen, unbekannten Text auseinanderzusetzen. Das ist auch mein erster Gedanke an dich: Trau dich auch an Texte heran, die du nicht auf Anhieb verstehst. Manchmal entdeckst du mit der Zeit tolle Dinge, über die du dich freuen kannst. Manchmal bleibt der Text auch ein Rätsel. Dann lege ihn erst einmal wieder zur Seite und sei dankbar, dass es in der Bibel auch noch andere Texte gibt. Zurück zu unserem Text von heute. Ich bin bei Vers 3 hängengeblieben. Unsere Lebenszeit auf der Erde ist begrenzt und wird irgendwann enden. Das wissen wir und der Gedanke macht gegebenenfalls auch mal Angst, aber ich möchte dir Mut machen, dankbar für die Zeit zu sein, die Gott dir hier auf der Erde schenkt und die du gestalten kannst. Nutze die Zeit und deine Gaben! Wofür bist du dankbar und wie kannst du dich für Gottes Reich einsetzen?

Das merke ich mir: _____

_____

Samstag 14 — NEUSTART

1. Mose 6,5-22

Gott ist enttäuscht von all den bösen und schrecklichen Taten der Menschen und möchte dem ein Ende setzen. In seinem Ärger findet er Noah, der ihm gehorcht. Mit ihm beginnt Gottes Rettungsplan für die Welt. Noah führt den Auftrag Gottes sehr gewissenhaft aus und baut ein großes Schiff, die Arche. Mitten in einem trockenen Gebiet. Möglicherweise haben die Menschen um ihn herum nur mit dem Kopf geschüttelt und sich gefragt, was Noah wohl mit dem Schiff vorhat. Denn weit und breit war kein Wasser zu sehen. Aber Noah gehorchte Gott und ließ sich von seinem Tun nicht abbringen. Zum Glück! Er machte alles so, wie Gott es wollte. Mit Noah und seiner Familie hat Gott einen Neustart gewagt. Auch hier hat er die Menschheit noch nicht aufgegeben und hielt weiter an seinem Plan mit ihnen fest. Gott leidet darunter, dass die Menschen nicht auf ihn hören, gibt aber nicht auf, an der Beziehung festzuhalten. Manchmal muss aber etwas Radikales geschehen und dem Ganzen ein Ende gesetzt werden, damit etwas Neues entstehen kann. Gibt es auch etwas in deinem Leben, was deine Beziehung zu Gott stört? Ich mache dir Mut, dieses bei Gott abzugeben und um Vergebung zu bitten.

Das merke ich mir: _____

_____

KW 3 bearbeitet von Martin Siehler,
Vorsitzender im Liebenzeller Gemeinschaftsverband, 71665 Vaihingen an der Enz
E-Mail: martin.siehler@lgv.org

WOCHENSPRUCH
Von seiner Fülle haben wir alle genommen Gnade um Gnade.
Johannes 1,16

DANKT DEM HERRN
Psalm 105,1-15

„Hast du heute schon danke gesagt?", werden wir in einem Kinderlied gefragt. In unserem Psalm geht es aber nicht um das Dankesagen für Geschenke oder ein freundliches Wort, sondern um den Dank an den Herrn! Der Lobpreis richtet sich an Gott. Weiter soll unter allen Völkern von Gott erzählt werden. Die Verkündigung richtet sich an Mitmenschen. Wer im Dank und Weitersagen den Herrn sucht, der wird sich freuen. Die Freude richtet sich an mich selbst. Dank und Freude empfindet auch David, als die Bundeslade nach Jerusalem gebracht wird. Fast wörtlich wird dieser Psalm bei der Ankunft der Bundeslade (1. Chr 16) gebetet. Gott ist da, das ist der wichtigste Grund für den Dank. Die Freude über Gott zeigt sich auch im Singen und Musizieren. Der Psalmbeter staunt über das, was Gott in der Geschichte für sein Volk getan hat. Von der Erwählung Abrahams über die Zeit, als sie nur eine kleine Schar waren (V.12). Aber Gott steht zu seinem Bund über „tausend Generationen" (V.8). So wie Gott im Großen zu seinen Verheißungen steht, so gibt es auch in meiner Lebensgeschichte „Wunder" (V.5), die etwas von der Güte Gottes sichtbar machen. Heute ist ein guter Tag, Gott für die Wunder in meinem Leben, in meiner Familie und in meiner Gemeinde zu danken.

Das merke ich mir: _____
_____
_____

> Du bist ein Gott, der mich sieht.
> Gen 16,13

In dem Blick seiner liebevollen Augen fühle ich mich angenommen und wohl. Ich weiß, er lässt mich nicht im Stich.
Martin Siehler

Januar

16 IN DIE ARCHE – DAS GERICHT BEGINNT   1. Mose 7,1-16

Montag

Nach 120 Jahren Bauzeit ist die Arche fertig. Auf Anweisung Gottes bringt Noah zuerst die Tiere und am 7. Tag (Ruhetag) seine Familie in die Arche. Die Arche ist so groß, dass alle Grundtypen der Tiere Platz finden (Wissenschaftler berechneten eine Fläche von mind. 280 Güterwagen). Noah lebt in enger Beziehung zu Gott, deshalb wird er als gerecht bezeichnet. Am Ende der Zeit werden nur die gerettet, die von Gott als gerecht anerkannt werden. Durch den Glauben an Jesus sieht mich Gott als gerecht an (Röm 3,23-26). Mit der Sintflut wird der zweite Schöpfungstag aufgelöst (1. Mose 1,6-8). Das Wasser unter der Erde bricht hervor und die Schleusen des Himmels öffnen sich. Mit diesem Gericht soll das Böse auf der Erde ausgelöscht werden. Gott selbst schließt die Türe der Arche zu. In der Arche bleiben Menschen und Tiere bewahrt. Keiner kann von außen in die Arche hinein, für sie ist es zu spät. Wir heute sind nicht besser als die Menschen in den Tagen Noahs. Wir sind fähig, unsere Erde selbst kaputtzumachen. Die 6 steht für die Zahl des Menschen, 600 (so alt war Noah) steht für eine Menschheitsepoche, die mit der Flut endet. Um die 7, die Zahl der Vollkommenheit und Zugehörigkeit zu Gott, zu erreichen, brauche ich Jesus.

Das merke ich mir: _____

17 AUF DEM WASSER – RETTUNG IM GERICHT   1. Mose 7,17-24

Dienstag

Die Flut beginnt in der Zeit des Herbstregens. Das Wasser steigt immer höher, 150 Tage lang. Am Ende überragt das Wasser die Berggipfel um 7,5 Meter. Alles, was „Lebensatem" (V.22) hat, verliert auf der Erde sein Leben. Es werden keine Einzelschicksale berichtet. In dem Gericht geht es darum, Gott ernst zu nehmen. Die Sintflut ist das schreckliche Gegenbild zur Schöpfung, Gott nimmt seine Schöpfung wieder zurück. Mit Noah und seiner Familie bleibt nur ein kleiner Rest der Menschheit übrig. Sie werden in der Arche (Kasten) gerettet. Ihre Rettung ist die Hoffnung für die Menschheit. Noah bleibt, trotz Kontrollverlusts, ein Vorbild des Glaubens (Hebr 11,7). Wenn mein Leben in schwere Gewässer gerät, bin ich ebenso herausgefordert, auf Gott zu vertrauen, auch wenn ein Ende noch nicht absehbar ist. Später wird Mose in einem kleinen Kasten gerettet. So wie Noah zur Hoffnung für die Welt wurde, wurde Mose zur Hoffnung für Israel. Warum veranlasste Gott dieses Gericht? In der Sintflut wird ein Prinzip Gottes deutlich. Alles, was den Menschen verdirbt und zum Tod führt, muss weichen, damit Platz für das Leben entsteht. Der alte Mensch, der von Adam abstammt, muss sterben, damit der neue Mensch, aus Gott geboren, leben kann (Röm 5,15).

Das merke ich mir: _____

AUF DEM BERG? WARTEN AUF NEUANFANG

1. Mose 8,1-12 — Mittwoch 18

Gott vergisst seine Kinder nicht (Ps 8,5), auch wenn die Zeit in der Arche endlos scheint. Nicht zu wissen, wie lange die Flut noch dauert, war für Noah schwer auszuhalten. Unsicherheit ist eines der am schwersten zu ertragenden Gefühle. In dieser Situation denkt Gott an Noah. Die Mission Rettung kommt an ihr Ziel. Petrus vergleicht die Rettung durch die Arche mit der Rettung durch Christus (1. Petr 3,20f.). Der Wind lässt die Erde trocknen. Gottes Geist ist am Werk. Das Wasser sinkt, die Wolken verziehen sich und die Sonne beginnt zu scheinen. Mit dem Aufsetzen der Arche hört das ständige Schaukeln auf dem Wasser auf. Noah kann aus der Dachluke heraus nicht auf die Erde schauen. So versucht er mit der Hilfe der Vögel herauszufinden, wie es auf der Erde aussieht. Der Rabe kommt allein zurecht. Die Taube kehrt zurück. Noah muss weiter warten. Eine Woche später das grandiose Ereignis. Die Taube bringt ein frisch gewachsenes Blatt von einem Olivenbaum mit. Vermutlich hatte Noah Tränen in seinen Augen. Die Erde wird wieder bewohnbar. Die Taube mit dem Ölblatt wurde zum Sinnbild des Friedens inmitten von Chaos und Gefährdung. Noch muss Noah warten, aber seine Zukunft liegt nicht mehr in der Arche. Warten mit Hoffnung geht leichter.

Das merke ich mir: _____

ABSCHIED VON DER ARCHE? NIE WIEDER

1. Mose 8,13-22 — Donnerstag 19

Nach einem langen Jahr in der Arche gibt Gott die Erde zurück. Noah spürt wieder festen Boden unter den Füßen, der Wind bläst ihm ins Gesicht und die Sonne scheint auf seine Haut. Lange musste er warten, bis Gott sein „Go" gab. Noah könnte sofort loslegen, seine Umgebung erkunden und nach Essen suchen. Aber Noah baut vor der Arbeit einen Dankopferaltar. Die neue Epoche der Menschheit beginnt mit einem Gottesdienst. Der Gottesdienst steht vor der Sorge um das zukünftige Leben. Noah (bed. Ruhe) kommt in diesem Gottesdienst selbst zur Ruhe. Gott freut sich über Noah und gibt ein grandioses Versprechen. Nie wieder! Nie wieder wird er das Leben auf der Erde vernichten. Dieses Versprechen hält auch der Klimakrise stand. Im alten Israel wurde die Geschichte der Sintflut mit dem Neujahrsfest verbunden. Es wurde als Fest der Welterneuerung gefeiert. Obwohl Gott weiß, dass die Menschen weiter Böses tun, gibt er dieses Versprechen. Es beginnt die Zeit der Geduld Gottes. Auf Böses folgt nicht mehr umgehend die Strafe (vgl. Jes 54,7-10). Vollkommen wird seine Geduld darin, dass am Ende Jesus selbst das Gericht auf sich nimmt (Röm 3,25ff.). Danke Herr, für das Leben, für Saat und Ernte, Frost und Hitze, Sommer und Winter, Tag und Nacht!

Das merke ich mir: _____

Januar

20 DER REGENBOGEN

1. Mose 9,1-17

Freitag

Der Regenbogen ist das Zeichen, dass Gott zu seinem Versprechen (Bund) steht, die Erde nie wieder zu vernichten. Dabei hat Gott nicht nur uns Menschen, sondern alle Lebewesen im Blick. Ohne die Erwartung einer Gegenleistung bleibt Gott seiner Zusage treu. Das Gericht über das Böse verlagert Gott auf seinen eigenen Sohn. Noah und seine Nachkommen werden gesegnet und haben den Auftrag, die Erde wieder zu bevölkern. Gott gibt Anweisungen zum Verhalten. Der Mensch darf Fleisch essen, aber nicht zum Tier herabsinken, indem er Tiere isst, die noch leben (in denen das Blut noch pulsiert). Der Mensch soll das Bild Gottes im Nächsten achten, indem er ihm das Leben lässt. Nachdem die erste Tat jenseits von Eden ein Mord war, muss Gott als erstes Gebot nach der Sintflut das Tötungsverbot erlassen. Gott gibt dem Leben eine hohe und unantastbare Würde. Von dieser Würde her darf ich mein Leben gestalten und entfalten. Wenn es bei mir dann einmal schwierig oder kompliziert wird, erinnert mich der Regenbogen daran, dass Gott an mich denkt (V.15f.). Der Regenbogen reicht bis in den Thron Gottes hinein (Offb 4,3). Die Hilfe, die Bewahrung und die Treue Gottes begleiten mich, bis ich einmal selbst bei Jesus bin. Was für ein starkes Zeichen.

Das merke ich mir: _____

_____

21 DIE WÜRDE DES MENSCHEN

1. Mose 9,18-28

Samstag

Was macht Ham nur falsch, als er seinen Brüdern von ihrem betrunkenen und nackt im Zelt liegenden Vater erzählt? Entblößung bedeutet im AT Entwürdigung (Hab 2,15). Ham steht seinem Vater nicht bei, sondern stellt ihn bloß und tastet damit seine Würde an. Ganz anders Sem und Jafet. Sie gehen rückwärts rein, um ihren Vater nicht bloßgestellt zu sehen. Sie bedecken seine Scham mit einer Decke. Ham schließt sich mit dieser sexuellen Grenzverletzung von der Segenslinie aus. Noah bestätigt das mit seinem Fluch über Kanaan, den Sohn Hams. Entehren der Eltern bedroht die Zukunft der Kinder. Wer Eltern dagegen ehrt, bekommt ein langes Leben versprochen (2. Mose 20,12). In der Jugendarbeit und allen menschlichen Zusammenkünften gilt es, die Würde des Gegenübers zu achten und keine sexuellen Grenzverletzungen zu tolerieren. Grenzüberschreitungen können zu tiefen Verletzungen und langanhaltenden psychischen Belastungen führen. Wer Würde nimmt, verliert Würde, wer dagegen Ehre gibt, gewinnt Ehre. Wie gut, dass Gott die Linie des Fluches unterbrechen kann. Durch Jesus bietet er jedem die Wende zur Linie des Segens an. Übrigens sieht die Bibel den Wein, maßvoll genossen, als Segen an (Ps 104,15).

Das merke ich mir: _____

_____

KW 4 bearbeitet von Edit Szilágyi,
Gemeindepädagogin, 54634 Bitburg
E-Mail: kicsitanko@yahoo.com

WOCHENSPRUCH
Es werden kommen von Osten und von Westen, von Norden und von Süden, die zu Tisch sitzen werden im Reich Gottes.
Lukas 13,29

ERINNERUNGEN
Psalm 105,16-45

Es ist Sonntag. Ein Tag der Ruhe. Neben Arbeit, Schule, Uni, Familie, ist es gut, anzuhalten. Zeit, die vergangene Woche Revue passieren zu lassen. Worüber denkst du gerade nach? Wie war deine Woche? Gab es viel Ärger, viel Schönes, Herausforderndes, Langweiliges, Trauriges? Wo hast du Gottes Wirken erkannt? Frage ihn heute: „Vater, ich möchte verstehen, wo du in der vergangenen Woche warst. Ich möchte dich sehen und verstehen." Ich bin mir sicher, dass der Heilige Geist dir hilft, Gott überall zu erkennen. Im Alten Testament werden die Geschichten mit Gott immer wieder wiederholt und aufgeschrieben. Der Psalmist lässt mehrere Jahrhunderte Revue passieren. In all den Jahren war Gott mit seinem Volk. Gott hat in der Geschichte seines Volks Israel Wunder getan, aber es gab auch Zeiten, in denen das Volk seine Gegenwart nicht spürte, gar nicht spüren wollte. So eine Zeit war z. B. die Sklaverei in Ägypten. Doch im Nachhinein ergibt alles Sinn. Gottes Präsenz, Führung und Plan sind unübersehbar und wunderbar. Nimm dir die Zeit, Gottes Gegenwart, seine Führung und seine Pläne in deinem Leben und im Weltgeschehen zu entdecken. Erinnere dich immer wieder an diese alten und neuen Entdeckungen. Sie halten dich und deinen Glauben lebendig.

Das merke ich mir: _____

_____

_____

Du bist ein Gott, der mich sieht.
Gen 16,13

Gottes Dauerblick ist wohltuend.
Edit Szilágyi

23 RUHM 1: VEREINT FÜR DEN RUHM
1. Mose 11,1-9

Montag

Die Menschheit breitet sich nach der Sintflut immer mehr aus — und die Menschen möchten sich einen Namen machen, sich verewigen. Ich frage mich: Vor wem wollten sie sich einen Namen machen? Es gab doch nur eine und keine zweite Menschheit, die ihren Ruhm, ihren großen Namen und ihren Turm sehen, bewundern und feiern konnte. Entweder wollten sie sich selbst ihre eigene Größe unter Beweis stellen oder aber sie wollten Gott überzeugen. Das ist gut möglich, denn Gottes Wunsch an die Menschheit war, dass sie die Erde füllt und bevölkert, sich also ausbreitet und verteilt. Sie bleibt aber zusammen, um ein Zeichen ihrer eigenen Größe zu setzen. Sie setzt ihren Ruhm gegen Gott: „Wir zeigen es ihm." Ganz viel „wir" und so wenig Gott wie möglich. Es ist interessant, dass uns Menschen Ruhm so wichtig ist. Wir lieben es, von berühmten Menschen zu lesen, von ihnen zu lernen. Hier und da wünscht man sich insgeheim, ein bisschen berühmt zu sein, wenn nicht anders möglich, dann durch die sozialen Medien. Gesehen zu werden ist cool. Doch zu welchem Preis, welchem Zweck und aus welcher Motivation heraus? Um sich selbst einen Namen zu machen? Lies den Unterschied morgen!

Das merke ich mir: _____

_____

24 RUHM 2: LOSGEHEN
1. Mose 11,27 — 12,9

Dienstag

Was für ein Unterschied! Im gestrigen Text wollte die Menschheit sich einen Namen machen. Heute lesen wir diese Worte wieder. Doch hier will Gott den Namen einer Person großmachen. Also ist Ruhm in Ordnung? Ja, ist es. Ruhm und Berühmtsein an sich sind nicht verwerflich. Die Frage ist, woher sie kommen und wozu sie dienen. Stehen ich und mein Anliegen im Mittelpunkt, oder beauftragt mich Gott mit einer Aufgabe wie einst Abram und gibt seinen Segen dazu? Selbstgemachter Ruhm, wie der vom Turmbau zu Babel, will ein Leben ohne und gegen Gott und bringt Zerstörung mit sich: Die Menschheit bleibt stehen und fokussiert sich auf sich, auf ihren eigenen Ruf. Alle Kräfte, alle Mittel werden dafür eingesetzt. Ruhm, wie der von Abram, kommt von Gott und bringt Segen für viele mit sich: Abram war ein reicher Mann in Ur. Trotzdem hört er Gottes Ruf und macht sich auf den Weg, er setzt sich für Gott in Bewegung. Auch hier werden alle Kräfte und alle Mittel dafür eingesetzt. Selbstgemachter Ruhm macht genau das Gegenteil von dem, was Gott will. Ich wünsche dir, dass Gott mit seinem Segen dich in Bewegung setzt und du seinen Ruf hörst. Dann wirst du ein Segen für viele sein.

Das merke ich mir: _____

_____

RUHM 3: EXTREME ZEITEN

1. Mose 12,10-20

„Extreme Zeiten erfordern extreme Maßnahmen." Das Zitat schrieb der englische Dichter Thomas Tusser im 16. Jahrhundert. Während der Coronazeit wurde es auch häufig verwendet. Abram kann es noch nicht gekannt haben, doch er lebte es. Abram erlebte Nahrungsknappheit und die reale Gefahr, von den Männern des Pharaos getötet zu werden. Das brachte ihn dazu, seine Frau dem Pharao zu überlassen. Bei ihm würde sie bestimmt nicht nur Geschichten vorlesen. Gott selbst musste eingreifen, um Sarai aus der Gefahr zu retten. Ein Mann Gottes, der unter Gottes Segen unterwegs ist, bringt die eigene Frau in Gefahr. Ein Feigling. Keinesfalls ein Vorbild. Ja, es gibt unschöne Umstände, extreme Zeiten, auch für die Kinder Gottes. Obgleich du mit Gott unterwegs bist, wirst du Zeiten und Umstände erleben, die dich aus dem Konzept bringen können und dich dazu animieren, die eigene Haut zu retten. Die gute Nachricht ist: Gott greift bei seinen Kindern auch dann ein, wenn sie falsche Entscheidungen treffen. Er rettete Sarai. Trotzdem war es schade, dass sie bei einem fremden Mann Unschönes erleben musste. Vielleicht beachtest du bei deinen Entscheidungen, dass andere dabei nicht zu Schaden kommen.

Das merke ich mir: _____

RUHM 4: SEI GROSSZÜGIG!

1. Mose 13,1-18

Aus dem auf sich selbst bedachten Abram — er überließ seine Frau dem Pharao in Ägypten, um nicht getötet zu werden — ist ein selbstloser Mann geworden. Vielleicht hat er aus seinem Fehler gelernt. Vielleicht waren ihm die entsetzten Blicke, als er unehrenhaft aus Ägypten herausgeführt wurde, sehr unangenehm. Vielleicht möchte er seinen Ruf wieder in Ordnung bringen. Vor sich, vor Gott, vor seiner Sippe. Er schlichtet einen Streit, indem er Lot, seinem Neffen, die Wahl lässt, sich einen Landstrich auszusuchen und nörgelt nicht, als der die üppigere Gegend nimmt. Abram zeigt hier keinerlei Neid. Eine Art Wiedergutmachung? Kann sein. Menschlich verständlich. Oder ist seine Großzügigkeit eine Herzenshaltung? Ob Abram seine Frau, Gott oder die Bediensteten beeindruckt hat, erfahren wir nicht. Was aber in all dem wichtig ist, ist die Tatsache, dass Gott bei ihm ist. Das Land, das ihm bleibt, wird von Gott gesegnet. Er wird gesegnet. Das ist es, worauf es ankommt: unter dem Segen Gottes zu leben. Bete heute um Gottes Segen über dich und alles, was du hast, egal, ob es üppig ist oder eher bescheiden. Lass es zu, dass er, wenn du etwas verbockt hast, durch seinen Segen deinen „Ruf" wiederherstellt. Kläre es aber auch mit den Menschen.

Das merke ich mir: _____

RUHM 5: NICHT NACHTRAGEND

Freitag 27 **1. Mose 14,1-16**

Mein Bruder kaufte Eis für sich und für mich. Beide Eistüten waren gleich groß. Er aß seins schnell auf und zeigte mir daraufhin das fast leere Waffelhörnchen. „Schau mal, ich habe viel weniger bekommen als du", sagte er. Selbstverständlich gab ich ihm die Hälfte von meinem Eis, damit er genauso viel hatte wie ich. Jahre danach, als ich älter wurde, begriff ich, dass ich mit diesem Trick vom großen Bruder regelmäßig veräppelt worden war. Ich bereute alle Eiskugeln, die ich an ihn verschenkt hatte. Abram handelt anders. Er bereut die eigene Großzügigkeit gegenüber Lot nicht. Er handelt nicht nach dem Motto: „Du hast nun schon das bessere Land bekommen, jetzt sieh zu, wie du allein klarkommst!" Nein. Es herrscht Krieg und Lot wird mit all seinem Hab und Gut gefangengenommen. Für Abram ist es selbstverständlich, dass er seine 318 Männer nimmt und dem Feind 250 km nachjagt, um Lot zu befreien. Nun könnte man sagen: Das war keine große Kunst, denn Abram stand ja eine Armee zur Verfügung. Das stimmt. Er setzt alles für Lots Befreiung ein. Öffne heute deine Augen für Menschen, denen du mit deinen Mitteln helfen könntest und setze sie selbstlos ein, ohne es später zu bereuen oder nachzutragen!

Das merke ich mir: _____

_____

RUHM 6: NEHMEN, WAS GOTT SCHENKT

Samstag 28 **1. Mose 14,17-24**

Melchisedek, der Priester-König von Jerusalem (Salem), glaubt an denselben Gott wie Abram. Der König von Sodom nicht. Aber beide Könige erkennen Abrams Sieg über die feindlichen Könige an. Abram ist nun berühmt. Sein Name ist bekannt. Vor Königen. Ihre Reaktionen sind grundverschieden. Der gläubige König erkennt hinter dem Sieg Abrams Gottes Handeln. Er lobt Gott und segnet Abram. Der ungläubige König bietet ihm die Kriegsbeute an. Der Gläubige belohnt mit Göttlichem, der Ungläubige mit Irdischem. Abram nimmt den göttlichen Segen und lehnt das Irdische (was ihm übrigens zustehen würde) ab. Er nimmt, was Gott ihm schenkt. Nur das. Es ist ihm viel wichtiger, von Gott als von Menschen abhängig zu sein. Die Jagd nach Erfolg, Ruhm und Anerkennung treibt uns Menschen an. Es gibt zwei Wege damit umzugehen. Wir könnten es so machen, wie unsere Vorfahren in Babel, die für sich einen Namen machen wollten, oder wie Abram, der Gott dienen wollte. Jesus fasst es so zusammen: „Es geht euch doch nur darum, dass einer dem anderen Herrlichkeit zugesteht! Aber nach der Herrlichkeit, die der einzige Gott schenkt, strebt ihr nicht" (Joh 5,44). Wonach strebst du?

Das merke ich mir: _____

_____

KW 5 bearbeitet von Thomas Seeger,
Teen- und Jugendreferent im EC-Nordbund,
22941 Bargteheide
E-Mail: referent@ec-nordbund.de

**MONATSSPRUCH
FEBRUAR**

SARA ABER SAGTE: GOTT LIESS MICH LACHEN.
1. Mose 21,6

WENN EIN LIED MEINE LIPPEN VERLÄSST
Psalm 40

Der Mensch vergisst zu oft das Gute und die negativen Dinge prägen sich ein. Umso wichtiger, dass man sein Auge und Gedächtnis trainiert, die kleinen und großen Wunder zu sehen und zu behalten. Aber wie gelingt das? David schreibt einen Ohrwurm. Ein Lied, das immer wieder gesungen werden kann und sich so festsetzt! Wenn ich früher in den Keller ging, der mir unheimlich war, dann habe ich gesungen und mich damit abgelenkt. Das hat geholfen. Deshalb schreibt David ein Lied gegen das Vergessen. Aber es ist auch ein Lied für den Partykeller: Wo immer es was zu feiern gibt, wo man schöne Geschichten erzählt, werde ich dieses Lied singen und von Gottes Größe erzählen. Von seiner Gerechtigkeit, Treue, Hilfe, Güte und von seiner Zuverlässigkeit (V.11). Egal, ob es das Schicksal ist, das mich trifft, oder ob die Misere selbstverschuldet ist, in der ich stecke: Gott hat Gefallen daran, mir zu helfen (V.13f.). Davon kann David ein Lied singen und ich darf in dieses Lied schon einstimmen, selbst wenn ich gerade den Überblick verloren habe und meine Hilfe noch nicht zu sehen ist ... Dieses Lied will ich singen. Wenn mich der Mut verlässt, aber auch genauso, wenn es was zu feiern gibt und andere es hören.
Welches Lied verlässt deine Lippen?

Das merke ich mir: _____

_____

_____

> Du bist ein Gott, der mich sieht.
> Gen 16,13

Google sieht mich auch und gewinnt immer mehr Einfluss. Beunruhigend. –
Gott beobachtet nicht, um mächtiger zu werden. Er ist mächtig und will helfen. Beruhigend.
Thomas Seeger

WOCHENSPRUCH
Über dir geht auf der Herr, und seine Herrlichkeit erscheint über dir.
Jesaja 60,2

30 WER'S GLAUBT, WIRD SELIG ...
1. Mose 15,1-21

Montag

Gott hat versprochen, Abram reich zu segnen. Segen bedeutet im Alten Testament immer Rinder und Kinder. Also Wohlstand und Zukunft. Rinder hat Abram zuhauf. Es mangelt an Kindern. Die Zukunft steht in den Sternen. Wozu das Ganze? Wer soll das alles mal erben? Und so erinnert er Gott daran, dass dieser seine Zusage nur teilweise erfüllt hat und ganz Wesentliches noch fehlt. So, als wenn er Gott sagen wollte: Du hast da noch was vergessen. Und jetzt darf Abram nach den Sternen greifen. Gott verspricht ihm das Blaue (oder besser das Gelbe) vom Himmel. Nachkommen werden nachkommen! Wer's glaubt, wird selig. Abram glaubt und wird selig. Es ist nicht naiv, zu glauben, was Gott sagt. Und auch bei den Rindern geht noch was. Die Kinder werden nicht nur viel Platz brauchen, sie werden ihn auch bekommen. Darauf gibt Gott Brief und Siegel. Und er gibt einen kleinen Spoiler, einen Ausblick: Das Ganze wird noch eine Weile dauern. Und die Zeit dazwischen wird kein Zuckerschlecken. Aber das Ende steht fest: Du wirst gesegnet! Heute misst sich der Segen nicht mehr in Rindern und Kindern, aber immer noch in Wohlstand und Zukunft. Für beides sorgt Gott. Auch durch schwere Zeiten hindurch. Wer's glaubt, wird selig. Glaubst du das?

Das merke ich mir: _____
_____

31 GUT DING WILL EILE HABEN ...
1. Mose 16,1-16

Dienstag

Gott hat Zeit. Aber wir können oft nicht warten. Abram und Sarai sind inzwischen richtig alt geworden. Nachwuchs können sie sich abschminken. Wenn das jetzt noch klappt, dann wäre das ein Wunder. Vielleicht braucht Gott Hilfe. Ich hätte da eine Idee. Für mich sind die Gedanken von Abram und Sarai durchaus nachvollziehbar. Auch ich habe oft konkrete Ideen, Gottes Pläne umzusetzen. Aber meist wird Gottes Plan nicht besser, wenn wir ihn modifizieren. Zu viele Köche verderben den Brei. Und genau das ist Sarais Idee: Was, wenn die Köchin den Babybrei macht? Was, wenn sie von Abram schwanger wird? Das ist dann doch immer noch Abrams Sohn ... Aber: Das ist nicht Gottes Plan. Diese Idee bringt nur Ärger und Leid. Sarai verflucht schon bald darauf die Idee und das Kind, das daraus entsteht. Aber Gott stellt sich darauf ein. Und er segnet auch das Kind, das Sarai verfluchen will. Es hat Konsequenzen, wenn wir unsere eigenen Pläne verfolgen oder Gottes Pläne verbiegen. Aber Gott wird auch damit fertig. Und dann dreht sein Weg vielleicht noch eine Extrarunde. Ja, es kommt einem Wunder gleich, wenn Sarai noch schwanger wird. Und darum geht's! Gott tut Wunder. Und wir sollen das auch als Wunder erleben.

Das merke ich mir: _____
_____

JETZT GEHT'S LOS ...

1. Mose 17,1-14

Mittwoch

Vor 24 Jahren sagte Gott: Ich will dich zu einem großen Volk machen. Aber nichts geschah. Elf Jahre später erneuerte Gott sein Versprechen: Dein Stern wird schon noch aufgehen. Darauf legt Gott sich fest. Der vorgestern beschriebene Ritus macht das deutlich. Gott zieht mit einer Fackel zwischen Tierhälften durch und sagt damit: Wenn ich mich nicht an die Abmachung halte, soll mich das Todesschicksal der Tiere treffen. Gott legt sich fest. Abram hat erstmal nichts weiter zu tun. 13 weitere Jahre später kommt ein neues Kapitel hinzu. Gott hält sein Versprechen wach. Gott hatte damals gesagt: Ich werde deinen Namen großmachen. Jetzt wird er erstmal länger. Er bekommt einen Zusatz. Damit wird jetzt auch im Namen deutlich: Jetzt geht's los. Aus „Gott, der Vater, ist erhaben" wird „Vater einer großen Menge". Jetzt geht's los. Der Stammhalter kann kommen. Jetzt soll dieser Bund auch an Abraham und allen Nachkommen sichtbar werden. Ein einschneidendes Erlebnis hält ein für alle Mal fest, dass Gott und Mensch zusammengehören. Wo heute die Beschneidung kein exklusives Zeichen mehr für die Zugehörigkeit zu Gott ist, wie machst du unmissverständlich deutlich, dass du mit Gott verbunden bist und bleibst?

Das merke ich mir: _____

WER ZULETZT LACHT ...

1. Mose 17,15-27

Donnerstag

Als Abraham 75 war, hat er Gott alles geglaubt. Aber in 24 Jahren wurde der Glaube immer unkonkreter. Gott ließ sich Zeit. Abraham hat ihn erinnert, aber Gott ließ sich nicht hetzen. Völlig unbemerkt hat Abraham den Glauben wohl verloren. Denn jetzt fällt ihm auf, wie unrealistisch die Worte klingen. Abraham ist zwiegespalten. Einerseits will er Gott vertrauen. Aber innerlich muss er mehr als nur schmunzeln. Er versucht, Gott goldene Brücken zu bauen: Zieh deine Segenslinie doch über Ismael. Das wäre doch ein Kompromiss. Aber Gott macht keine Kompromisse. Ismael wird nicht zu kurz kommen, aber Gott schreibt seine Geschichte mit Isaak. Geht es dir auch manchmal so? Du willst Gott glauben. Aber in einer ruhigen Minute wirkt alles fast ein bisschen lächerlich? Man sieht ja gar nichts und alles ist so unwahrscheinlich? Damit bist du nicht allein. Das ging selbst Abraham so. Aber bei Gott geht es nicht um Wahrscheinlichkeiten. Wahrscheinlichkeiten hängen immer an Wiederholungen, an Reproduzierbarkeit. Gott ist einzigartig. Auf Gott ist Verlass. Gib Gott Zeit. Und staune, was passiert. Gott kommt und er kommt spätestens rechtzeitig. Gott verpasst den Moment des Handelns nicht. Und dann blicke zurück und staune. Denn: Wer zuletzt lacht ...

Das merke ich mir: _____

Februar

3 TOTGESAGTE LEBEN LÄNGER ...

1. Mose 18,1-15

Freitag

Langsam wird es unheimlich: Jetzt fängt der auch noch an ... „Wenn ich das nächste Mal komme, gibt es hier Babygeschrei." „Woher will der das wissen? Dich schickt der Himmel", mag Abraham gedacht haben. Denn der Gedanke, der in Abrahams Kopf in den letzten Jahren, Monaten, Wochen und Tagen nicht totzukriegen war, ist — so wie bei ihm auch — bei Sara noch nicht wirklich angekommen. Endlich spricht es mal jemand laut aus. Und wie der Zufall es will, bekommt Sara das Gespräch mit. Wer hätte das gedacht: Sie glaubt es nicht und sie muss — wie Abraham gestern schon — lachen. „Guck uns doch an: In uns beiden ist doch gar kein Leben mehr." Wer sagt das eigentlich? Wer legt das fest? Warum lachen wir eigentlich, wenn wir über Gottes Möglichkeiten nachdenken?

Menschlich gesehen ist da vielleicht nichts mehr zu wollen. Da ist kein Leben mehr drin. Aber Totgesagte leben bekanntlich länger. Mit Leben kennt Gott sich aus. Er ist der Erfinder des Lebens. Und wo er Leben einhaucht, da entsteht welches. Bei Gott ist immer Leben drin.

Also hör auf zu lachen und fang an, dich zu freuen. Lass dich überraschen und beleben.

Das merke ich mir: _____

_____

4 GOTT LÄSST MIT SICH REDEN ...

1. Mose 18,16-33

Samstag

Schon wieder steckt Lot in Schwierigkeiten. Auch wenn er heute gar nicht im Bibeltext erwähnt wird, wird Abraham ihn wohl vor Augen haben, als er mit Gott in Verhandlungen tritt. Lot gerät in Schwierigkeiten, als Gott mit Sodom ins Gericht gehen muss. Auch hier übernimmt Abraham Verantwortung für seinen Neffen, der in der verruchten Stadt lebt. Fast wie auf einem orientalischen Basar feilscht Abraham mit Gott um das Wohlergehen Sodoms. Und Gott lässt mit sich reden. Er lässt sich runterhandeln auf zehn gerechte Leute. Sind die zu finden, bleibt die ganze Stadt verschont. Vier dieser Leute kennt Abraham schon (Lot und seine Frau mit den zwei Töchtern). Also fehlen nur noch sechs. Die sollten doch zu finden sein. Oder nicht? Es lohnt sich ganz offensichtlich, sich für andere starkzumachen.

Gott lässt mit sich reden. Er geht auf uns zu. Er hat ein offenes Ohr für unsere Wünsche und für unsere Argumente. Das ist gut zu wissen. Wir sollten offen mit Gott im Gespräch bleiben. Er will das Leben mit uns und nicht gegen uns gestalten. Wann hast du mit Gott das letzte Mal über deine Vorstellungen und Wünsche deines Lebens gesprochen?

Das merke ich mir: _____

_____

Kinder- und Jungschararbeit im Deutschen EC-Verband

Kinder- und Jungschararbeit im Deutschen EC-Verband bedeutet für mich, schon die Kleinsten mit der absolut größten Botschaft zu erreichen. Denn mit dieser Botschaft dürfen wir schon von Anfang an so viel Gutes und Prägendes in das Leben der Kinder hineinsprechen.

Aus dieser Motivation heraus möchten wir als Deutscher EC-Verband die EC Gruppen in ihrer Arbeit vor Ort unterstützen. Und das geschieht auf ganz unterschiedlichen Ebenen.

Ein Highlight ist es jedes Mal für mich, wenn ich bei Kinderwochen, Freizeiten, Jungschartagen oder Familiengottesdiensten den Kindern persönlich begegne. Deshalb lasse ich mich gerne in Gemeinden und Jugendarbeiten einladen, um sie bei solchen oder ähnlichen Veranstaltungen in der Verkündigung zu unterstützen. Am liebsten dort, wo solche Veranstaltungen ohne Unterstützung von außen gar nicht möglich sind.

Ein genauso wichtiger Teil der Arbeit besteht aber auch darin, Mitarbeitende zu schulen. Diejenigen, die Woche für Woche mit den Kindern unterwegs sind, fit zu machen und durch Schulungstage oder -wochenenden zu ganz grundsätzlichen, aber auch aktuellen Themen zu unterstützen. Darüber hinaus bieten wir auch immer wieder konkrete Schulungskongresse, wie den „Denk mal Kongress" im März 2023, für Mitarbeitende in der Arbeit mit Kindern an.

Nicht zuletzt erfolgt Unterstützung auch durch die Bereitstellung von Material. So veröffentlichen wir über den BORN-Verlag verschiedene Arbeitshilfen, Spiele und vieles mehr, was der Arbeit in den Gruppen vor Ort dient. Zudem geben wir über die Online Plattform jugendarbeit.online unsere Zeitschrift JUMAT heraus. Diese bietet für jede Woche im Jahr einen kompletten Stundenentwurf für Jungschargruppen an.

Darüber hinaus ist es unser Anliegen, immer wieder über neue Konzepte und Formen nachzudenken, wie wir Kindern begegnen können und uns zu fragen, wie Kinder- und Jungschararbeit in den nächsten Jahren aussehen kann. Dazu stehen wir im Austausch mit den Jungscharreferenten der EC-Landesverbände.

Wo es um Kinder geht, dürfen zu guter Letzt Spiele, Spaß und verrückte Ideen auf keinen Fall fehlen. Deshalb starten wir immer wieder kreative Jungscharaktionen, wie Wettbewerbe oder Jungscharüberraschungspakete, an denen alle Gruppen teilnehmen können und setzen damit ein kleines Highlight in der wöchentlichen Arbeit.

Annkatrin Edler, Referentin für Kinder- und Jungschararbeit beim Deutschen EC-Verband, Kassel
E-Mail: annkatrin.edler@ec.de

Pfadfinderarbeit im Deutschen EC-Verband

Wenn man erwachsen gewordene Pfadfinder fragt, warum sie so viele Jahre bei den Pfadfindern waren, passiert es regelmäßig, dass sie leuchtende Augen bekommen. Als Antwort bekommt man dann häufig prägende Erlebnisse oder tiefe Freundschaften geschildert. Und genauso bekomme ich immer wieder die Frage gestellt, was die Pfadfinder im EC eigentlich so machen? Ich antworte daraufhin gerne damit, dass es eigentlich vier Dinge sind, die absolut unerlässlich für eine prägende Pfadfinderzeit sind:

1. Ein authentisch erfahrener Glaube und prägende Werte. Pfadfinderleiter leben in ihrer Sippe den Glauben ganz selbstverständlich mit den Teilnehmenden. Die Gruppe liest gemeinsam in der Bibel, man spricht über den Glauben und hilft sich gegenseitig, die nächsten Schritte zu gehen.
2. Viele prägende Erlebnisse und neue Erfahrungen. Ob der Bau eines Lagerturmes, Orientierungsläufe und Actionspiele, in Pfadfindergruppen ist immer etwas los.
3. Leben an der frischen Luft, in und mit der Natur. Wir reden nicht nur über die Natur, wir leben darin. Und das ist nicht immer so einfach. Dafür lernen die Pfadfinder in den Gruppenstunden und Stammtreffen das nötige Handwerkszeug, um sich draußen zurechtzufinden. In der Natur finden wilde Geländespiele statt, werden Tiere beobachtet und es wird mit Freunden gezeltet.
4. Intensive Gemeinschaft und tiefe Freundschaften. Früh, etwa ab 13 Jahren, lernen die jungen Teilnehmenden Verantwortung zu tragen. Sie werden dabei von erfahrenen Leitern begleitet und unterstützt. Die Lager und Hajks führen die Pfadfinder in die schönsten Gegenden Deutschlands und darüber hinaus. Dort wird gezeltet, selbst Essen zubereiten, Menschen werden getroffen und Abenteuer erlebt. In diesem Setting können Freundschaften entstehen und wachsen.
Zurzeit gibt es im Deutschen EC Verband 46 Pfadfinderstämme mit insgesamt 1.200 Kindern und Jugendlichen, die Woche für Woche unsere Pfadfindertreffs besuchen.

Neugierig geworden? Schau doch mal auf unserer Homepage vorbei:
www.pfadfinder-ec.de

Christian Holfeld,
Referent für Pfadfinderarbeit beim Deutschen EC-Verband, Kassel
E-Mail: christian.holfeld@ec.de

KW 6 bearbeitet von Christoph Höcht,
Hausvater der Evangelistenschule Johanneum e.V.,
Wuppertal
E-Mail-Adresse: hoecht@johanneum.net

STILLE VOR DIR IST GNADE
Psalm 62

Wir sind tagtäglich umgeben von Lärm, Musik, Handyklingeln und Nachrichten aus aller Welt. Nachrichten, die uns aufwühlen, verunsichern und unruhig machen. Es gibt eine Angst vor der Zukunft — manche erleben das stärker als andere. Wahrscheinlich kennst du den Zustand, wenn deine Seele unruhig ist, du nicht gut schlafen kannst oder dir andauernd die gleichen Gedanken durch den Kopf schießen. Du kannst nicht aufhören, kannst nicht abschalten, kannst nicht runterkommen. Sorgen quälen und werden dir zur Last. Darum heißt es in Psalm 62: still sein. Ruhig werden vor Gott. Weil man getrost sein darf, dass ER Ängste nehmen kann. ER Schirm und Schutz ist. ER unsere Zukunft in seiner Hand halten wird und wir eben nicht tiefer fallen können als in seine ausgebreiteten Hände. Aber still zu werden, ist schwer. Das merke ich an meinem 15-jährigen Sohn. Immer Musik, immer die Kopfhörer auf. Stille ist für ihn fast unerträglich oder langweilig. Für mich ist Stille ein Geschenk, ein Segen. Nichts, was auf mich einprasselt. Still sein und sich vergegenwärtigen, dass der lebendige Gott meine Hilfe, mein Schutz und meine Hoffnung ist. Kannst du noch Stille aushalten und in der Stille Gottes Frieden erleben?

Das merke ich mir: _____

_____

_____

WOCHENSPRUCH
Wir liegen vor dir mit unserm Gebet und vertrauen nicht auf unsere Gerechtigkeit, sondern auf deine große Barmherzigkeit.
Daniel 9,18

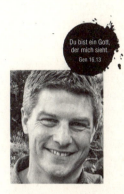

Du bist ein Gott, der mich sieht.
Gen 16,13

Manchmal erschrecke ich bei der Vorstellung, dass Gott mich sieht – bei allem, was ich tue und denke. Gleichzeitig bin ich aber heilfroh, dass er mich noch ansieht!
Christoph Höcht

6 WAS MACHT LOT MIT SEINEN TÖCHTERN?

1. Mose 19,1-14

Montag

Sodom war eine gottlose Stadt. Die Menschen lebten gar nicht nach Gottes Vorstellungen. Die Einwohner Sodoms waren zuerst auf ihren eigenen Vorteil aus. Sie lebten, wie sie es gerade wollten und für richtig empfanden und scheuten sich auch nicht, Gäste in ihrer Stadt brutal zu behandeln, oder, wie hier angedeutet, sich an ihnen sexuell zu vergehen. Lot wusste um dieses gottlose Handeln der Einwohner, deshalb lagen die Fremden ihm am Herzen. Lot dagegen lebte Gastfreundschaft. Für ihn war — wie damals im Orient üblich — die Gastfreundschaft eines der höchsten Güter. Als Gastgeber ehrte man seinen Gast, wusch ihm die Füße und kümmerte sich um sein leibliches Wohl. Der Schutz des Gastes war oberste Priorität. Nur von daher kann man auch verstehen, wie es zu Lots Handlung in Vers 8 kommen kann: Um die Familie oder den Gast zu schützen, war man im Orient sogar bereit, seine eigene Tochter preiszugeben oder als Sklavin zu verkaufen. Für uns heute undenkbar. Umso mehr deutet diese Geschichte an, welchen Stellenwert Gastfreundschaft hat: „Gastfrei zu sein, vergesset nicht; denn dadurch haben etliche ohne ihr Wissen Engel beherbergt" (Hebr 13). Kannst du gastfreundlich und großzügig sein? Auch wenn es dich etwas kostet?

Das merke ich mir: _____

_____

7 SIEH NICHT ZURÜCK

1. Mose 19,15-29

Dienstag

Die Boten drängen Lot zur Eile — er muss mit seiner Familie die Stadt verlassen. Gottes Strafgericht über die Stadt und die ganze Region steht an. Doch ausgerechnet jetzt zögert Lot. Er muss viel aufgeben: sein Haus, sein Umfeld und den Luxus, in einer Stadt mit einem Markt zu wohnen. Kein Wunder, dass er zögert, zu gehen! In manchen Lebenssituationen geht es auch darum, etwas hinter sich zu lassen: Nach einem Herzinfarkt sollte man schlechte Essgewohnheiten hinter sich lassen. Wenn man sich bewusst ist, dass Lügen zwar kurzzeitig schnell helfen, aber langfristig katastrophale Auswirkungen haben, dann sollte man sie hinter sich lassen und etwas verändern. Du und ich wissen aber, wie schwer das ist. Von daher verstehe ich Lots Zögern sehr gut. Wie gut, dass die Boten ihn aber am Arm packen und aus der Stadt ziehen. Sie entlassen ihn mit der Anweisung: „Rette dein Leben und geh bis aufs Gebirge hinauf und sieh dich nicht mehr um!" Dieser Rat ist Gold wert — auch dann, wenn wir bestimmte Angewohnheiten hinter uns lassen. Schau nicht zurück und entflieh der alten Situation. Lass dich erst gar nicht mehr auf die Versuchung einer Lüge ein. Schau nach vorne, auf das, was jetzt kommt und jetzt für dich gilt.

Das merke ich mir: _____

_____

WAS MACHEN DIE ZWEI MIT IHREM VATER

1. Mose 19,30-38

Zugegeben, das ist eine der verstörendsten Geschichten der Bibel! Hatten wir erst über das Verhalten des Vaters den Kopf geschüttelt, so lässt uns nun das Verhalten der Töchter verständnislos zurück. Wie kann man seinem Vater so etwas antun? Zuerst betrunken machen und dann noch ein Kind mit ihm zeugen. Inzest (Geschlechtsverkehr zwischen eng blutsverwandten Menschen) ist heute verboten, auch, weil man um das extrem große Risiko von geistigen und körperlichen Behinderungen der Kinder weiß. Auch damals war es keine gängige Praxis. Eigentlich eignet sich diese Geschichte nicht für die Verkündigung, aber eins lehrt sie mich doch: Um die Familie zu erhalten, haben die Töchter diesen Weg gewählt. Anscheinend hatten sie keine Chance mehr, auf andere Weise schwanger zu werden. Aber hätten sie nicht vorher die Höhle verlassen müssen? Hätten sie nicht noch weiter weggehen müssen – dorthin, wo keiner ihre Geschichte kennt? Wäre ein Neuanfang möglich gewesen, wenn nicht Gesetze oder Stigmatisierung die beiden Frauen so eingeschränkt hätten? Wie oft sehen Menschen keinen anderen Ausweg, als etwas Unvernünftiges zu tun. Ich denke: Es gibt immer einen Ausweg!

Das merke ich mir: _____

_____

GOTT HÄLT WORT

1. Mose 21,1-21

Erst bittet Sara ihren Mann, Hagar zur Zweitfrau zu nehmen, um einen Nachkommen zu zeugen. Als dann Ismael als erster Sohn des Abraham geboren, Sara Jahre später doch schwanger wird und Isaak als zweiten Sohn des Abraham zur Welt bringt, ist die Konkurrenz natürlich groß. Vielleicht kennst du das ja, wenn Mütter immer ihre Kinder vor anderen herausstellen und betonen, was ihr Kind alles kann oder toll macht. Bei Sara kommt hinzu, dass sie Angst hat, dass ihr Sohn Isaak als Zweitgeborener beim Erbe nicht alles bekommt, was ihm zusteht. Kurz gesagt: Abraham schickt Ismael und Hagar weg in die Wüste. Tröstend für den Vater Abraham, dass Gott ihm die Zusage gibt: „Auch, wenn du dein Kind in die Wüste schickst, es wird nicht sterben. Es soll zu einem großen Volk werden!" Wenn Eltern ihre Kinder irgendwann loslassen müssen, wenn Kinder eigenständig werden, dann ist es immer leichter, wenn Eltern wissen dürfen: Mein Kind steht unter Gottes Schutz und SEINE Zusagen gelten auch über seinem/ihrem Leben! Deshalb beten wir als Eltern jeden Tag für unsere Kinder. Wir vertrauen dabei darauf, dass Gott – wie in dieser Geschichte – Wort hält! Hagar und Ismael kommen nicht um – Ismael hat viele Kinder und gründet damit ein großes Volk.

Das merke ich mir: _____

_____

Februar

10 EINE VERTRAUENSPROBE!

Freitag

1. Mose 22,1-19

Wie kann Gott etwas von uns fordern oder uns etwas wegnehmen, was uns glücklich macht? Vielleicht hast du selbst schon mal die Erfahrung gemacht, dass dir etwas sehr Wichtiges genommen wurde: ein geliebter Mensch, dein Ansehen, der Platz in der Fußballmannschaft, ein/e Partner/in. Schnell fragt man dann: Warum Gott? Sind das deine Wege für mich? Abrahams Vertrauen wird hier auf die Probe gestellt, indem Gott seinen Sohn fordert und damit auch die gesamte Verheißung in Frage stellt, die ER ihm gegeben hat. Wie viel dürfen mich Nachfolge und mein Glaube an Jesus eigentlich kosten? Was muss ich alles auf mich nehmen? Bin ich bereit, auch Opfer um Jesu Willen zu bringen? Als Abraham zu diesem Irrsinn herausgefordert wird, geht er diesen schweren Weg. Allein im Vertrauen, dass Gott es richtigmacht. Dass Gott es besser weiß als wir, auch wenn wir Gottes Handeln manchmal nicht verstehen. Als Jesus im Garten Gethsemane sitzt, breitet Gott seinen irrsinnigen Plan auch vor ihm aus: gekreuzigt, gestorben und begraben! Was soll das für ein Weg sein? Doch Jesus vertraut seinem Vater. Er allein ist allmächtig – und dann: am dritten Tage auferstanden von den Toten.

Das merke ich mir: _____
_____

11 HOME IS, WHERE MY FAMILY IS

Samstag

1. Mose 23,1-20

Als Sara nach einem langen Leben stirbt, hat ihr Mann Abraham keine Heimat. Abraham ist wandernder Nomade und zu dieser Zeit lebt er als hoch angesehener Gast im Lande der Hetiter. Er bezeichnet sich selbst als „Fremdling und Beisasse" (Luther), als ein Einwohner mit eingeschränkten Bürgerrechten. So hatte er auch kein eigenes Land, um seine Frau zu beerdigen. Kein Land, keine Heimat, wo sie einmal in Frieden ruhen kann. Er muss sich diesen Acker, die Ruhestätte seiner Frau für Geld erkaufen, damit sie nun in Frieden ruhen kann! Wo ist eigentlich deine Heimat? Wo findest du Frieden? Heimat ist viel mehr als der Ort, an dem man lebt oder aufgewachsen ist. Heimat ist auch die Familie und die Kultur, in der man sich wohl fühlt. Und schließlich kann auch der Glaube zur Heimat werden. Jesus beschreibt in Lukas 15 unseren Vater als Heimat und als eine Person, die am Ziel auf mich wartet. In deren Gegenwart meine Seele still und ruhig werden kann. Bei Gott können wir sein, wie wir sind. Bei ihm sind wir geliebt, wie wir sind. Ohne Vorbehalte und Forderungen. Ich komme immer wieder gerne heim zu meinen Eltern. Da gibt es leckeres Essen, ich kann sein wie ich bin. Wir reden und lachen ausgelassen – da fühle ich mich rundum wohl – HEIMAT!

Das merke ich mir: _____
_____

KW 7 bearbeitet von Matthias Trick, Pfarrer,
73765 Neuhausen auf den Fildern
E-Mail: matthias.trick@elkw.de

VOM NOTRUF ZUM LOBRUF
Psalm 61

Wo ist eigentlich das Ende der Erde (V.3)? Das ist geographisch der am weitesten entfernteste Ort, den es gibt. Es klingt hier aber auch so, als ob jemand einfach ganz weit von Gott weg ist. Kennst du dieses Gefühl? Dass du dich nach Gottes Nähe sehnst? Dir wünschst, dass er etwas zu dir sagt? Dir ein Zeichen gibt? Aber es kommt dir vor, als sei zwischen ihm und dir eine endlos weite Distanz, als würdest du vom Ende der Erde nach ihm rufen. Hört er mich denn? In Vers 2 fordert Gott zum Hören auf. Komisch. Entweder hört man oder nicht. Oder will Gott nicht hören? Nicht zuhören? Die Not nicht wissen? Auch dieses Gefühl haben wir manchmal, diese Angst. Nur bleibt's hier nicht bei der Angst, sondern sie wandelt sich in Geborgenheit. Der hohe Fels (V.3) und der starke Turm (V.4) sind Orte, wo ich sicher bin. Ein solcher Zufluchtsort ist Gottes Tempel (sein „Zelt", V.5), ja ist Gott selbst. Plötzlich – mitten im Psalm, es ist uns gar nicht aufgefallen – sind wir nicht mehr am Ende der Erde, sondern im Zentrum, ganz nah bei Gott, in seinen Armen, wenn man die Flügel in Vers 5 so verstehen darf. Plötzlich ist aus der Angst, Gott könnte nicht hören, die Gewissheit geworden, dass er hört (V.6). Und nach einer Fürbitte (V.7f.) steht am Ende das Lob.

Das merke ich mir: _____

_____

_____

WOCHENSPRUCH
Heute, wenn ihr seine Stimme hören werdet, so verstockt eure Herzen nicht.
Hebräer 3,15

Lied: FJS! Nr. 9   Sonntag **12**

Du bist ein Gott, der mich sieht.
Gen 16,13

Bei Gott muss ich mich nicht präsentieren. Er sieht mich, nimmt mich wahr, hört mich. Toll!
Matthias Trick

13 WAS FÜR EINE VORSTELLUNG! Römer 1,1-7

Montag

Paulus stellt sich als Diener von Jesus vor (V.1). Das ist das Allererste. Es steht ganz oben. Es ist das Entscheidende. Nicht, wo er herkommt, zählt. Nicht, dass er und was er studiert hat. Nicht, mit wem er verwandt und bekannt ist. Dass er ein Diener von Jesus ist, darauf kommt's Paulus an. Darauf kommt's bei uns an. Nicht auf deine Herkunft kommt's an, nicht auf deine Bildung, nicht auf deine guten Beziehungen. Die Frage ist: Darf Jesus dein Herr sein? Redest und handelst du in seinem Auftrag? Bist du ein Diener von Jesus? Paulus stellt Jesus vor. Er redet davon, wer Jesus ist. Wer Jesus für ihn ist (sein Auftraggeber als Apostel, V.1.5). Wer Jesus überhaupt ist (der Sohn Gottes, der Auferstandene, der Ursprung der Guten Nachricht, V.3f.). Wer Jesus ist, darauf kommt's dem Paulus an. Das sollen, das müssen, das dürfen alle Leute erfahren. Das soll die ganze Welt („Heiden" oder „Völker", V.5.) erfahren. Paulus stellt die Christen in Rom vor. An sie schreibt er den Brief. Trotzdem sagt er nicht nur Hallo zu ihnen. Er zeigt auch, wer sie sind: geliebte Gottes und Heilige (V.7). So redet Paulus die Christen an. Bist du ein Christ? Dann vergiss nicht: Du bist von Gott geliebt und ein(e) Heilige(r). Was für eine Vorstellung!

Das merke ich mir: _____

14 WAS FÜR EINE VERBINDUNG! Römer 1,8-15

Dienstag

„Nähe ist keine Frage der Entfernung." Den Satz habe ich mal aufgeschnappt. Paulus zeigt uns, was er bedeutet. Die, an die er schreibt, kennt er nicht, jedenfalls nicht persönlich. Sie sind hunderte und tausende Kilometer von ihm weg – und trotzdem spürt er und lebt er eine Nähe zu ihnen, die mich beeindruckt. Wie er sich freut über sie und ihren Glauben (V.8). Wie er dauernd („unaufhörlich", V.9) an sie denkt. Dass er sie gern mal treffen will (V.13ff.) und jeden Tag dafür betet (V.10). Was für eine Verbindung! Die gibt's nur durch Jesus. Nicht das Persönliche macht diese Verbindung aus. Nicht Sympathie oder Antipathie. Nicht Freundschaft oder Kameradschaft. Paulus zeigt: Christen sind zuallererst durch Jesus miteinander verbunden. Ich empfehle dir sehr das kleine Buch „Gemeinsames Leben" von Dietrich Bonhoeffer. Bonhoeffer schreibt da, wie wichtig das ist, dass wir das lernen und nie vergessen: Jesus verbindet uns Christen. Und er verbindet uns auch mit Leuten, mit denen uns persönlich gar nichts verbindet und manchmal sogar Abneigung, weil sie uns unsympathisch sind. Aber wenn sie, wie ich, Geliebte Gottes und Heilige sind (vgl. Röm 1,7), dann gehören wir zusammen. Und meine Herausforderung ist, diese Nähe richtig zu leben.

Das merke ich mir: _____

WAS FÜR EINE SPRENGKRAFT!

Römer 1,16-17

Dynamit ist Sprengstoff. Dynamit hat Power. Dynamit (griechisch) heißt „Kraft". Dynamit steht hier, Vers 16b: Das Evangelium ist Gottes Kraft, wörtlich: Gottes Dynamit. Das Evangelium, die gute Nachricht, Worte – diese Worte! – haben Sprengkraft. Dabei sind sie uns manchmal peinlich, oder? Dabei trauen wir uns oft nicht, sie zu sagen. Was denken denn die Leute, wenn ich von Jesus rede? Dass er Gottes Sohn ist (Gegenfrage: Gibt's Gott überhaupt? Wie soll der einen Sohn haben?)? Dass er auferstanden ist vom Tod (Gegenfrage: Wer glaubt denn sowas?)? Dass er mich „rettet" (V.16) und in den Himmel bringt (Gegenfrage: Warum muss ich gerettet werden?)? Das klingt so abgefahren. Das sage ich lieber nicht so laut. Da verdreht bestimmt jeder die Augen. Paulus sagt: „Ich schäme mich für die Gute Nachricht nicht" (V.16a). Weil diese Nachricht Kraft hat. Weil da Dynamit drinsteckt. Vielleicht klingt's komisch, auf der Beerdigung den Auferstandenen zu bezeugen. Vielleicht klingt's weltfremd, am Krankenbett für Heilung zu beten. Vielleicht klingt's lächerlich, vom Himmel zu reden, wenn jemand mitten im Leben steht. Wenn wir den Mut aufbringen, es trotzdem zu tun, werden wir sehen, welche Sprengkraft die Gute Nachricht von Jesus hat. Probier's aus!

Das merke ich mir: _____

_____

UNANGENEHME SACHE I

Römer 1,18-32

Unangenehm, oder? Gestern ging's ganz positiv um die Gute Nachricht, die rettet (V.16) – und jetzt, plötzlich, ist von Gottes Zorn (V.18) die Rede. Plötzlich wird's ungemütlich. Schon beim Lesen fange ich an, auf meinem Stuhl rumzurutschen und frage mich: Was ist denn jetzt los? Klar, ich kann's mir einfach machen und sagen: Da geht's ja nicht um mich. Da geht's um die anderen. Um die, die Gott nicht ehren (V.21). Um die Unmoralischen (V.26-31); was da alles aufgezählt wird, zum Schaudern! Zum Glück geht's hier nicht um mich. Aber Achtung! Wenn ich so denke, dann sollte ich unbedingt mal lesen, was Jesus in Lukas 18,9-14 sagt. Es geht hier nicht nur um die andern. Es geht um alle (vgl. Röm 3,9ff.). Es geht auch um mich. Und wenn ich ehrlich bin, dann findet sich in den Versen 29-31 mindestens eine Sache, bei der ich schlucken muss. Oder? Es geht hier um alle, auch mich. Es geht hier darum, dass jeder weiß, mindestens ahnt, dass es im Leben Vorgegebenes gibt, Unverfügbares, Grenzen, die wir als Menschen nicht überschreiten können. Es geht darum, dass wir sie aber zu überschreiten versuchen und sein wollen wie Gott (vgl. 1. Mose 3,5) und so seinen Zorn auf uns ziehen. Gibt's hier einen Ausweg? Lies schon mal vorab Römer 3,23-24!

Das merke ich mir: _____

_____

17 UNANGENEHME SACHE II

Freitag

Römer 2,1-16

Wieder rutsche ich auf dem Stuhl hin und her. Wieder merke ich: Das betrifft mich auch. Wieder sind hier alle angesprochen, die ganze Menschheit, jeder Einzelne, du, ich: Wer sich zum Richter aufschwingt, wer andere verurteilt, der verurteilt sich auch selbst. Hat auch Jesus in Matthäus 7,1-2 gesagt und mit einem netten Vergleich gewürzt (vgl. Mt 7,3-5). Sehr spannend ist auch 2. Samuel 12,1-12, v. a. Verse 5 und 7. Wenn du meinst, besser zu sein als andere, speziell als frommer Christ besser zu sein oder höher zu stehen als Nichtchristen — dann, sagt Paulus in Vers 4, hast du was Entscheidendes übersehen: Es kommt nicht auf große Erlebnisse an oder darauf, dass du alles richtig erkannt hast oder zu einer tollen Gemeinde gehörst. Sondern es kommt darauf an, dass du dein Leben änderst (Buße, V.4, heißt: Umkehren und nach Gottes Willen leben) und dem Glauben entsprechend handelst (V.6). Selbst Gottes Gesetz, Gottes Wille aus der Bibel zu kennen, ist noch nicht alles, man muss es auch tun (V.12ff.). Und weil niemand immer und überall tut, was Gott will, sollen wir nicht andere be- und ver- und aburteilen, sondern wissen, dass wir alle, auch du und ich auf Jesus und seine Gnade angewiesen sind. Lies wieder Römer 3,23-24.

Das merke ich mir: _____

18 UNANGENEHME SACHE III

Samstag

Römer 2,17-29

Gilt eigentlich, was Paulus hier von den Juden sagt, auch für die Christen? Dann kann ich die Worte nicht einfach an mir vorbeiziehen lassen. Dann bin ich hier angesprochen. Dann wird's schon wieder ungemütlich. Bin ich stolz auf Gott (rühmen, V.17)? Jedenfalls bin ich froh, zu ihm zu gehören. Kenne ich seinen Willen (V.18a)? Schon, oder? Steht ja in der Bibel. Kann ich prüfen, was demnach das Beste ist (V.18b)? Schon, oder? Und das ist ja gar nicht schlecht. Nur, tue ich auch, was ich weiß? Und was ich soll? Oft nicht, sagt Paulus (V.21ff.). Und wenn ich lese, wie Jesus in Matthäus 5,17-48 Gottes Gebot versteht, dann muss ich sagen: Paulus hat recht. So lebe ich nicht. So kann ich gar nicht leben. So gebe ich mit meinem Leben Gott ganz oft nicht die Ehre, ja ich entehre (V.23) ihn sogar. Wie haben wir gestern gelesen? Nicht das Hören, das Wissen, das Kennen ist entscheidend, sondern dass ich tue, was Gott will (Röm 2,13; vgl. V.27). Und beim Tun stehen die Juden nicht besser da als die Nichtjuden. Ist's bei uns Christen besser? Wenn mein Handeln mich in den Himmel bringen müsste, dann säh's düster aus (vgl. Röm 3,20). Zum Glück bringt mich Jesus in den Himmel (lies nochmal Röm 3,23-24!) und handelt er durch mich (Gal 2,20).

Das merke ich mir: _____

KW 8 bearbeitet von Klaus Göttler,
EC-Generalsekretär, 34134 Kassel
E-Mail: generalsekretaer@ec.de

WOCHENSPRUCH
Seht, wir gehen hinauf nach Jerusalem, und es wird alles vollendet werden, was geschrieben ist durch die Propheten von dem Menschensohn.
Lukas 18,31

GOTT HILFT – TROTZ ALLEM!
Psalm 60

Irgendwie will der Name des Liedes nicht so richtig zum Text passen: „Lotusblüte" – was für ein idyllischer Name! Und dann folgt ein Lied von Krieg und Ungewissheit. Von Treulosigkeit und Gottes Strafe. Und in dem Ganzen klingt immer wieder die bange Frage durch: Gott, wirst du uns wieder führen? Stehst du trotzdem noch zu uns? Wir kennen solche Momente, in denen wir zweifeln, ob Gottes Güte und Vergebung ausreichen für uns. Lernen wir von David: Er spricht trotz allem die kühne Bitte aus: Tröste uns wieder! Hilf uns! David erwartet Hilfe von dem Gott, dem er und sein Volk so viel Kummer bereitet haben, und den sie ganz offensichtlich oft links liegen gelassen haben. Doch David ist zutiefst überzeugt: Wenn von jemandem Hilfe zu erwarten ist, dann von Gott. Selbst dann, wenn es völlig unverdient ist. Er klammert sich an die Güte Gottes. Interessanterweise soll dieses Lied im Unterricht eingesetzt werden. Es ist ein regelrechtes Lehrlied, das uns hilft, uns die Liebe Gottes tief ins Gedächtnis einzuprägen. Von Gott erwarten wir Unterstützung und Hilfe – trotz allem! Dafür steht er mit seinem Namen: Jesus. Jeschua. Gott hilft. Auch an diesem Tag.

Das merke ich mir: _____

_____

_____

Du bist ein Gott, der mich sieht.
Gen 16,13

Gott sieht mich.
Ich bin ihm wichtig.
Was für eine Botschaft!
Klaus Göttler

20 GOTTES TREUE IST KEIN SPIELBALL

Montag

Römer 3,1-8

Es lohnt sich, wenn wir uns in die Gedankenwelt unserer Gesprächspartner hineinversetzen. Paulus tut das hier. Er nimmt die Argumentation derer auf, die offensichtlich der Überzeugung waren, dass Sündigen die Vergebung Gottes noch größer macht. Doch er stellt klar: Gottes Treue ist kein Spielball. Er hat die Vergebung der Sünden hart erkämpft und teuer bezahlt. Da wäre es geradezu widersinnig, zu meinen, es wäre egal, ob ein Mensch sündigt oder nicht! Paulus macht mit den römischen Christen einen Ausflug in die Geschichte: Gott hat mit dem jüdischen Volk eine einzigartige Geschichte geschrieben. Und auch, wenn immer wieder Menschen Gott untreu wurden und ihn aus den Augen verloren oder bewusst missachtet haben: Gott hat seine Treue zu seinem Volk durchgehalten. Und diese Treue steht. Sie ist durch Jesus Christus ein für alle Male bestätigt und festgenagelt. Weil Gott uns treu ist, wie könnten wir anders, als zumindest zu versuchen, ihm ebenfalls treu zu sein? Es wird uns nicht immer gelingen. Aber es wäre eine Verdrehung der Tatsachen, wenn wir meinen würden, wir könnten die Treue Gottes durch ein treuloses Leben steigern. Deshalb beginnen wir diesen Tag mit einem Hingabegebet: Guter Gott, ich will dir heute treu sein. Hilf mir!

Das merke ich mir: _____

21 ERNÜCHTERNDE DIAGNOSE

Dienstag

Römer 3,9-20

Diagnosen können hart sein. Eine solche Diagnose stellt Paulus hier und zitiert Psalm 14: „Da ist keiner, der Gutes tut!" Was für eine ernüchternde Beschreibung. Der Mensch ist nicht „edel, hilfreich und gut", wie Goethe es sagte. Der Mensch rebelliert gegen Gott und versucht, auf eigene Faust gut zu sein. Jemand hat es so zum Ausdruck gebracht: Sünde ist Gutseinwollen ohne Gott. Das Problem liegt in der Abkehr von Gott. Das Geschöpf löst sich vom Schöpfer. Menschen erklären Gott für tot und nehmen das Leben und diese Welt selbst in die Hand. Das Ergebnis erleben wir oft schmerzhaft. Auf unserem Weg sind oft Zerstörung und Elend (V.16), und so sehr wir uns um Frieden mühen, wir schaffen es nicht. Aber es wird darüber hinaus deutlich: Nicht das Ergebnis ist entscheidend. Die Trennung von Gott ist das Problem. Und plötzlich wird uns das Gesetz, das eigentlich gedacht ist, um unser Leben zu fördern, zum Ankläger. Wir merken: Wir verletzen Gottes Standards jeden Tag aufs Neue. Wir können aus eigener Kraft nicht den Himmel verdienen. Stattdessen erkennen wir durch das Gesetz unsere Unzulänglichkeiten. Das ist eine harte Diagnose. Aber es ist gleichzeitig der Beginn der Therapie und der Weg zurück zu Gott. Gott sei Dank!

Das merke ich mir: _____

FRÖHLICH UND UNBESCHWERT GLAUBEN

Römer 3,21-26

22 Mittwoch

Es ist der Wiederentdeckung eines schuldgeplagten Mönches zu verdanken, wovon wir als Christen leben: Gott macht uns gerecht. Allein durch den Glauben an Jesus Christus. Unser Heil liegt nicht in unseren frommen Anstrengungen. Es liegt allein bei Jesus Christus, der uns den Himmel geöffnet hat durch seinen Tod. Das ist der Kern des christlichen Glaubens. Für Martin Luther war es die befreiende Entdeckung seines Lebens. Es war der Beginn der Reformation. Und es war die Antwort auf die Deformation des christlichen Glaubens. Diese Entdeckung hat unzählige Menschen befreit und zu fröhlichen Christen gemacht, die aus Dankbarkeit mit Gott unterwegs sind, nicht aus Angst. Merkwürdigerweise sind viele Christen bis heute an dieser Stelle verunsichert und meinen, sie müssten doch auch etwas zu ihrem Heil beitragen: 95% Gott. 5% ich. Doch bei Gott gilt das „All in-Prinzip": 100% Gott. 100% wir! Weil Jesus Christus alles für unser Heil getan hat, können wir entspannt in jeden Tag starten.
Die Frage ist ein für alle Mal geklärt: Wir gehören zu Jesus Christus. Jetzt können wir uns engagiert und fröhlich einsetzen und Menschen anstecken mit der Hoffnung und Freude, die Jesus verbreitet.

Das merke ich mir: _____

_____

DURCH GLAUBEN VERBUNDEN

Römer 3,27-31

23 Donnerstag

Es gibt Christen, die meinen, dass Gott ihnen auf die Schulter klopft, wenn sie seine Gebote befolgen. Dabei tun sie nichts anderes, als Gottes Standards umzusetzen. Nein, wir können mit unseren Taten niemanden beeindrucken, schon gar nicht Gott. Wir müssen uns auch nicht einbilden, dass wir moralisch höherwertiger seien als andere. Wir stehen mit allen Menschen dieser Welt vor Gott und sind angewiesen auf das, was Paulus hier auf den Punkt bringt: Allein durch Glauben! Nicht durch Taten und das Befolgen von Gesetzen — allein durch Glauben werden wir gerecht. Oder anders ausgedrückt: Wir sind ihm recht! Unabhängig von dem, wie unser Leben gelingt. Durch Jesus sind wir hineingenommen in die Geschichte, die Gott seit Jahrtausenden mit seinem Volk Israel schreibt. Wir sind mit diesem besonderen Volk aufs Engste verbunden. Gott hat uns zusammengespannt. Das ist ein Geschenk und ein Vorrecht. Und es ist eine Verpflichtung, für immer an der Seite des jüdischen Volkes zu stehen. Dort gehören wir als Christen hin. Wir sind ein adoptierter Teil des Volkes Gottes. Gemeinsam freuen wir uns daran, dass wir durch Jesus Christus eine Familie wurden. Wir vergessen unsere Herkunft nicht, sondern danken Gott jeden Tag für diese Verbundenheit.

Das merke ich mir: _____

_____

24 EIN STARKES VORBILD

Freitag — Römer 4,1-12

Abraham spielt in der jüdischen Geschichte eine Ausnahmerolle. Mit ihm beginnt die Geschichte des auserwählten Volkes. Auf ihm liegt eine besondere Verheißung. Und Abraham wird nicht umsonst der „Vater des Glaubens" genannt. Denn als Gott ihn ruft, da bricht er auf ins Ungewisse. Er hat nur eine Verheißung, an die er sich klammert. Er vertraut Gott, dass er sein Versprechen wahrmacht. Dieser Glaube zeichnet ihn aus. So beginnt eine ganz besondere Glaubensgeschichte. Und diese Geschichte beginnt nicht mit der Beschneidung, dem Bundeszeichen der Juden. Sie beginnt mit dem Glauben. Offensichtlich gab es in Rom Leute in der Gemeinde, für die Christsein ohne Beschneidung nicht denkbar war. Diesen Christen ruft Paulus ihre Wurzel ins Gedächtnis. Es ist die Wurzel für Christen mit jüdischem und heidnischem Background. Nicht die Beschneidung ist entscheidend, sondern der Glaube. Was für die Juden die Beschneidung war, wurde für Christen die Taufe. Es ist das Bundeszeichen des Neuen Bundes. Durch Jesus Christus gehören wir dazu. Dieser Glaube braucht keine Ergänzung durch andere Heilsmittel. Deshalb fokussieren wir uns heute nicht zuerst darauf, was wir für Gott tun, sondern auf das, was Jesus für uns getan hat. Alles andere folgt.

Das merke ich mir: _____

25 DAS FUNDAMENT UNSERES GLAUBENS

Samstag — Römer 4,13-25

Paulus wird nicht müde, darum zu ringen, dass Juden und Heiden gleichermaßen Zugang zu Gott haben durch den Glauben. Die Linien kommen bei Abraham zusammen. Er glaubt Gott, dass er zahlreiche Nachkommen haben wird, obwohl er am Ende seines Lebens kaum etwas davon sieht. Er musste lange warten, bis zumindest ein Teil der Verheißung wahr wurde und er gemeinsam mit seiner Frau Sara im hohen Alter einen Sohn bekam. Und auch dann war die Verheißung immer wieder bedroht. Doch Abraham verzweifelte nicht, sondern sein Glaube wurde fester. Und diesen Glauben malt Paulus den römischen Christen als leuchtendes Beispiel vor Augen. Wie Abrahams Glaube das Fundament seiner Beziehung zu Gott wurde, so soll für uns der Glaube an den gekreuzigten und auferstandenen Christus Fundament unseres Glaubens sein. Und dieser Glaube an Jesus Christus hat heilsame Wirkung. Denn durch den Glauben sind wir mit Jesus verbunden, der sein eigenes Leben für uns in die Waagschale geworfen hat. Er hat mit seinem Tod unsere Trennung zu Gott überwunden. Mit der Auferweckung von Jesus hat Gott diesen Weg bestätigt. Deshalb trägt der EC im Verbandsnamen „Christus". Er ist der Dreh- und Angelpunkt des Glaubens.

Das merke ich mir: _____

KW 9 bearbeitet von Matthias Trumpp, Vikar,
75387 Neubulach
E-Mail: m.trumpp@icloud.com

MONATSSPRUCH MÄRZ

WAS KANN UNS SCHEIDEN VON DER LIEBE CHRISTI?
Römer 8,35

ICH UND MEINE FEINDE ... UND GOTT
Psalm 64

Wurdest du schon mal von jemandem richtig fertiggemacht? Wenn ja, dann kennst du vielleicht Gedanken wie die aus Psalm 64. Als ich in der 4. Klasse war, zog meine Familie an einen neuen Ort. An der neuen Schule wurde ich von der einen wegen meines Kleidungsstils ausgelacht, von einem anderen, weil ich an Gott glaubte. Das war ziemlich hart für mein kleines Kinderherz. Ich wollte nie mehr in die Schule gehen. Mit der Zeit baute ich eine unsichtbare Mauer um mich herum auf. Immer, wenn ich in eine neue Gruppe kam, verdächtigte ich die anderen: „Die sind alle gegen mich. Ich muss cool sein." Als dann einmal einer zu mir sagte: „Hey, ich mag dich" und ich mit: „Schön für dich" antwortete, merkte ich: Ich habe ein Problem. Der Beter dieses Psalms hat erlebt, wie Menschen ihn fertigmachen wollen. Bevor er anfängt, allen zu misstrauen, klagt er Gott sein Leid. Er scheint es gerecht zu finden, dass Gott selbst seine Feinde eines Tages erledigen wird. Jesus dagegen sagte, man solle seine Feinde lieben. Wie passt das zusammen? Vielleicht ist es besser, seinen Frust ehrlich bei Gott rauszulassen, als selbst gewalttätig zu werden. Dann kann man immer noch anfangen zu lieben. Viele Christen haben auch heute Feinde, werden verfolgt. Beten wir heute für sie.

Das merke ich mir: _____
_____
_____

Du bist ein Gott, der mich sieht.
Gen 16,13

Jeden Morgen stelle ich mir vor, dass Gott mich ansieht. Alle Angst vor seinem Blick (Hiob 14,6) flieht, wenn ich mir ausmale, dass es Jesus ist, der mich anlächelt.

Matthias Trumpp

WOCHENSPRUCH
Dazu ist erschienen der Sohn Gottes, dass er die Werke des Teufels zerstöre.
1. Johannes 3,8b

27 WER AN JESUS GLAUBT, HAT HOFFNUNG

Römer 5,1-5

Montag

Schon mal ein Zeugnis voller Einser am ersten Schultag bekommen? Klingt komisch, so ist es aber bei allen, die an Gott glauben. Er stellt uns unser Lebenszeugnis schon jetzt aus: Wir sind zwar eigentlich durchgefallen. Aber Jesus hat seine Klassenarbeiten mit unserem Namen eingereicht. Deshalb haben wir bestanden. Wir leben im Frieden mit Gott. Und wir haben Zugang zu Gott. Wenn man beim Kundenservice großer Firmen anruft, hängt man oft ewig in der Warteschleife. Wenn du Zugang zu Gott haben willst, schließt du die Augen, sagst ein Wort und stehst in seinem Thronsaal. Und da wartet nichts als Gnade auf dich. Deshalb: 1. Sei stolz auf die Hoffnung, die du in dir trägst! Nichts kann uns von Gott trennen – nicht einmal der Tod. 2. Sei stolz auf das – Achtung Challenge! –, was du erleidest! Bitte Gott nicht, alles Schwierige wegzunehmen, sondern sieh es als Chance, bewährt zu werden. Beim nächsten Mal wirst du dich daran erinnern: Gott ist mir schon einmal beigestanden. Er wird mir wieder beistehen. Im täglichen Leben erzählen wir oft eher stolz von dem, was wir Tolles geleistet haben. Versuche heute mal, wenn du mit Leuten sprichst, nicht anzugeben mit dem, was du hast, kannst oder weißt, sondern mit deiner Hoffnung.

Das merke ich mir: _____

_____

28 WER AN JESUS GLAUBT, LEBT VERSÖHNT

Römer 5,6-11

Dienstag

Was ist das Krasseste, was du einmal für eine/n Freund/in getan hast? Egal, was es war: Was Jesus tat, ist krasser. Er starb für seine Feinde. Noch am Kreuz sagte er: „Vater, vergib ihnen" (Lk 23,34). Was heißt das? Manche denken: Gott musste versöhnt werden. Deshalb musste Jesus sterben. So kann uns Gott vergeben. Andere denken: Gott hat sich selbst versöhnt, indem er seinen Sohn für uns opferte. Aber nur die dritte Möglichkeit ist richtig: Gott musste nicht versöhnt werden, sondern wir! Nicht Gott hatte ein Problem, sondern wir. Nicht Gott war feindlich gegenüber uns eingestellt, sondern wir gegenüber ihm. Es heißt ja nicht: „Also hat Gott die Welt gehasst, dass er seinen Sohn sandte ...", sondern: „Also hat Gott die Welt geliebt, ..." (Joh 3,16). „Ja, in Christus war Gott selbst am Werk, um die Welt mit sich zu versöhnen" (2. Kor 5,21). Was meint dann der „Zorn Gottes"? Gott wendet sich voller Zorn gegen das, was uns schadet. Denn er liebt uns. Wenn ein Kind auf die Straße läuft, schreit der Vater voller Zorn: „Komm zurück!" Denn er will es retten. Jesus hat sich für uns vor den Lastwagen geschmissen, um uns zu retten. Deshalb wird uns Gottes Zorn im Gericht nicht treffen. Denn wir sind schon jetzt als gerecht angenommen.

Das merke ich mir: _____

_____

WER AN JESUS GLAUBT, HAT DAS LEBEN

Römer 5,12-21

Mittwoch 1

Manche Menschen stehen sinnbildlich für etwas. Robert Lewandowski steht für Tore, Heidi Klum für die Topmodel-Show und der Papst für die katholische Kirche. So ähnlich ist das mit Adam und Christus: Adam steht für die Sünde und den Tod. Christus steht für die Gnade und das Leben. Adam brachte die Sünde in die Welt. Die führte zum Tod. Denn Sünde ist eine Entscheidung gegen die Beziehung. Sünde ist letztlich Isolation. Wie schlimm Einsamkeit ist, haben wir in der Corona-Pandemie erfahren. Wir Menschen leben aber von der Beziehung zu anderen Menschen und vor allem von der zu Gott. Und wenn die Beziehung kaputt ist, aus der wir Lebenskraft schöpfen, ist das tödlich. Jesus ist gestorben, obwohl seine Beziehung zu Gott intakt war. Das hat er an unserer Stelle getan, um uns ein neues Leben zu schenken. Denn Jesus hat den Tod überwunden. Deshalb haben wir Hoffnung auf ewiges Leben. Für mich persönlich wurde Vers 20 sehr wichtig, als ich ca. 16 Jahre alt war. Ich merkte immer wieder: Ich schaffe es nicht, nach Gottes Willen zu leben. Ich hatte Angst, dass meine Sünden größer würden als Gottes Gnade. Und dann las ich: „Wo aber die Sünde mächtig geworden ist, da ist die Gnade noch viel mächtiger geworden." (LU17). Für was steht Jesus für dich?

Das merke ich mir: _____

_____

WER AN JESUS GLAUBT, LEBT FÜR GOTT

Römer 6,1-11

Donnerstag 2

Wenn man zu viel von Gnade spricht, dann sündigen die Leute mit Absicht — Gott vergibt ja sowieso. Ist das so? Auf keinen Fall! Wer auf Jesus getauft ist, lebt nicht mehr im Machtbereich der Sünde, sondern im Machtbereich Gottes. Das Untertauchen steht für den Tod mit Jesus und das Auftauchen für das neue Leben mit ihm. Wie der Tod keine Macht mehr über Jesus hat, so hat die Sünde keine Macht mehr über uns. Wir sind frei von ihr und verbunden mit Gott. Als Christ sündigen? Eigentlich eine unmögliche Möglichkeit! Das Problem: Es kommt vor. Häufig. Es ist wie bei einem Hund, der von einem bösen Besitzer weggenommen wurde. Dieser hatte ihn geschlagen und angestachelt, andere zu beißen. Aber nun hat er ein neues Herrchen. Als das mit ihm Gassi geht, sieht der Hund manchmal auf der anderen Straßenseite seinen alten Besitzer. Was passiert dann? Aus Gewohnheit kann es sein, dass er wieder auf seine anstachelnden Worte hört und das tut, was der alte Besitzer will. Deshalb mach dir klar: Du musst nicht auf die verlockenden Worte deines alten Besitzers hören. Du bist frei davon. Dein ganzes restliches Leben kannst du einüben, nach Gottes Willen zu leben — Schritt für Schritt. Fange in einem Bereich deines Lebens an. Welcher könnte das sein?

Das merke ich mir: _____

_____

März

3 WER AN JESUS GLAUBT, LEBT GERECHT

Römer 6,12-23

Freitag

Einen Tod sind wir schon gestorben: den mit Jesus gegenüber der Sünde. Einen anderen noch nicht: den Tod des sterblichen Körpers. Der ist vielen Verlockungen ausgesetzt. Das heißt, wir leben schon für Gott, aber sind noch nicht im Himmel. So lange das so ist, setzen wir unseren Körper, unsere Lebenskraft, unsere Gaben ein für Gott und seine Gerechtigkeit. Triff darum jeden Tag neu die Entscheidung: Ich werde den Verlockungen der Sünde nicht folgen (denn ich bin ja frei von ihr) und stattdessen Gott gehorsam sein (denn ich lebe ja aus seiner Gnade). Konkret könnte das heißen: Beim Lästern mache ich nicht mit, sondern sage, dass das nicht okay ist. Beim Mobben wäre es einfach, mitzumachen, aber ich stelle mich auf die Seite der Schwachen. Wenn ich in mir spüre, dass ich gleich explodiere, weil jemand unfair zu mir war, verkneife ich mir den bissigen Kommentar und vergebe stattdessen. Herausfordernd! Wo könntest du Werkzeug von Gottes Gerechtigkeit werden? Klar ist: Den Lohn, den die Sünde denen zahlt, die für sie als Soldaten der Ungerechtigkeit kämpfen, ist der ewige Tod. Unser Ziel ist aber das ewige Leben. Das ist jedoch kein Lohn für unseren Dienst, wir können es uns nicht verdienen. Das ewige Leben wird Gottes Geschenk an uns sein.

Das merke ich mir: _____

_____

4 WER AN JESUS GLAUBT, IST BEGEISTERT

Römer 7,1-6

Samstag

Na, bist du schon verheiratet? Ich schon. Sehr glücklich. Die Ehe ist ein lebenslanger Bund zweier Menschen. Für manche ist sie leider wie ein Gefängnis. Doch während der Ehe einen neuen Partner zu haben, ist nach dem Gesetz Gottes Ehebruch. Aber: Nach dem Tod des Ehepartners ist man frei, neu zu heiraten. Genauso sind wir frei vom Gefängnis des Gesetzes und neu verbunden: mit Jesus. Das Gesetz Gottes hat keinen Anspruch auf uns und kann uns nicht verurteilen. Das Problem: Wenn man Fehler macht, fühlt man sich trotzdem von Gottes Gesetz verurteilt. Wenn dir das passiert, laufe in die gnädigen Arme von Jesus. Er verurteilt dich nicht, sondern vergibt dir. Wenn wir ständig nur darauf achten, alle Regeln einzuhalten, kann das die Freude am Glauben wegnehmen. Aber es gibt nicht für jede Entscheidung eine klare Regel. Oft gibt es verschiedene Möglichkeiten zu handeln. Unser Leben soll daher von Gottes Geist geprägt sein. Vor Entscheidungen (1) bitten wir Gott um Weisheit, (2) überlegen wir, wie Jesus handeln würde und (3) treffen wir mutig eine Entscheidung – im Bewusstsein, von Gott beGEIStert zu sein. Was auch passiert, am Ende kommt es nicht auf unser Handeln an, sondern auf Gottes Gnade. Und die gilt für alle, die zu Jesus gehören.

Das merke ich mir: _____

_____

KW 10 bearbeitet von Thomas Maier,
Direktor Evang. Missionsschule Unterweissach,
71554 Weissach
E-Mail: tm@missionsschule.de

DAS LEBEN GANZ MIT GOTT TEILEN
Psalm 25

Psalm 25 beinhaltet alles, was Glauben ausmacht. Der Betende teilt sein Leben mit Gott: „Zu dir, Herr, trage ich, was mir auf der Seele liegt." (V.1) Gott interessiert sich für uns. Ihm können wir uns anvertrauen. Ihn bewegt unser Ergehen, auch wo uns „Feinde" bedrohen (V.2.19). Darum können wir ihn hoffnungsvoll bitten: um seine Hilfe, um Vergebung unserer Sünden, um Schutz, um Einsicht in und das Tun seines Willens. Allerdings halte ich es für gefährlich, wie die BasisBibel übersetzt: „Lass mich keine Enttäuschung erfahren!" (V.2.20) Sie vermittelt den Eindruck, dass Glaubende nicht enttäuscht werden: „Es wird ja keiner enttäuscht, der auf dich hofft" (V.3). Ist das so? Der Betende erlebt doch Feinde, die ihm das Leben engmachen (V.2.19). Er wird ja auch von sich selbst enttäuscht: er sündigt (V.6f.11.18). Er erleidet Angst, Bedrängnisse, Leid, Einsamkeit und Unglück (V.16ff.). Wer sollte da nicht enttäuscht sein? Von anderen, von sich selbst und auch von Gott. Aber, wörtlich übersetzt, wir können und dürfen inmitten der Enttäuschung bitten: „Lass mich nicht zuschanden werden", „lass mich nicht beschämt dastehen" (V.2.20). In allem, was mir zusetzt: Lass mich dir dennoch vertrauen und alles von dir erwarten.

Das merke ich mir: _____

_____

_____

WOCHENSPRUCH
Gott aber erweist seine Liebe zu uns darin, dass Christus für uns gestorben ist, als wir noch Sünder waren.
Römer 5,8

Lied: FJ5! Nr. 42 Sonntag 5

Du bist ein Gott, der mich sieht.
Gen 16,13

Dass mich Gott in meinen Nöten sieht, sie mir nicht vorwirft und mich durch sie sogar heilsam verwandelt, dafür bin ich sehr dankbar.
Thomas Maier

6 GOTTES GESETZ IST GUT

Römer 7,7-13

Montag

Wie ist Gottes Gesetz zu beurteilen? In Römer 7,6 heißt es zugespitzt: „Aber nun gilt das Gesetz für uns nicht mehr." Manche haben Paulus deshalb missverstanden: „Dann gehört das Gesetz nicht zu Gott." Dem setzt er unmissverständlich entgegen: „Das Gesetz an sich ist heilig, und das einzelne Gebot ist heilig, gerecht und gut" (V.12). Das Problem liegt nicht im Gesetz begraben, es bleibt die gute Gabe Gottes! Es stellt uns vor Augen, was Gott zurecht von uns verlangt. Es beinhaltet, was zum Leben hilft: Gott und unseren Nächsten zu lieben. Aber statt zu lieben, begehren wir das, was den Nächsten ausmacht und was ihm gehört (so das 9. und 10. Gebot). Paulus greift auf Adam als Bild für jeden von uns zurück (1. Mose 2f.): Durch das an ihn gerichtete Gebot kam es zur Sünde. Bei der Sünde liegt das eigentliche Problem. Sie verführt zur Gebotsübertretung, indem sie Leben verspricht, wo wir vorbei an Gottes Gebot das Leben suchen. Aber damit zerstören wir uns selbst und andere, der Ungehorsam gegen Gottes Gebot zieht den Tod nach sich. Das Gesetz führt zwar zur Erkenntnis der Sünde. Das ist gut. Aber es kann nur zeigen was ist, es hat nicht die Kraft, uns vor der Sünde zu bewahren und von ihr zu befreien. Da liegt die Grenze des Gesetzes.

Das merke ich mir: _____
_____

7 GEFANGEN IN DER SÜNDE

Römer 7,14-25

Dienstag

Alle machen die verstörende Erfahrung: Obgleich ich etwas für gut halte und es will, dennoch mache ich es nicht immer. Ich will meinen Partner lieben, aber immer wieder verletze ich ihn oder bringe meine Bedürfnisse egoistisch zum Zug. Wir alle kennen diesen Zwiespalt zwischen unserem Wollen und Vollbringen und leiden daran. Was aber wird in solchen Erfahrungen sichtbar? Wir sind nicht einfach frei zum Guten. Es wirkt eine Kraft in uns, die uns vom Guten abhält. Diese Macht nennt Paulus Sünde. Ihr sind alle unterworfen. Und genau hier liegt das eigentliche Problem. Wir sind gefangen in der Sünde, sind „fleischlich", das Gesetz Gottes hingegen ist „geistlich". Selbst wo wir diesem Gesetz innerlich zustimmen, prägt das von uns gewollte Gute nicht unser Leben. Eine andere Macht ergreift Besitz von uns, die in uns wohnende Sünde. Das entschuldigt uns nicht. Es zeigt vielmehr unsere Unfreiheit zum Guten, zum Tun von Gottes Willen. Das ist unser aller menschliches Verhängnis: Römer 7,7-25 erläutert, was „früher" (V.5) galt, d. h. es bezieht sich auf uns als Noch-nicht-Glaubende. Aber weil wir auch als Christenmenschen noch Sünder („alter Adam") sind, sollten wir das im Blick behalten: Wir werden ja immer noch von der Sünde versucht.

Das merke ich mir: _____
_____

DURCH DEN HEILIGEN GEIST BEFREIT

Römer 8,1-11

Was das Gesetz wegen unserer Sünde nicht kann, das tut Jesus Christus: Er befreit, die an ihn glauben! Er hat sein Leben zu unserer Erlösung hingegeben. Er verbindet uns, die wir schuldig geworden sind, heilsam mit Gott: Er hat uns „als gerecht angenommen" (V.10). Er vergibt uns, wir stehen nicht mehr unter der Verurteilung des Gesetzes. Davon befreit er, aber er beseitigt nicht Gottes gutes Gebot. Im Gegenteil: Er befreit uns von der Macht der Sünde. Er befreit uns zu einem Leben, wie es sich Gott für uns gedacht hat: Wir können Gott und unseren Nächsten lieben. Wir sind nicht mehr nur auf uns selbst geworfen: Jesus wohnt durch seinen Geist in uns (V.9ff.). Wie schön, wie befreiend! Unsere menschliche Natur als Sünder bleibt, wie sie ist. Deshalb werden wir auch als Christen immer wieder versucht, zu sündigen; und deshalb sündigen wir auch immer wieder einmal. Aber weil der Heilige Geist in uns wohnt, müssen wir nicht mehr sündigen. Er bewirkt in uns, das Gute zu wollen und zu tun. Wo wir ihm Raum geben, können wir unser ganzes Leben von ihm her gestalten. Das „bringt Leben und Frieden" (V.6). Wir dürfen dessen gewiss sein, dass Gott sich freut an dem, was wir tun. Das verleiht Kraft zum Tun des Guten: Gott freut sich an uns!

Das merke ich mir: _____

_____

GELIEBTE TÖCHTER UND SÖHNE GOTTES

Römer 8,12-17

Weil es ihm so wichtig ist, wiederholt Paulus noch einmal: Wir sind befreit! Von unserer Schuld und Gottes Gericht. Nach damaligem römischem Recht galt: Eine Adoption tilgt alle Schulden. Wir sind angenommen als geliebte Töchter und Söhne Gottes. Wir haben Anteil an Gott, wir sind Erben. Was für eine Würde! Wir sind keine Sklaven mehr. Im Blick auf Gott können wir voller Vertrauen beten. Und wir sind befreit, Gottes Geist zu folgen. Wie geht das konkret? Im Bild sagt Paulus: Die Gewohnheiten, die zu einem Leben ohne Gott gehören, sollen wir töten (V.13). „Töten" heißt negativ: Sage dich ganz bewusst von allem los, was dich und andere kaputtmacht. Aber vor allem positiv: Suche mit ganzem Herzen das Gute. In der Kraft des Heiligen Geistes können wir Stück für Stück ein neues Verhalten einüben. Das geschieht nicht einfach automatisch. Wir spüren auch als Christenmenschen die Versuchung zum Bösen. Das stellt nicht infrage, dass der Heilige Geist in uns wohnt. Wir bleiben anfällig, vorbei an Gottes Willen zu leben. Es erscheint manchmal sogar einfacher als das Tun von Gottes Willen. Aber wir machen auch die ermutigende Erfahrung: Wo wir Gottes Geist folgen, wo wir Gutes tun, stellt sich Freude ein: bei uns, bei anderen und bei Gott.

Das merke ich mir: _____

_____

Freitag 10 — SEUFZEN UND HOFFEN

Römer 8,18-25

Zum neuen Leben in der Kraft des Heiligen Geistes gehört auch das Leiden. Schon in Vers 17 heißt es: „dass wir sein Leiden teilen." Nur vom von Gott her versprochenen Ende kann man so vergleichen: Das gegenwärtige Leiden wird durch die zukünftige Herrlichkeit weit überboten. Aber trotz dieser Hoffnung wird das gegenwärtige Leiden nicht überspielt. Das Leiden selbst wird nicht einfach für sinnvoll oder gut erklärt. Nein, es hat ein großes Gewicht: Die Schöpfung Gottes seufzt. Das können wir heute unmittelbar nachvollziehen: Massentierhaltung lässt Tiere unsäglich leiden und seufzen. Auch wir selbst seufzen (V.23). Wir sind vergänglich: Wir verlieren unsere Gesundheit, erleiden Schmerzen. Wir verlieren geliebte Menschen und sind tieftraurig. Wir wollen Gottes Willen tun und sündigen doch immer wieder. Wir wollen Gott über alles lieben, aber leiden an unserer begrenzten Liebesfähigkeit, auch anderen gegenüber, die wir lieben. Wir leiden an der Unvollkommenheit christlicher Gemeinschaft. Deshalb gehört zu unserem Glauben die Hoffnung auf die Vollendung durch Gott. Diese Welt ist nicht perfekt, wir auch nicht. Wie gut, dass Gott es dabei nicht belässt: Er wird diese Welt, seine Gemeinde und uns vollenden. Darauf warten wir geduldig.

Das merke ich mir: _____

_____

Samstag 11 — BETEN UND VERTRAUEN

Römer 8,26-30

Die ganze Schöpfung seufzt, wir seufzen und selbst der Heilige Geist seufzt in uns (V.26). Wie tröstlich! Er ist und bleibt uns nahe, gerade auch da, wo wir nur noch seufzen können. Und er kennt unsere damit verbundene Gebetsnot: Wo uns das Leben hart zusetzt, was uns über unsere Kraft hinaus bedrängt und belastet, wo uns die Kraft fehlt, es zu tragen, dürfen wir da um Heilung und Befreiung bitten? Oder müssen wir, wie Jesus in Gethsemane, beten: „Aber nicht das, was ich will, soll geschehen, sondern das, was du willst." (Mk 14,36)? Diese Spannung zwischen unserem kreatürlichen Lebenswillen und der Beugung unter Gottes Willen gehört auch zu unserem Glauben. Wie gut, dass der Heilige Geist uns darin versteht und für uns betet, wo wir nicht wissen, wie und was wir beten sollen, oder wo wir nicht mehr zu beten vermögen. Dass alles im Letzten zum Guten dient (V.28) heißt nicht, dass alles gut ist. Vieles ist nicht gut: Unglück bleibt Unglück, Schweres bleibt schwer. Das Leiden wird nicht verherrlicht! Sondern der Gott, der uns zum Leben erwählt hat und der Jesus Christus vom Tod auferweckt hat, der kann auch aus Bösem Gutes machen. Das begründet unsere Hoffnung. Gottes Kraft und Gnade kann auch im und aus dem Leiden Leben schaffen.

Das merke ich mir: _____

_____

KW 11 bearbeitet von Jan Reitzner, Vikar,
27612 Bexhövede
E-Mail: janreitzner@web.de

WEG MIT DEN HEIDEN! ODER?
Psalm 10

Der Psalmbeter ist völlig niedergeschmettert: Die Gottlosen triumphieren. Für die Armen und Schwachen keine Rettung in Sicht. In dieser Situation fleht er Gott an: Schau doch her (V.14)! In seiner Verzweiflung ruft er sogar: Diese Heiden sollen alle aus Israel verschwinden (V.16)!

Uff. Ist der Psalmbeter Rassist und wünscht sich ein ethnisch homogenes Volk reinen Bluts? Sicher nicht! Aber wieso hat Josua alle heidnischen Völker mit dem Schwert vertrieben? Und warum lässt Esra sogar Ehen mit einer Ausländerin scheiden? Was ist eigentlich ihr Problem? Fremde Völker mitten in Israel waren zunächst tatsächlich eine Gefahr. Es gab noch keinen funktionierenden Rechtsstaat und oft versuchten Ausländer Parallelstrukturen zu errichten. Vor allem aber waren die Heiden eine Gefahr für den Glauben Israels, da sie ihre Götter mitbrachten.

Die Angst des Psalmbeters vor den Folgen der Anbetung menschengemachter Götzen ist nicht unbegründet. Seit Jesus müssen nicht mehr die Heiden verschwinden. Vielmehr können die Heiden ihre Götzen verschwinden lassen. Jetzt sind wir keine Gefahr mehr mit unseren Götzen. Vielmehr sind wir per Adoption Teil der großen Familie Gottes — weil Jesus unser Bruder ist: Halleluja!

Das merke ich mir: _____
_____
_____

WOCHENSPRUCH
Wer seine Hand an den Pflug legt und sieht zurück, der ist nicht geschickt für das Reich Gottes.
Lukas 9,62

Lied: FJ5! Nr. 119 Sonntag 12

Du bist ein Gott, der mich sieht.
Gen 16,13

Sofort durchschaut! Und doch fühle ich keine Scham. Liebevoll angesehen! Und doch bleibe ich nicht der Alte: Werde durchsichtig für seine Liebe.

Jan Reitzner

13 GEWISSER ALS DER TOD
Montag
Römer 8,31-39

Eigentlich ist alles im Leben unsicher: Gesundheit, Geld oder Glück. Alles kommt und geht. Und wem kann man wirklich vertrauen: Professoren, Predigern oder Politikern? Fehlbar sind sie alle. Da liegt der Schluss nahe: Man kann gar nichts wissen. Es gibt keine Gewissheit auf der Erde. Höchstens den Tod lassen manche gelten. Immerhin sterben nach meiner Beobachtung zehn von zehn Menschen. Paulus teilt diese Skepsis. Nicht zuletzt deshalb verfolgte er wohl diese fanatischen Christen, die sich mit ihrer persönlichen Erfahrung absolut setzten. Eine eigene Schule im Judentum wäre im Rahmen gewesen, aber alle anderen missionieren wollen – das ging ihm deutlich zu weit. Wie kann man sich so sicher sein? Doch dann trat Gott in sein Leben: Paulus begegnete einem Menschen, dessen Tod medizinisch außer Frage stand. Dieser Mensch zeigte sich ihm als der Gekreuzigte und Auferstandene. Er gab sein Leben hin, auch für seinen damals wohl größten Feind Saulus. Dieser Mensch war Gott selbst: Jesus Christus. Aber nicht auf dieser Erfahrung, rationalen Erwägungen oder menschlichen Autoritäten, sondern allein auf Kreuz und Auferstehung ruht Paulus' unerschütterliche Gewissheit: Gottes Liebe hält niemanden auf. Seine Liebe ist gewisser als der Tod.

Das merke ich mir: _____

14 WEM GEHÖRT WAS?
Dienstag
Römer 9,1-5

Im Sandkasten wurde oft gestritten: Das ist MEIN Bagger! Heftiger Streit um Besitzverhältnisse gibt es aber leider in jedem Alter. Viele Familien haben sich tödlich über eine Erbschaft zerstritten. Wem gehört was? So war es auch in der Urkirche. Die Christen gingen noch ganz selbstverständlich in den Tempel (Apg 2,46) und Paulus besuchte an neuen Orten zuerst die Synagoge. Da war Streit vorprogrammiert: Wem gehört das Alte Testament? Auf wen beziehen sich die Verheißungen der Väter? Der Apostel Paulus stellt zu Beginn seines großen Abschnitts zur Frage nach der Erwählung der Juden (Röm 9-11) klar: Sie sind Kinder Gottes, die Bundesschlüsse des Altes Testaments gelten ihnen, auch die Verheißungen beziehen sich auf sie. Abraham, Isaak, Jakob und David – das sind ihre Väter. Auch der richtige Gottesdienst findet sich bei ihnen. Die Herrlichkeit Gottes hat sie nicht verlassen. Zugleich macht Paulus deutlich, worin manche Juden seiner Zeit geirrt haben: Jesus ist Gott über alles (V.5). Viele Juden seiner Zeit bestritten genau das. Aber Paulus ist nicht verbittert oder kehrt sich von seinem Volk ab. Im Gegenteil (V.3)! Haben wir noch eine solche Leidenschaft für unsere Familie, unsere Freunde und das Volk Israel?

Das merke ich mir: _____

EIN GOTT DES HASSES?

Römer 9,6-13 — Mittwoch 15

Wenn alle Verheißungen Israel gelten: Wie können sie dann vom Heil ausgeschlossen sein, weil sie nicht an Jesus glauben? Das ist die Ausgangsfrage für den Abschnitt bis Römer 11. Paulus startet mit Geschichtsunterricht. Sind etwa alle Nachkommen von Abraham und Isaak automatisch auch ihre erbberechtigten Kinder? Bibelforscher wissen: Nein! Die biologische Antwort reicht nicht aus. Gott bleibt in seiner Liebe und Erwählung frei! Am Ende spitzt der Apostel Paulus mit einem Zitat zu, das in vielen Übersetzungen abgeschwächt wird: Esau habe ich gehasst. Und zwar bevor er ein kleines Baby war, ja bevor er im Bauch war! Bevor er etwas getan, gedacht oder gefühlt hat. Ist Gott also ein willkürlicher Tyrann, der manche einfach hasst und andere eben liebt? Sicher nicht! Hass ist bei Gott kein menschliches Gefühl. Er verdirbt ja nicht: Kain wird durchs Kainsmal gerettet. Hagar wird in der Wüste voller Liebe von Gott angeschaut. Esau versöhnt sich mit seinem Bruder und wird ein großes Volk. Das Deutsche kennt leider nur ein Wort für Liebe, im Hebräischen und Griechischen gibt es weit mehr. So kann ausgedrückt werden, dass Gott selbst seine Feinde bewahrt. Und er dennoch sein Volk ganz besonders liebt.

Das merke ich mir: _____

DARF GOTT BEI DIR GOTT SEIN?

Römer 9,14-29 — Donnerstag 16

Regt sich bei dir Unmut? Wie kann dieser Gott Menschen verstocken — ist er nicht Liebe? Will er nicht alle Menschen retten? Wie kann er dann Esau gehasst haben? Wie kann er den Pharao verstocken? Diese Fragen kennt Paulus auch. Seine Antwort ist eine Provokation: Diese Fragen kannst du gar nicht stellen! Wir sind gar nicht in der Lage, Gott diese Vorwürfe zu machen. Er ist der Schöpfer und wir sind seine Geschöpfe (V.19). Wer Gott solche Fragen stellt, zieht ihn vors Gericht. Der setzt sich auf den Richterstuhl und bewertet Gottes moralisches Verhalten. Wie lächerlich! Wir kennen doch weder das Ende der Geschichte, nicht einmal die Zukunft des nächsten Wimpernschlags. Noch haben wir alle Menschen im Blick, geschweige denn ihre inneren Gefühle und Bewegungen. Lass Gott Gott sein — und werde du Mensch! Wenn wir demütig zu seinen Füßen sitzen, erkennen wir auf einmal: Hat der Pharao sich nicht zunächst aktiv gegen Gott verschlossen, bevor Gott sein Herz verhärtete („verstockt")? Und hat diese Verstockung nicht zur Rettung abertausender Menschen geführt? Gott hat die Zügel der Geschichte fest im Griff. Wir dürfen ihm vertrauen — auch wenn wir nicht alles verstehen. Im Himmel werden alle Fragen geklärt sein (Joh 16,23).

Das merke ich mir: _____

März

17 AUS UND VORBEI? DAS GESETZ
Freitag   Römer 9,30 – 10,4

Vor Gott ist nur gerecht, wer an Jesus Christus glaubt. Alle Bemühungen um ein gutes Leben nach Gottes Ordnungen helfen nicht. An Jesus allein scheiden sich am Jüngsten Tag die Geister. Er ist der Stein des Anstoßes (V.33). Von dieser Meinung ist Paulus überhaupt nicht abzubringen: Nicht das Gesetz, sondern nur der Glaube rettet. Aber welche Bedeutung hat dann noch das Gesetz, wenn in Christus sein Ende ist? Das Gesetz des Alten Bundes sollte die Menschen auf das Kommen des Messias vorbereiten. Es ist vollkommen, gerecht und gut. Aber das Gesetz kann keinen toten Menschen lebendig machen. Es kann den Sünder nicht zum Heiligen machen. Aber Christus kann das. In ihm hat das Gesetz seine Bestimmung erreicht und ist am Ziel angekommen. In der Auslegungsgeschichte wurde das oft so verstanden, als ob jetzt das AT nicht mehr gelten würde. Jesus und Paulus meinen aber genau das Gegenteil! Gesetz findet sich schließlich auch im NT, etwa bei der Bergpredigt. Und es kommt nicht Weihnachten ans Ende, sondern in Jesus: Solange wir auch noch in dieser Welt leben und von der Sünde bedroht sind, brauchen wir Gottes Gesetz als Hilfe. Erst im Himmel, wenn wir mit Jesus eins sind, brauchen wir diesen Schutz nicht mehr. Wie damals im Paradies …

Das merke ich mir: _____

_____

18 MIT LEIB UND SEELE
Samstag   Römer 10,5-15

Glaubst Du mit dem Kopf oder mit dem Herz? Für Paulus gehört immer beides zusammen. Bloße Lippenbekenntnisse zu Jesus reichen nicht aus. Jesus will auch dein Herz! Aber nur fromme Gefühle sind auch zu wenig, wenn man ihn vor den Menschen verleugnet. Beides muss zusammenkommen: Kopf und Herz. Das offene Bekenntnis zu Jesus vor den Freunden – und das stille Gebet vor dem Einschlafen. Von Herzen glauben und mit dem Mund bekennen (V.10). Daher ist Glaube ein schwieriges Wort. Viele denken, dass es im Christentum bloß um eine Weltanschauung geht. Wieder andere denken, es ginge bloß um die seelische Balance. Aber es geht um eine lebendige Vertrauensbeziehung mit dem lebendigen Gott! Es ist wie bei einem kleinen Kind, das oben im Stockbett liegt. Es ist gerade aufgewacht. Da kommt der Papa durch die Tür herein zum Bett seines Kindes. Sofort öffnet das Kind seine Arme und springt aus dem Bett. Voller Vertrauen wirft es sich seinem Papa in die Arme. Das ist Glaube: sich selbst mit Leib und Seele, mit Hirn und Bauch, mit Denken und Fühlen voller kindlichem Vertrauen in Gottes Arme werfen. Denn unser himmlischer Papa fängt uns liebevoll auf.

Das merke ich mir: _____

_____

KW 12 bearbeitet von Thomas Sames, Pastor
89349 Burtenbach
E-Mail: t.sames@lkg-augsburg.de

WOCHENSPRUCH

Wenn das Weizenkorn nicht in die Erde fällt und erstirbt, bleibt es allein; wenn es aber erstirbt, bringt es viel Frucht.
Johannes 12,24

BEI GOTT ZU HAUSE
Psalm 84

Weißt du, was dein Leben wirklich glücklich macht?! Schokolade? Eine kalte Cola? Gutes Einkommen (für wenig Arbeit ...)? Gesundheit? Erfolg? Die „Söhne Korachs", die den Psalm 84 geschrieben haben, geben eine ganz andere Antwort. Erinnerst du dich an den Vers 6? Lies noch mal nach! Glück steht demnach im Zusammenhang damit, ob du in deinem Leben mit Gott unterwegs bist — oder nicht. Und Glück ist nicht daran zu sehen, dass du immer glücklich bist! In Vers 7 ist die Rede vom „Tal der Tränen". Auch das gehört zum Leben dazu — auch für Menschen, die Gott nachfolgen und in ihm ihre Stärke finden. Gott nachzufolgen garantiert uns kein sorgenfreies Leben mit nie endenden Glücksmomenten — aber es verspricht die Gegenwart Gottes in unserem Leben — egal in welchen Umständen wir gerade unterwegs sind. Der Psalm 84 lädt dich dazu ein, dein Herz zu prüfen und dir (wieder neu) die Frage zu stellen: Ist meine Beziehung zu Gott klar? Suche ich ihn? Setze ich meine Hoffnung und mein Vertrauen auf Gott? Und wer ist dieser Gott überhaupt? In Vers 9 (und 13) lesen wir vom „allmächtigen Gott". Das erinnert an das Glaubensbekenntnis: „Ich glaube an Gott, den Vater, den allmächtigen ..." Buchstabiere es doch noch einmal für dich durch — und lebe es!

Das merke ich mir: _____

_____

_____

Du bist ein Gott, der mich sieht.
Gen 16,13

So gut zu wissen, dass Gott ein Auge auf uns geworfen hat. Und dass „Ich sehe dich!" keine Drohung ist, sondern die geniale Zusage Gottes, der uns mit Liebe ansieht!
Thomas Sames

20 HÖR ZU, BITTE!
Montag — Römer 10,16-21

In der Küche meiner Eltern hing ein Spruch, den mein Papa von einem Seminar mitgebracht hatte. „Hören ist eine aktive Tätigkeit!" Richtig hinhören und zuhören kann man nicht im Vorbeigehen, nebenbei. Es erfordert Konzentration und ein Stück Hingabe. Manchmal höre ich meiner Frau nicht richtig zu. Wenn sie das bemerkt (oder zumindest denkt, es wäre so ...) beendet sie hin und wieder ihre Rede mit irgendeinem Satz, der da gar nicht hingehört und freut sich, wenn ich „Ja, mhm ..." sage. In Vers 17 stellt Paulus klar: „Glaube hängt vom Hören ab!" Wir sollen immer wieder auf die gute Botschaft von Christus hören. Das ist interessant, weil es nicht nur um das geht, was Jesus sagt, sondern einfach auch um ihn persönlich. Jesus ist das „Wort Gottes" (Joh 1). Er ist die gute Botschaft von Gott in Person. Wie oft passiert es, dass wir aber gar nicht richtig hinhören, sondern nur so beiläufig denken, das Wichtigste mitzukriegen. Und wenn dann unser Glaube auf die Probe gestellt wird, wundern wir uns, dass er nicht stabiler, widerstandsfähiger ist. Dabei ist es unsere Verantwortung, Glauben zu leben — und aktiv hinzuhören. Hören und gehorchen (V.21) — das hängt zusammen. Was wirst du heute tun, um besser auf Gott zu horchen?

Das merke ich mir: _____

21 DU BIST NICHT ALLEIN!
Dienstag — Römer 11,1-10

In den letzten beiden Kapiteln hat Paulus viel geschrieben über das besondere Verhältnis zwischen Gott und seinem Volk Israel. Ein Lehrer an einer Bibelschule hat für Israel das Wort „Beispielvolk" geprägt. Gott hat sich dieses Volk erwählt und es zum Beispiel gesetzt für die besondere Beziehung zwischen Gott und Menschen. Wie Gott dieses Volk behandelt, spiegelt wider, wie gnädig und gleichzeitig heilig und eifernd er ist. Seine Gnade gilt zunächst einmal als freies, unverdientes Geschenk (V.6) jedem einzelnen Menschen. Die Gnade Gottes kannst du dir also nicht erarbeiten oder verdienen. Gott zwingt dir auch seine Gnade nicht einfach auf. Allerdings solltest du gut achthaben auf deine Augen und Ohren (V.9). Wie schnell verschließen wir sie vor Gott und wenden uns anderen Götzen zu (V.4). Vielleicht knien wir nicht äußerlich vor ihnen nieder und doch achten wir sie höher als unser eigenes Leben. Meistens sind diese Götzen gar nicht unbedingt „böse" oder „schlimm" — aber dennoch nehmen sie schnell den Platz in unserem Leben ein, den Gott gerne besetzen würde. Deine Herausforderung für heute: Welchen Götzen solltest du aus deinem Leben werfen, damit deine Augen und Ohren nicht blind und taub werden für Gott?

Das merke ich mir: _____

EIFERSÜCHTIG?

Römer 11,11-16

Mittwoch 22

Eine interessante These: Die Juden werden zu Gott zurückkommen aus Eifersucht — weil sie sehen, wie gut es den Menschen geht, die Gott vertrauen. Was geht wohl in Menschen ab, die dir begegnen? Sagen sie auch: „Die/der ist so mega — ich will an den gleichen Gott glauben!"? Nietzsche sah das anders. Er sagte: „Bessere Lieder müssten sie mir singen, dass ich an ihren Erlöser glauben lerne. Erlöster müssten mir seine Jünger aussehen." Ich denke, es kommt beides zusammen: Wir haben wirklich Grund zur Freude — die man uns auch ansehen darf — darüber, dass wir erlöst und befreit sind. Aber wird deshalb gleich jeder, der uns sieht, selbst ermutigt zu einer lebendigen Beziehung zu Gott? Die Chance, dass er auf den Geschmack kommt, ist jedenfalls größer, wenn er an uns sieht, dass Glaube etwas Wunderbares ist. Stell dir vor, du bist auf dem Weg in ein Restaurant und es kommen dir Menschen entgegen, die ihr Gesicht verziehen, gar nicht glücklich aussehen, dich vielleicht auch noch richtig komisch anschauen und dir am Ende vor die Füße kotzen — das würde sicher nicht dazu beitragen, dass du hoffnungsvoll essen gehst. Vielleicht wirst du dich eher umdrehen und weggehen.
Also — lass uns Menschen in unserem Umfeld eifersüchtig machen! ;)

Das merke ich mir: _____

EINGEPFROPFT

Römer 11,17-24

Donnerstag 23

Paulus trifft das Herz der Römer. Man sagt ihnen nach, dass sie stolz und überheblich waren — zumindest sehr von sich überzeugt. Das kann dazu führen, dass man sich über andere erhebt und sich selbst für wichtiger hält. Nachdem nun aber einige in Rom zum Glauben gekommen waren und dadurch zum Volk Gottes hinzugefügt wurden, rät Paulus ihnen zur Demut — auch und gerade gegenüber dem ursprünglichen Volk Gottes. Stolz ist so zerstörerisch. Paulus ermahnt gleich zweimal dazu (V.18.20), nicht stolz zu sein. Im Talmud heißt es wohl: „Stolz ist die Maske der eigenen Fehler." Wir haben keinen Grund zum Stolz, sondern vielmehr zur Dankbarkeit: Gott hat uns aufgenommen und zu seinem Ölbaum hinzugefügt. Die Kraft unseres Lebens kommt aus seinen Wurzeln. Wenn wir also auf etwas stolz sein können, dann auf seine Güte (V.22). Um im Bild von Paulus zu bleiben: Wir als Äste eines wilden Ölbaums hätten nie die Chance, uns dort abzubrechen und auf einen guten Ölbaum wieder aufzupfropfen. Wir sind auf das Wirken Gottes angewiesen. Und Gott handelt! Er nimmt sich unser an — in seiner Güte. Er vergibt uns, reinigt uns und pfropft uns auf seinen Baum. Halleluja! Und jetzt bleibe an und bei ihm!

Das merke ich mir: _____

24 SOLA GRATIA – ALLEIN DURCH GNADE

Freitag   **Römer 11,25-32**

Erinnerst du dich an den ersten Tag dieser Woche? Am Sonntag ging es um den Psalm 84 – und die Sehnsucht danach, bei Gott in Zion/Jerusalem (Ps 84,8) zu sein. Die letzten Tage ging es immer wieder um Gottes Güte und Gnade – und auch heute wird wieder deutlich, was es bedeutet, bei Gott zu Hause zu sein. Es geht nicht einfach um meine Leistung, und dass ich es schaffe, in Jerusalem anzukommen, sondern es geht um Gottes Handeln: Er kommt uns entgegen (V.26) und holt uns ab. Er vergibt uns unsere Sünden und schließt einen Bund mit uns (V.27). Er geht mit uns also einen rechtmäßigen Vertrag ein, der uns garantiert, für immer in seiner Nähe bleiben zu dürfen. Gottes Gnade ist größer als alle unsere Sünden, Fehler, Unzulänglichkeiten. Wir sind gerettet (V.26.27), weil er den Retter schickt. Noch in Römer 7,24 hatte Paulus nach diesem Retter gefragt – lies nach. Sowohl in Römer 7,25 als auch hier in Römer 11,26 gibt er die entscheidende Antwort: Es ist Jesus! Er wird uns retten und befreien. Was kannst du heute tun, um die Vorfreude auf den Himmel neu zu wecken und zu leben? Eine Möglichkeit: Wende dich ab von der Gottlosigkeit und beginne wieder neu, gehorsam zu sein (V.30.32).

Das merke ich mir: _____

_____

25 EIN HERZ VOLL LOBPREIS

Samstag   **Römer 11,33-36**

Nachdem Paulus nun einige Kapitel ordentlich gearbeitet hat, zum Verhältnis von Juden und Christen mit Gott, kommt er nun an diesen wichtigen Punkt: Gott die Ehre zu geben. Paulus landet nicht da, um zu sagen: „Gott ist so komisch, ich verstehe nicht, was er warum und wie tut …" Er kommt zu dem Schluss: „Wie wunderbar ist doch Gott!" (V.33) und führt das dann einige Verse aus. Manchmal erinnert es an Hiob (vgl. V.34 und Hiob 38). Paulus trifft eine wichtige Entscheidung und lebt diese dann (im Prinzip ist das EC – Entschieden für Christus). Paulus entscheidet sich dafür, Gott anzubeten und über seine Größe zu staunen, anstatt sich davon beirren zu lassen oder sich gar von Gott abzuwenden. In Demut (also so gar nicht stolz – erinnere dich an die vergangenen beiden Tage) erkennt er, dass es unmöglich ist, Gottes Entscheidungen und Wege zu verstehen, und dass Gott bestimmt keinen Ratgeber braucht (V.33f.). Wie wäre es, denk dir doch mal eine Melodie zu diesen Versen aus und mach daraus ein Lobpreislied. „Wovon das Herz voll ist, davon geht der Mund über", sagte Jesus mal (Lk 6,45). Bestimmt sind in deinem Herzen auch viele Fragen, vielleicht auch Nöte … Aber achte auf dich und deine Beziehung zu Gott! Staune und bete an!

Das merke ich mir: _____

_____

Team-EC im Deutschen EC-Verband

„Team-EC" besteht aus 4 bis 5 jungen Menschen, die im Rahmen eines Freiwilligen Sozialen Jahres bzw. Bundesfreiwilligendienstes für Kinder im Alter von 6 bis 12 Jahren unterwegs sind.

Sie werden vom Deutschen EC-Verband professionell geschult und touren durch ganz Deutschland. Das Hauptanliegen ist, Kindern auf kreative Weise von Jesus zu erzählen, ihnen den christlichen Glauben nahe zu bringen und sie damit stark zu machen für ihr Leben.

Mit einer Mischung aus Spiel, Aktion, Theater, Musik und Geschichten aus der Bibel bieten sie ein vielfältiges und ganzheitliches Programm.

DIE ELEMENTAREN PROGRAMMPUNKTE

Workshops
Die Workshops dienen der Kontaktaufnahme, dem Aktivieren der Interessen und dem Kennenlernen anhand von gemeinsamen Themen der Kinder, um somit in lockerer Atmosphäre die Räumlichkeiten und die Mitarbeitenden kennenzulernen.

Bühnenprogramm
Das Bühnenprogramm von Team-EC ist ein abwechslungsreiches Programm, bestehend aus Liedern, biblischer Geschichte, Puppentheater und kreativen und aktiven Elementen. Im Mittelpunkt steht ein Kerngedanke, der aus einer biblischen Geschichte abgeleitet ist.

Kleingruppen
Die Kinder werden in altersspezifische Kleingruppen eingeteilt, die auf verschiedene Arten auf das im Bühnenprogramm Erlebte eingehen und es vertiefen. In den Kleingruppen werden die inhaltlichen Kerngedanken des Bühnenprogramms vom Team-EC in die Alltagswelt der Kinder übertragen und gemeinsam mit den Kindern werden Anwendungsmöglichkeiten und Lebensbezüge erörtert.

Bewerbungen, Terminanfragen oder mehr Infos unter **www.team-ec.de**

Ingo Müller, Referent für Teenager und Team-EC beim Deutschen EC-Verband, Kassel
E-Mail: Ingo.Mueller@ec.de

BIBLISCHES BUCH
MATTHÄUS

ÜBERBLICK

Matthäus präsentiert Jesus als den lange zuvor verheißenen Retter: „damit erfüllt würde, ..." (1,22 u. Ä.). Das Leben Jesu verlief also genau in den von den alttestamentlichen Verheißungen beschriebenen Bahnen, im Mittelpunkt steht aber nicht der siegreiche König, sondern der leidende Gottesknecht, der unsere Schwachheit auf sich genommen und unsere Krankheit getragen hat (vgl. 8,17). Das ist der Schlüssel, nicht nur, um Jesus zu verstehen, sondern auch, um seine Ablehnung durch die zu begreifen, die ihn eigentlich als Messias hätten begrüßen müssen. Zentrum des Konflikts ist der einzigartige Anspruch Jesu, den der Evangelist deutlich überliefert. Jesus wird immer wieder mit „Sohn Davids" (9,27 u. Ä.) angesprochen, seine Taten sind „die Werke des Christus" (11,2), und nicht nur seine Jünger, auch die Dämonen bezeichnen ihn als „Sohn Gottes" (8,29; 14,33).

JESUS UND DAS GOTTESVOLK

Durch seine Darstellung unterstreicht Matthäus zudem die Parallelen zwischen dem Leben Jesu und der Geschichte des Gottesvolkes: Wie Israel hält sich auch Jesus zu Anfang in Ägypten auf (2,13-23) und zieht durch die Wüste (4,1-11). Im Gegensatz zum murrenden Gottesvolk des ATs besteht Jesus jedoch die Versuchungen, um dann auf einem „Berg" seine Lehre vorzustellen wie einst Mose am Sinai. Allerdings zitiert Jesus das Gesetz Gottes mit den Worten: „ihr habt gehört, dass gesagt ist", um ihm dann ein eigenes „ich aber sage euch" gegenüberzustellen (5,21 f. u. Ä.). Hier spricht einer mit göttlicher Autorität und verkündet, wie das Gesetz von Gott her gemeint und zu verstehen sei.

JESUS UND DIE LEHRE

Die Vermittlung der Lehre Jesu ist ein weiterer Schwerpunkt des Evangeliums. In der Bergpredigt (5-7), der Aussendungsrede (10), dem Gleichniskapitel (3) oder der Endzeitrede (24-25) überliefert uns der erste Evangelist die Verkündigung Jesu zu bestimmten Themen. Im Mittelpunkt steht dabei das Reich Gottes, das Matthäus getreu den jüdischen Gepflogenheiten als „Reich der Himmel" bezeichnet. In Jesus ist dieses Reich gekommen (12,28), seine Nachfolger leben davon und bezeugen es in Wort und Tat, am Ende der Zeiten wird er es in Macht aufrichten. Das Werk endet mit dem großen Missionsbefehl (28,18-20). Auch wenn der Messias Israels in seiner irdischen Sendung auf dieses Volk beschränkt war, seine Nachfolger sind es nicht.

Dr. theol. Thomas Weißenborn,
Stellvertretender Direktor am Marburger Bibelseminar (MBS)
E-Mail: thomas.weissenborn@m-b-s.org

KW 13 bearbeitet von Andreas Schmierer, Vikar
72280 Dornstetten
E-Mail: Andreas.Schmierer@elkw.de

KLAGE ÜBER KLAGE
Psalm 69,1-16

Was für ein Klagepsalm! Die ersten 13 Verse sind voller Klage, denn David ist am Ende (V.4). Alles muss raus, bevor er Gott um sein Eingreifen bitten kann (V.14ff.). Dem Beter steht das Wasser bis zum Hals. Es schnürt ihm die Kehle zu. Er ist von Feinden bedrängt (V.5) und das, weil er sich zu Gott hält, weil er fastet und für seine Fehler einsteht (V.11f.) „Wer euch ablehnt, lehnt mich ab", sagt Jesus im Neuen Testament (Lk 10,16). Wo wir schief angeschaut, ausgelacht oder verachtet werden, weil wir an Gott glauben und ihm dienen, da zielt der Spott gar nicht auf uns, sondern auf Gott selbst. Darum müssen wir Gott gar nicht verteidigen – das macht er selbst. Jesus zitiert in Johannes 15,25 diesen Psalm und sieht ihn (mit der Jagd der religiösen Elite auf ihn) als erfüllt an. Was heißt das für uns? Wer sich für Jesus einsetzt, der wird auch Ablehnung und Spott erfahren – so realistisch sollten wir sein. Zugleich steht unsere Standleitung zu Gott offen und wir sind neben dem vertrauensvollen Beten um Gottes Antwort auch aufgerufen, ihm das zu klagen, was uns beschwert: die gemeinen Sprüche der Mitschüler oder das verächtliche Wort der Arbeitskollegin. Gott hält das aus, auch wenn die Sprache dabei etwas rauer und emotionaler wird!

Das merke ich mir: _____

_____

_____

MONATSSPRUCH APRIL

CHRISTUS IST GESTORBEN UND LEBENDIG GEWORDEN, UM HERR ZU SEIN ÜBER TOTE UND LEBENDE.
Römer 14,9

Du bist ein Gott, der mich sieht.
Gen 16,13

Es ist ein riesiges Privileg, zu wissen, dass Gott, der Schöpfer der ganzen Erde, mich persönlich sieht und ich zugleich bei ihm auch angesehen bin!
Andreas Schmierer

WOCHENSPRUCH
Der Menschensohn ist nicht gekommen, dass er sich dienen lasse, sondern dass er diene und gebe sein Leben zu einer Erlösung für viele.
Matthäus 20,28

Lied: FJ5! Nr. 29 · Sonntag 26

27 EIN OPFER FÜR 30 SILBERSTÜCKE

Montag

Matthäus 26,1-16

Mich beeindruckt, wie Gottes Plan (V.2) und der menschliche Wille (V.4) zusammenkommen: Ja, Gott hat den Weg für Jesus ins Leiden vorgezeichnet, aber zugleich ist es die jüdische Führungselite, die Jesu Ende herbeiführen will. Ganz am Schluss unseres Textes (V.14ff.) wird von Judas berichtet. Er ist es, der zu den Priestern geht und ihnen anbietet, ihnen Jesus auszuliefern. 30 Silberstücke bekommt er dafür. Vermutlich kaum mehr als ein Monatsgehalt damals. Im 2. Mosebuch ist das der Wert, der bezahlt werden musste, wenn ein Sklave aus Versehen getötet wurde (2. Mose 21,32). Zugleich stammt das Geld, das Judas bekommt, aus dem Tempelschatz. Dieser wurde u. a. zum Kauf von Opfern gebraucht. Was für ein Gleichnis: Jesus wird (unbewusst) von den Priestern als Opfer gekauft! Für Judas war Jesus 30 Silberstücke wert – für Maria, die Jesus in Bethanien gesalbt hat, war er mehr als 300 Silberstücke wert. Wie kostbar ist Jesus für dich? Wie hoch muss der „Preis" sein, damit wir anderes an erste Stelle setzen und Jesus preisgeben? Was hat in unserem Alltag Priorität? Wie viel ist uns Jesus wert, wenn wir unser Bankkonto sehen oder überlegen, ob wir sonntagmorgens lieber in die Kirche gehen oder ausschlafen?

Das merke ich mir: _____

_____

28 DAS ERSTE ABENDMAHL

Dienstag

Matthäus 26,17-30

Das Passamahl stand an! Jesus hatte seine Jünger alles vorbereiten lassen (V.17ff.). Ein altbekanntes Ritual – doch dieses Mal ist etwas anders. „Das ist mein Blut", sagt Jesus – und ergänzt „zur Vergebung der Sünden". Hier feiert das Abendmahl seine Premiere. Brot und Wein setzt Jesus als Zeichen für seinen Leib und sein Blut ein. Jesus nimmt damit die Interpretation seines Sterbens am Kreuz vorweg. Als Trost für seine Jünger soll das Mahl in Zukunft dienen. Bei Lukas wird ergänzt: „Dies tut zu meinem Gedächtnis" (Lk 22,19). Im Abendmahl finden wir Jesus ganz gewiss – bis heute. Das Abendmahl ist die Stärkung für die nächste Etappe unseres Lebens, das „Manna für die Reise", wie es Steven Croft, ein engl. Theologe, einmal ausgedrückt hat. Im Abendmahl werden wir neu vergewissert: Wir bekommen Anteil an Christus, an seinem Sterben und seinem Auferstehen. Zugleich lenkt Jesus den Blick auf das Ziel unseres Lebens: Die Gemeinschaft mit Gott in seinem Reich – und mit dem großen Festmahl (V.29). Ein Grund zur Freude – und zum Sprechen eines Dankpsalms (V.30). Gestärkt geht Jesus danach zum Ölberg. Wann hast du zum letzten Mal das Abendmahl empfangen und Stärkung für deinen Weg erhalten? Im Abendmahl finden wir Christus in Reinform!

Das merke ich mir: _____

_____

JESUS WIRD FÜR PETRUS ZUM ANSTOß
Matthäus 26,31-35

Jesus weiß, was kommen wir: Petrus wird seinen Herrn verleugnen und zugleich wird eine Prophetie (Sach 13,7) erfüllt: Der Hirte wird zerschlagen! Petrus beteuert seine Treue, aber Jesus weiß auch um sein verzagtes Herz. (V.31) Mich beeindruckt die schonungslose Ehrlichkeit, mit der die Bibel von Menschen spricht: Als „Fels" hätte Petrus als führender Apostel gewiss dafür sorgen können, dass diese unrühmliche Erzählung über ihn unter den Teppich gekehrt wird. Doch gerade das sorgt für Glaubwürdigkeit: Petrus ist damit weder der größte Sünder noch ein anbetungswürdiger Glaubensmann: Vielmehr zeigt sich an ihm, dass auch treue Mitarbeiter Jesu schwach werden, Jesus verleugnen und damit heftig auf die Nase fallen. Wie gut, dass wir den Ausgang schon kennen (Joh 21,15-21): Jesus wird Petrus vergeben und ihn als Säule der Gemeinde einsetzen. Wo mache ich große Worte und erzähle lauthals, wie ich für Jesus handeln und ihm treu sein will? Wie deckt sich das mit meinem Leben? Gerade in unserer säkularen Zeit werden unsere Mitmenschen an uns beobachten, wie wir uns verhalten! Doch dies soll uns nicht ängstlich machen: Jesus hat uns seine bleibende Gegenwart versichert: „Ich bin bei euch, jeden Tag, bis zum Ende der Welt." (Mt 28,20)

Das merke ich mir: _____

ZWEI GÄRTEN
Matthäus 26,36-46

Zwei Gärten sind biblisch entscheidend: der Garten Eden (1. Mose 3) und der Garten Gethsemane. In einem Garten beginnt die notvolle Geschichte um die verhängnisvolle Sündenverstrickung des Menschen. Im anderen ringt Jesus im Gebet kurz vor seiner Auslieferung. Petrus, Jakobus und Johannes dürfen dabei sein, ihnen traut er zu, diese komplizierte Situation mitzutragen. Am Ende betet Jesus alleine, weil die Jünger schlafen. Jesus will nicht sterben. Er zeigt seine Angst ganz offen — auch gegenüber den Jüngern: „Ich bin verzweifelt und voller Todesangst" (V.38). Geprägte Worte aus dem Buch der Psalmen macht er sich zu eigen. Die Frage ist doch: Rebelliert hier Jesus gegen seinen himmlischen Vater? Nein, Jesus bittet den Vater — falls es einen anderen Weg zur Erlösung von uns Menschen gäbe — dann diesen zu wählen. Letztlich ordnet sich Jesus dem Vater komplett unter (V.39). So will ich auch beten: Total ehrlich Gott alles sagen, was mich nicht schlafen lässt und mir die Tränen in die Augen treibt und ihn um das bitten, was anders werden muss. Zugleich will ich mich aber ganz von Gottes Plan bestimmen lassen, der weitersieht als ich und den Überblick hat. Jesus kann seinen Weg annehmen. Er weiß, dass die „Stunde" (V.35) gekommen ist.

Das merke ich mir: _____

31 UM DIE SCHRIFT ZU ERFÜLLEN ... Matthäus 26,47-56

Freitag

Zu keinem Zeitpunkt engleitet Jesus die Macht über das Geschehen (V.53). Es wäre ihm ein Leichtes gewesen, 12 Legionen Engel auf der Stelle anzufordern. Eine Legion entsprach ca. 6.000 Soldaten. Interessant, wie Jesus hier übertreibt: In zahlreichen Geschichten im Alten Testament genügte ein Engel, um Situationen von Grund auf zu verändern (z. B. Dan 10,11ff.). Warum macht es Jesus nicht? Nicht alles, was er kann, ist auch angebracht: Die Schrift musste erfüllt werden (Tora, Propheten und übrige Schriften). Was im Alten Testament vorausgesagt wurde, erfüllte sich nun: Jesus war kein Zufallsopfer und sein Kreuzestod kein Akt der Hilflosigkeit — im Gegenteil: Der Sohn Gottes wählte bewusst den Weg ans Kreuz. Ein Weg, der einsam wurde (V.56). Kennst du das, dass dich alle im Stich lassen und du allein im sprichwörtlichen Regen stehst? Jesus hat das erlebt — alle seine Freunde sind geflohen. Auch Petrus, der in Vers 35 noch großspurig davon redete, Jesus niemals zu verlassen. Selbst wenn wir uns komplett verlassen fühlen, Jesus sieht uns, er ist da, leider nicht sichtbar, aber gewiss da. Er ist der Experte für solche Situationen, denn am Kreuz ruft er die Worte aus dem 22. Psalm: „Mein Gott, mein Gott, warum hast du mich verlassen?"

Das merke ich mir: _____

1 EIN TRAGISCHES URTEIL Matthäus 26,57-68

Samstag

Der gefangen genommene Jesus landet vor dem Hohen Rat. Eine stattliche Anzahl an „falschen Zeugen" tritt auf, aber nichts davon reicht, um über Jesus das Todesurteil zu sprechen (V.59). Erst die Frage des Hohepriesters sorgt für die finale Klarheit. Jesus sagt, dass er der Sohn Gottes sei (V.64). Für jüdische Ohren eine unglaubliche Anmaßung und zugleich Gotteslästerung. Wie kann dieser Jesus es nur wagen, sich als Sohn des lebendigen Gottes auszugeben? Aus der feindseligen Haltung gegenüber Jesus erwächst die hasserfüllte Misshandlung Jesu: Er wird angespuckt und mit Fäusten geschlagen (V.67) und zugleich erfüllt sich die Weissagung aus Jesaja 50,6. Einen schlimmeren Irrtum kann es gar nicht geben: Die Ankläger bezeichnen den wahren Messias als falschen Propheten und verurteilen ihn schließlich zum Tod. Wie urteilen wir über Jesus und sein Handeln heute in dieser Welt? Wo hätte er unserer Meinung nach schon längst eingreifen und handeln müssen, Wunder schenken, Politikern die Meinung sagen — und tut es offensichtlich nicht! Für uns mag es sonnenklar sein — so wie für die Juden damals — und doch ist vielleicht alles anders. Ich will mich hinterfragen lassen, um Weisheit bitten und demütig beten: „Dein Wille geschehe!" (Mt 6,10)

Das merke ich mir: _____

KW 14 bearbeitet von Linda Koch,
Pädagogin für Freiwilligendienste
im Dt. EC-Verband, 34134 Kassel
E-Mail: linda.koch@ec.de

WOCHENSPRUCH
Der Menschensohn muss erhöht werden, damit alle, die an ihn glauben, das ewige Leben haben.
Johannes 3,14b.15

SCHIMPF UND SING
Psalm 69,17-37

„Es gibt so böse Menschen!", höre ich eine Freundin sagen, die durch eine Betrugsmasche eine höhere Summe Geld verloren hat. Frust und Ärger über Unrecht, das kennen wir alle. Der Schreiber dieses Psalms erlebt dies auf besonders heftige und verletzende Art und Weise (V.20ff.). Er macht seinem Ärger Luft. Dabei nimmt er kein Blatt vor den Mund und fordert von Gott sogar, dass seine Verfolger aus dem Buch des Lebens gestrichen werden (V.29). Diese Worte lassen einen aufschrecken. Hier erleben wir keine versöhnlichen Worte — aber ein ehrliches Herz. Ich wäre gespannt, Gottes direkte Antwort zu hören. Leider kennen wir sie nicht. Aber wir können beobachten, wie sich der Psalmist, nachdem er mit Gott über seinen Frust und sein Leid gesprochen hat, nun an diejenigen wendet, die in einer unterdrückten oder leidvollen Lage sind. Doch seine Worte sind nach seinem Gebet nun nicht mehr gekennzeichnet von Verletzung und Frust, sondern sprechen von Hoffnung und Hilfe, durch das, was Gott tut. Wohin gehst du mit deinem Unmut über Unrecht, das du erfahren hast? Ehrlichkeit hat vor Gott ihren Platz. Sag ihm, was dich bedrückt und sei gespannt, ob sich ein Loblied auch einen Weg auf deine Lippen bahnt.

Das merke ich mir: _____
_____
_____

Du bist ein Gott, der mich sieht.
Gen 16,13

Lass uns Gottes liebevollen Blick genießen und den Tag mutig gestalten!
Linda Koch

3 AUCH WENN DU SCHEITERST

Montag — Matthäus 26,69-75

Wie oft lese ich diese Stelle und wünsche mir, sie würde anders ausgehen. Ich wünschte, Petrus könnte das Gesagte ungeschehen machen und ihm würde dieser bittere Moment erspart werden (V.75). Doch die Furcht siegt und Petrus sagt wieder, was er niemals sagen wollte — egal, wie oft ich diese Verse erneut lese. Und ich frage mich, wie ich reagiert hätte. Wie unglaublich schwer kann es sein, zu Jesus zu stehen, wenn man sich plötzlich in einer Situation wiederfindet, in der mehr gegen als für Jesus zu sprechen scheint? Am Ende des Abschnitts geht Petrus in die Dunkelheit und Kälte der Nacht. Mit ihm eine gebrochene Loyalität, lähmende Bitterkeit und tiefe Scham. In dieser Nacht beginnen auch für Jesus dunkle Stunden. Darin treffen ihn stellvertretend die Konsequenz des Scheiterns und der Zerbruch derjenigen, die er liebt. Aber er lässt sich davon nicht abschrecken. Und die Freundschaft zwischen Jesus und Petrus endet nicht in dieser Nacht (vgl. Joh 21). Auch deine Geschichte mit Jesus endet nicht, wenn du scheiterst oder wenn sich Dunkelheit um oder in dir breitgemacht hat. Heb den Blick und schau hin, wie sich sein Siegeslicht einen Weg durch deine Dunkelheit bahnt.

Das merke ich mir: _____

_____

4 WAS GEHT UNS DAS AN?

Dienstag — Matthäus 27,1-14

„Was geht uns das an?", so lautet die niederschmetternde Antwort der führenden Priester (V.4). Im Gegensatz zu ihnen hat Judas seine Schuld erkannt. Was wäre, wenn Judas mit seiner Reue direkt zu Jesus gehen würde? Wenn er in Anlehnung an Vers 4 direkt zu Jesus sagen würde: „Ich habe große Schuld auf mich geladen. Du bist unschuldig und ich habe dich verraten." Ich bin mir sicher, dass Heilung und Versöhnung die Antwort gewesen wären. Und ich hoffe, dass es vielleicht doch die Chance gab, dass Judas dieser Antwort noch begegnen konnte. Aber was ist mit den führenden Priestern? Es geht sie sehr wohl etwas an! Doch für die führenden Priester scheint eine Richtungsänderung nicht in Frage zu kommen. „Jesus muss weg", das ist ihr Ziel. Ob der Kurs, den sie eingeschlagen haben, um Jesus zu töten, richtig und rechtmäßig ist, scheint überhaupt nicht relevant. Wie ist das bei uns? Lassen wir uns noch korrigieren? Haben wir überhaupt die Bereitschaft dazu? Oder gibt es Situationen, in denen wir an unserer Sicht- bzw. Handlungsweise festhalten, ohne nachdrücklichen Bedenken Gehör zu schenken? Wo können wir heute unser eigenes „Was geht uns das an?" überdenken?

Das merke ich mir: _____

_____

EIN UNSCHULDIGER

Matthäus 27,15-30

Vor drei Jahren habe ich zum ersten Mal den Film „Die Passion Christi" von Mel Gibson geschaut. Die Szene, in der die Soldaten Jesus peinigen (vgl. V.27f.), traf mich dabei ganz besonders. Das dürfen sie nicht. Stopp! Das ist falsch. Ich schloss meine tränenden Augen, um nicht mit anzusehen, wie Jesus leidet. Wie können sie jemand Unschuldigen so behandeln? Ich verstehe diese Ungerechtigkeit nicht. Es fällt mir schwer, zu begreifen, warum Jesus das zulässt, wie er diese Situation aushalten konnte. Möglicherweise hatte Jesus in dieser Situation etwas im Fokus, trug etwas in seinem Herzen. Ich stelle mir vor, wie er an Petrus denkt. Wie er an Judas denkt. Wie er an dich denkt. Wie er an mich denkt. Wie sich mit jedem Schrei der Menge und jedem Schlag der Soldaten das Band der Entschlossenheit fester um das schließt, wofür er beschlossen hat, dass sich der Schmerz und das Unrecht zu ertragen lohnen. Die Passion Christi macht deutlich, wie wichtig wir Menschen für Gott sind und wie viel Wert er uns verleiht. Wie bedeutsam, das nicht zu vergessen! Da ist jemand, der für dich alles riskiert hat. Jemand, der alles aufs Spiel setzt. Sieh seinen schmerzverzerrten Blick, aus dem dir eine Liebe entgegenströmt, die sich nicht aufhalten lässt.

Das merke ich mir: _____

KÖNIGLICH

Matthäus 27,31-44

Die Leute schüttelten die Köpfe (V.40). Eine Krone aus Dornen? Soll das der König der Juden sein? Das hier wirkt alles andere als königlich. Jesus scheint hilflos, ausgeliefert, besiegt und schwach zu sein. Ganz anders als der große, starke Herrscher, den man sich vorgestellt hätte. Jesus begibt sich auf die tiefste Ebene.

Das passt so gar nicht in den menschlich gesetzten Erwartungsrahmen, den die Umherstehenden von einem König haben. Das ist überhaupt nicht majestätisch und der Spott lässt nicht lange auf sich warten. Jesus kehrt die Vorstellungen und Verhältnisse mal wieder um. Vielleicht macht ihn ja gerade das zum König?

Wie geht es dir in Situationen, in denen Jesus nicht in dein Bild passt? Wenn er dir ganz anders begegnet oder sich sein Handeln anders zeigt, als du dir das ursprünglich ausgemalt hattest? Wagst du es, ihm zu vertrauen, dass er trotzdem König ist? Dass er der Retter dieser Welt ist, auch wenn alles anders aussieht und die Umstände eine andere Botschaft schreien? Egal wo oder in welcher Situation du dich befindest: Die Umstände müssen nicht königlich sein, damit Jesus König ist und du zum König gehörst.

Das merke ich mir: _____

7 WELTBEWEGEND
Matthäus 27,45-56

Karfreitag

Jesus stirbt (V.50). Doch wer angenommen hatte, dass mit dem Tod Jesu wieder Normalität in Jerusalem einkehren würde, irrt sich. Die folgenden Ereignisse sind gewaltig: Der Himmel wird plötzlich dunkel. Die Erde bebt, Felsen spalten sich – die Natur bezeugt die außerordentliche Bedeutung des Todes Jesu. Sogar Tote werden lebendig und der Vorhang im Tempel zerreißt (V.51). Im Tempel gibt es zwei Vorhänge. Der äußere hängt zwischen der Vorhalle und dem Heiligen; der innere Vorhang verdeckt den Zugang zum Allerheiligsten. Bei Jesu Tod zerreißt vermutlich der innere. Das Zerreißen des Vorhangs im Tempel transportiert die tiefe Hoffnung, dass der Zugang zu Gott ein für alle Mal frei ist und wir Zugang zu seiner Herrlichkeit haben. Was für eine Zusage (vgl. Hebr 4, 14-16)! Auch der römische Hauptmann und die Soldaten sind berührt von den Geschehnissen und bekennen Jesus als den Sohn Gottes (V.54). Wer hätte damit gerechnet? Der Tod Jesu hat damals wie heute Menschen bewegt, irritiert oder überrascht. Was ist deine persönliche Reaktion auf den Kreuzestod? Jesus zitiert in Vers 45 Psalm 22. Dieser Psalm lässt uns noch einen Schritt näher an die Geschehnisse des Karfreitags herantreten. Wenn du möchtest, schau ihn dir gerne nochmal an.

Das merke ich mir: _____

_____

8 WEITERGEDACHT
Matthäus 27,57-66

Karsamstag

Vor Jesu Grab begegnen uns zwei Parteien. Zum einen sind dort Maria und Maria aus Magdala (V.61). Mich beeindruckt, dass sie scheinbar den tiefen Wunsch haben, in Jesu Nähe zu sein, auch wenn er gerade so unerreichbar scheint. Und ich muss darüber nachdenken, ob es mir, wie den Frauen, auch in meinem Leben gelingt, Jesu Nähe zu suchen, unabhängig davon, wie erreichbar oder unerreichbar er sich gerade anfühlt. Die zweite Partei vor dem Grab ist die römische Wache (V.66).
Wie kommt es, dass ein Toter bewacht werden soll? Schuld ist die Sorge der führenden Priester und Pharisäer (V.64). Interessant, dass sie sich so genau gemerkt hatten, was Jesus über seine Auferstehung angekündigt hatte (V.63). Spannend, dass sie diese Aussage in Bewegung bringt. Auch wenn man wohl kaum davon ausgehen kann, dass die führenden Priester mit einer Auferstehung rechnen, fällt dennoch auf, wie sehr sie auf das, was Jesus gesagt hatte, reagieren.
Wie ist das mit uns? Nehmen wir ernst, was Jesus sagt, und wirken seine Worte in uns nach? Bringen seine Worte uns in Bewegung?

Das merke ich mir: _____

_____

KW 15 bearbeitet von Matthias Kerschbaum,
Generalsekretär CVJM-Landesverband Baden e.V.
76703 Kraichtal-Unteröwisheim
E-Mail: matthias.kerschbaum@cvjmbaden.de

WOCHENSPRUCH
Christus spricht:
Ich war tot, und siehe, ich bin lebendig von Ewigkeit zu Ewigkeit und habe die Schlüssel des Todes und der Hölle.
Offenbarung 1,18

Lied: FJ5! Nr. 22 Ostersonntag

JESUS SENDET DIE FRAUEN
Matthäus 28,1-10

Frauen sind für die Weitergabe des Glaubens von hoher Bedeutung. Sie sind die Ersten, denen Jesus nach der Auferstehung begegnet. Sie werden zu den ersten Verkündigerinnen des Evangeliums, noch vor den bekannten männlichen Protagonisten.

Die Frauen haben zwar Angst, aber sie erstarren nicht regungslos wie die Soldaten am Grab und sie hören auf das, was ihnen von Jesus gesagt wird. „Fürchtet euch nicht", lautet die Botschaft, die für uns – für Frauen und Männer gleichermaßen – heute nicht weniger aktuell ist als für die Menschen damals. Gott sagt über Jesus, dass wir auf ihn hören sollen. Das gilt insbesondere an den Stellen, an denen wir zutiefst verunsichert sind, den Boden unter den Füßen verloren haben und uns einfach nur noch fürchten. Dort, wo wir gelernt haben, uns abzuschotten und den Schmerz zu begraben, möchte Jesus den Grabstein beiseite rollen, damit neues Leben einziehen kann.

Diese Vorstellung kann Angst machen. Umso mehr lädt Jesus dazu ein, ihm zu vertrauen und sich von ihm in Bewegung setzen zu lassen. Am Ende gehen die Frauen dorthin, wo Jesus sie haben will. Zu wem Jesus dich und mich heute wohl senden will?

Das merke ich mir: _____
_____
_____

Du bist ein Gott, der mich sieht.
Gen 16,13

In Gottes Augen sind wir sehr gut gelungen. Welch Privileg, mit diesem Bewusstsein durchs Leben zu gehen. Damit wird das Leben heller.
Matthias Kerschbaum

10 DIE AUFGABE

Ostermontag
Matthäus 28,11-20

Achtung, wichtig! Ganz am Ende des Matthäus-Evangeliums sagt Jesus, was ihm am Herzen liegt und das soll in Erinnerung bleiben. Die Berge sind dazu Orte der besonderen Gottesbegegnungen. Hier ist unsere volle Aufmerksamkeit gefragt. Auch wenn die Jüngerinnen und Jünger unsicher sind, sie nehmen sich diesen Moment und das, was Jesus ihnen sagt, zu Herzen. Dazu lädt dich und mich Jesus auch heute noch ein. Falls du das gar nicht glauben kannst, bist du jedenfalls in bester Gesellschaft. Den Jüngern damals ging es auch nicht besser. Sie legen alles, was sie davon abhält zu vertrauen, Jesus zu Füßen. Damit beginnt für sie im wahrsten Sinne des Wortes ein neues Leben. Ein Segen, dass auf diesem Weg nicht alles von ihnen und ihren Möglichkeiten abhängt. Das ist wohl eines der wichtigsten Dinge auf dem Weg mit Jesus. Er stellt sich dazu. Egal, wie weit wir uns von ihm entfernt haben. Es gibt keinen noch so gefährlicheren Weg, den er nicht für seine Freunde aufnehmen würde. Und dich und mich zählt er zu eben diesen. Diese Erfahrung, niemals mehr allein zu sein, soll als gute Nachricht unter die Menschen. Dazu können wir jeden Tag mehr beitragen, als wir uns vermutlich vorstellen können.

Das merke ich mir: _____
_____

11 EIN LEBEN MIT GOTT

Dienstag
Römer 12,1-8

Ob wir mit Gott unterwegs sind, zeigt sich in unserem Leben. Davon ist Paulus überzeugt und deshalb ist ihm das Zusammenleben der Christen auch so wichtig. Denn darin zeigt sich etwas von der Liebe Gottes. Dabei geht es nicht so sehr um den regelmäßigen Gottesdienstbesuch, sondern vor allem darum, wie wir als Christinnen und Christen miteinander umgehen und wie wir zusammen das Gute in die Welt bringen. An den Stellen, wo wir hier eine Diskrepanz zu unserem Leben und zu unserer Haltung feststellen, können wir Gott um eine neue Ausrichtung bitten. Biblisch gesprochen lädt Paulus zu einer Umkehr ein und fordert dabei heraus, wenn er sagt, dass wir uns nicht dieser „Welt gleichstellen" sollen (V.2). Das bedeutet, dass wir mit unserem Leben einen Unterschied machen sollen, oder anders gesagt, einen Kontrast zur Welt bilden sollen. Dabei geht es nicht um einen Kontrast als solchen, sondern um das Eintreten für das Gute, für die Menschen, denen Unrecht widerfährt.

Vielleicht gibt es ja etwas, wo du selbst in diesem Sinne Licht sein kannst für andere, damit diese nicht im Dunkeln bleiben und Heimat bei Jesus finden.

Das merke ich mir: _____
_____

ORIENTIERUNG BIETEN

Römer 12,9-16

Mittwoch 12

„Lasst euer Licht leuchten vor den Leuten" (Mt 5,16), sagt Jesus in der Bergpredigt zu allen, die ihm zuhören. In diesem Sinne führt Paulus im heutigen Bibeltext Dinge oder besser Haltungen auf, die, im Unterschied zum Erwartbaren, Gutes in die Welt bringen. So sagt er beispielsweise, dass wir uns in Gastfreundschaft üben sollen (V.13). Wenn er darauf extra hinweist, ist es wohl keine Selbstverständlichkeit, sondern etwas, das trainiert werden will. Natürlich fällt es nicht schwer, Familienmitglieder oder Menschen, die einem sympathisch sind, einzuladen. Aber hier ist gerade an diejenigen gedacht, die man nicht mag, die einem fremd sind oder die in den Augen der Mehrheit gemieden werden sollten. Paulus versteht Gastfreundschaft als Liebe zum Fremden und wünscht sich, dass Christinnen und Christen genau dafür bekannt sind.

Diese Haltung geht weit über das eigene Wohlempfinden hinaus und benötigt vielleicht auch erst ein vorsichtiges Herantasten. Wie wäre es also mit einem Experiment?

Wie wäre es, wenn wir in dieser oder der nächsten Woche einmal eine oder mehrere Personen in diesem Sinne einladen würden?

Das merke ich mir: _____

BÖSES ÜBERWINDEN

Römer 12,17-21

Donnerstag 13

Tue nicht das Naheliegende und das, was viele als normal ansehen würden. Es mag nachvollziehbar erscheinen, jemanden links liegen zu lassen, wenn er einem nicht wohlgesonnen ist. Was soll auch schon Verwerfliches daran sein? Warum sollte man einer Person, die einem nichts Gutes will, mit Gutem begegnen? Paulus durchbricht die gängige Logik und lädt zu einem Leben ein, an dem andere erkennen: Christen sind anders als andere. Er ist überzeugt, dass damit verfahrene Situationen und verhärtete Fronten überwunden werden können. Das hat er von Jesus gelernt, der sein eigenes Leben aufs Spiel setzte, um seinen geliebten Menschen helfen zu können. Diese Selbstlosigkeit erscheint oft im Leben nur schwer zu realisieren. Aber Paulus ist davon überzeugt, dass mit dieser Lebensweise etwas vom Reich Gottes in dieser Welt sichtbar wird.

Deshalb ist es Ausdruck des Christseins, das lauter spricht als viele Worte. Lasst uns gegenseitig davon lernen und weniger auf unser Recht pochen. Lasst uns mehr erste Schritte wagen und noch leidenschaftlicher für die eintreten, die unsere Hilfe benötigen. Vielleicht fällt dir ja direkt eine Person ein, auf die du neu zugehen möchtest?

Das merke ich mir: _____

April

Freitag 14 — CHRISTSEIN UND POLITIK
Römer 13,1-7

Paulus stellt einen Zusammenhang von Staat, Gott und Gutem her. Was ist aber, wenn Obrigkeit eindeutig nicht gut ist? Hier reicht ja der Blick zurück in die deutsche Vergangenheit. Nach Psalm 33,5 liebt Gott „Recht", „Gerechtigkeit" und „Güte". Sollten diese Überzeugungen in einer Gesellschaft durch den Staat infrage gestellt sein, so gilt es, „Gott mehr zu gehorchen als den Menschen" (Apg 5,29). Grundsätzlich können und sollen wir Christinnen und Christen unsere Gesellschaft mitgestalten.

Dazu gibt es vielzählige Möglichkeiten und es fängt alles damit an, dass wir uns für die Dinge interessieren, die um uns herum passieren, wie Entscheidungswege laufen und wer auf diesem Weg Verantwortung trägt. Wie wäre es, wenn wir, um der Menschen willen, noch mehr politisch agieren würden und noch aktiver der „Stadt Bestes" (vgl. Jer 29,7) suchen würden? Vermutlich würden wir dem Staat dabei helfen, noch besser für „Recht", „Gerechtigkeit" und „Güte" zu sorgen. Damit wären wir zumindest ganz im Sinne Gottes unterwegs.

Schon mit der Wahrnehmung unserer demokratischen Rechte und Pflichten gehen wir solche Schritte.

Das merke ich mir: _____

Samstag 15 — DIE KRAFT DER LIEBE
Römer 13,8-14

Die Liebe kann einen Menschen verändern. Wer kennt das nicht? Paulus sagt einmal über das, was ihn im Inneren bewegt: „die Liebe Christi drängt uns" (2. Kor 5,14). Damit benennt er, welche Kraft uns als Christinnen und Christen antreibt, um anderen zu helfen, um Strukturen besser zu machen und um Konflikte von unserer Seite aus zu beenden. Dabei ist das gar nicht so einfach. Natürlich fällt es leichter, denen Liebe zu schenken, die auch uns lieben. Aber wie viel schwerer ist es, denen Liebe entgegenzubringen, die einen nicht mögen oder die wir schlicht nicht beachten, weil sie für unseren Lebensplan nicht relevant erscheinen. Als Menschen handeln wir sehr oft unbewusst und so fällt es im Alltag leicht unter den Tisch, dass wir mit unserer Liebe gerade an den dunklen Orten des Lebens Licht sein sollen. Das sind meist die Stellen bzw. die Menschen, die vom Mainstream nicht so sehr anerkannt werden und die von der Mehrheit wohl eher gemieden werden würden. Als diejenigen, die sich der Liebe Gottes sicher sein können, weil Jesus uns zu sich gerufen hat, können wir mutig dorthin gehen. „Für andere da sein", gewinnt so eine neue Bedeutung und wir können gar nicht anders, als das zu tun.

Das merke ich mir: _____

KW 16 bearbeitet von Thomas Käßner, Inspektor
06844 Dessau-Roßlau
E-Mail: thomas.kaessner@gvsa.de

NOT LEHRT BETEN
Psalm 116

Der Psalmbeter erlebt die größte Not, die man sich vorstellen kann. Sein Leben hängt am seidenen Faden. Seine Überlebenschancen sind bei Null. Sein Lebensmut liegt am Boden. Ich bin echt dankbar, dass ich solch eine Situation persönlich noch nicht erleben musste. Keine Ahnung, was mir da durch den Kopf gehen würde. Der Beter des 116. Psalms sieht nur eine Möglichkeit. Er schreit zu Gott und bittet um Rettung (V.4). Das Unglaubliche geschieht. Sein Gebet wird erhört. Gott schenkt ihm noch einmal das Leben (V.8). Nun könnte das Leben so weitergehen wie vor der großen Krise. Nicht so bei dem unbekannten Beter. Die Erfahrungen der Todesangst und der Hilfe Gottes haben ihn verändert. Deshalb gibt er Gott drei Versprechen, wie er sein weiteres Leben führen will. Das erste Versprechen finden wir in Vers 2. Er will am Gebet dranbleiben und nicht nur in der Not mit Gott reden. Das zweite Versprechen folgt in Vers 9. Sein ganzes weiteres Leben will er nun ganz bewusst mit Gott leben. Und in den Versen 14-17 findet sich das dritte Versprechen. Er will Gott dienen mit seinem Lob und damit, dass er hält, was er Gott versprochen hat. Keiner wünscht sich solch eine Lebenskrise. Es kann aber sein, dass ein Mensch darin näher zu Gott findet.

Das merke ich mir: _____
_____
_____

WOCHENSPRUCH

Gelobt sei Gott, der Vater unseres Herrn Jesus Christus, der uns nach seiner großen Barmherzigkeit wiedergeboren hat zu einer lebendigen Hoffnung durch die Auferstehung Jesu Christi von den Toten.
1. Petrus 1,3

Lied: FJ5! Nr. 25 — Sonntag 16

> Du bist ein Gott, der mich sieht.
> Gen 16,13

Dass ich ein angesehener Mensch bin, finde ich super!
Thomas Käßner

Montag 17 — IN ALLEM DIE LIEBE

Römer 14,1-12

In der Gemeinde in Rom gibt es Ärger. Zwei Gruppen stehen sich gegenüber. Da sind die, die sich für stark im Glauben halten. Sie lassen sich gerne einen guten Braten schmecken und trinken dazu auch gerne einen guten Tropfen. Was sollte daran auch verwerflich sein? In christlicher Freiheit genießen sie, was Gott geschaffen hat. Das sieht die andere Gruppe viel kritischer. Fleisch und Wein, die man auf dem Markt kaufen konnte, kamen oft aus den Götzentempeln. Dort hatte man sie für gottesdienstliche Zwecke den Götzen geweiht. Was beim Gottesdienst nicht verzehrt wurde, kam auf den Markt. Wer so etwas isst und trinkt, begibt sich in Gefahr, argumentiert die andere Gruppe. Von der ersten Gruppe werden sie wegen ihrer Bedenken als schwach im Glauben verspottet. Paulus stellt klar, dass es in dieser Frage nicht richtig und falsch gibt. Deshalb hat auch niemand das Recht, den anderen den Glauben abzusprechen. Und wie kann das Miteinander der beiden Gruppen nun praktisch funktionieren? Vom Kirchenvater Augustinus stammt der Ausspruch: „Im Wesentlichen Einheit, im Zweifelhaften Freiheit, in allem die Liebe". Das kann uns auch heute helfen, wenn wir über Themen streiten, die in der Bibel nicht eindeutig geregelt sind.

Das merke ich mir: _____

_____

Dienstag 18 — WAS DEM FRIEDEN DIENT

Römer 14,13-23

„Wie ich als Christ lebe, geht nur mich etwas an." Richtig oder falsch? „Richtig", würden Christen sagen, die sich nicht gerne ins Leben hineinreden lassen. „Falsch", sagt Paulus. Keiner lebt als Christ für sich allein. Wenn das Zusammenleben in der Gemeinde funktionieren soll, muss jeder auch auf den anderen schauen. Paulus möchte nicht, dass ein Teil der Christen in der römischen Gemeinde mit ihrer Vorstellung von Freiheit den Glauben der Mitchristen in Gefahr bringt. Bevor das passiert, sollen die Starken im Glauben ihre Stärke dadurch beweisen, dass sie lieber auf ihre Freiheit verzichten. Konkret hieß das damals in der Gemeinde in Rom, dass sie auf im Götzentempel geweihtes Fleisch und auf Wein verzichten und stattdessen lieber nur Gemüse essen. Ich gestehe: Für mich wäre das ein großes Opfer gewesen! Martin Luther hat die Spannung zwischen Freiheit und Liebe einmal so beschrieben: „Ein Christ ist ein freier Herr über alle Dinge und niemand untertan. Ein Christ (zugleich) ein dienstbarer Knecht aller Dinge und jedermann untertan". Frei ist er durch den Glauben an Jesus Christus. Ein Diener ist er um der Liebe zum Mitchristen willen. In welchen Situationen könnte diese Haltung heute zum Frieden in der Gemeinde dienen?

Das merke ich mir: _____

_____

DEM NÄCHSTEN GEFALLEN

Römer 15,1-6 — Mittwoch 19

Vorsicht: Missverständnis! Es geht nicht darum, dass wir in der Gemeinde oder im Jugendkreis immer schön nett sind, damit wir bei niemandem anecken. Es geht auch nicht darum, alle Probleme unter den Teppich zu kehren und auch nicht darum, jeden Konflikt totzuschweigen. Das würde auch nicht zu Paulus passen. Er war sicher nicht immer „nett". Problemen ist er nicht aus dem Weg gegangen und Konflikte hat er nicht gescheut. Paulus möchte die Christen in Rom jedoch ermutigen, achtsam miteinander umzugehen und gemeinsam an einem Strang zu ziehen. Die Starken sollen die Schwachen mit ihrer Stärke nicht erdrücken. Die Schwachen müssen nicht zu Starken werden, um den Starken zu imponieren. Beim Lesen des heutigen Bibeltextes ist dir sicher aufgefallen, dass ich bei der Überschrift den Vers 2 ziemlich verkürzt wiedergegeben habe. Wenn Paulus uns motiviert, dem Nächsten zu gefallen, dann geht es eben nicht darum, dass mich alle supertoll finden. Es geht darum, dass ich als Christ so lebe, dass ich Mitchristen in ihrem Glauben nicht behindere, sondern fördere. Am Ende geht es sogar darum, dass unser gemeinsamer Lobpreis nicht verhindert wird (V.6). Lobpreis misslingt nicht durch schräge Töne, sondern durch liebloses Verhalten.

Das merke ich mir: _____

NEHMT EINANDER AN

Römer 15,7-13 — Donnerstag 20

Das sagt sich so leicht. In der Praxis ist das mitunter ein ziemlicher Kraftakt. Es gibt Mitchristen, die machen es mir nicht gerade leicht. Andererseits bin ich für andere sicherlich auch öfters eine Zumutung. Da braucht es eine ordentliche Portion Motivation, um einander annehmen zu können. Deshalb liefert Paulus die Motivation gleich mit, indem er hinzufügt, „wie Christus euch angenommen hat". Ich muss mir deshalb immer mal wieder bewusstmachen, dass Jesus nicht für mich gestorben ist und mich nicht deshalb liebt, weil ich so ein freundlicher und umgänglicher Zeitgenosse bin. Im Gegenteil! Wenn es also mal wieder Ärger mit einem (nicht so) lieben Mitchristen gibt, dann reagiere ich nicht nach der Devise „wie du mir, so ich dir", sondern „wie Jesus mir, so ich dir". Das galt auch für den Konflikt, den die Schwachen und Starken in der Gemeinde hatten. Das galt aber auch für zwei weitere Gruppen in den frühen christlichen Gemeinden, die des Öfteren ein eher spannungsvolles Verhältnis zueinander hatten. Dabei handelte es sich auf der einen Seite um Christen, die aus dem Judentum kamen und andererseits um die, die aus anderen Völkern zu Jesus gefunden hatten. Jesus verbindet auch sie durch den Heiligen Geist zu einer Hoffnung.

Das merke ich mir: _____

April

21 EIN DIENER JESU CHRISTI
Römer 15,14-21

Freitag

Nicht nur Kleider machen Leute, sondern auch Titel. Wenn ich mich als Inspektor vorstelle, ist mir in der Regel große Aufmerksamkeit sicher. Dabei bin ich lediglich ein leitender Mitarbeiter in einem kleinen Gemeinschaftsverband. Andere tragen einen Doktortitel und können sich vielleicht sogar Professor nennen. Auch Paulus beansprucht für sich einen Ehrentitel: „Diener von Jesus". Das klingt nun nicht gerade spektakulär – aber einen ausgezeichneteren Titel gibt es nicht, weil es für Menschen keine größere Ehre gibt, als im Dienst für Jesus zu stehen. In diesem Dienst verfolgt Paulus zwei große Ziele. Menschen, die schon Christen sind und ihren Platz in der Gemeinde gefunden haben, möchte er ermutigen, Christen zu bleiben. Er arbeitet dafür, dass sie im Glauben wachsen (V.14ff). Und dann gibt es die, die noch gar nichts von Jesus wissen. Die möchte Paulus für Jesus gewinnen. Dafür hat er sich kräftig ins Zeug gelegt (V.17ff.). Im Grunde hat jeder Christ die beiden großen Aufgaben, Menschen zu Jesus einzuladen und andere Christen zu stärken – ganz egal ob wir das ehren- oder hauptamtlich tun. Wir alle tragen deshalb den Ehrentitel „Diener von Jesus Christus".

Das merke ich mir: _____

22 NEUE AUFGABEN
Römer 15,22-33

Samstag

Das klingt schon etwas merkwürdig. Paulus sieht seinen Auftrag in den Gegenden Kleinasiens (Teil der heutigen Türkei) und Griechenlands als erledigt an. Hatte er wirklich in jedem Dorf und jeder Kleinstadt missioniert? Natürlich nicht. Zur Missionsstrategie des Paulus gehörte es, dass er die großen Metropolen entlang der wichtigsten Handelsstraßen für seine Missionseinsätze bereiste. Dann ging er davon aus, dass die neugegründeten Gemeinden das Evangelium in ihr Umland tragen. Paulus legte den Fortgang der Mission voller Vertrauen in die Hände der Christen vor Ort. Das ermöglichte ihm, sich anderen wichtigen Aufgaben zuzuwenden. Gern möchte er die Gemeinde in Rom persönlich kennenlernen (V.23). Zuvor muss er aber noch Hilfsgelder für die Gemeinde nach Jerusalem bringen (V.25ff.). Danach möchte er über Rom nach Spanien weiterreisen und dort von Jesus erzählen (V.28f.). Gute Leiter zeichnet aus, dass sie Aufgaben delegieren können. Auch, um sich Freiraum für neue Aufgaben zu schaffen. Wie sieht das konkret bei dir aus? Stehst du in einer Leitungsfunktion und solltest Aufgaben delegieren? Oder bist du vielleicht jemand, der sich bereitstellen soll, um Leiterinnen und Leiter zu entlasten?

Das merke ich mir: _____

BIBLISCHES BUCH
SPRÜCHE

ÜBERBLICK

„Denn wenn man Milch stößt, so wird Butter daraus, und wer die Nase hart schnäuzt, zwingt Blut heraus ..." (Spr 30,33). Dieser Vers zeigt, wie die Verfasser der Sprüche zu ihren Einsichten kommen: Sie beobachten ihre Umgebung und beschreiben typische Zusammenhänge. Das Ergebnis wird dann möglichst einprägsam formuliert (Spr 6,6-8). In dieser Art des Denkens und Erkennens gehören die Sprüche mit Hiob, Prediger und Hoheslied zur Weisheitsliteratur im AT. Der Mensch und sein Verhalten stehen im Mittelpunkt. Es geht um das gelingende Leben, die Perspektive ist die des Einzelnen und seiner Beziehung zu Gott und dem Nächsten. Gottes (heils-) geschichtliches Handeln kommen dagegen kaum vor. Stattdessen begegnet der Mensch Gott als dem, der alles weise geordnet hat. Dieser Ordnung spürt der Weise nach, ihr entsprechend will er leben.

THEMENFELDER

Theologisch ist die Schöpfung ein wichtiges Thema. Ein wesentlicher Grundgedanke der von Gott gesetzten Ordnung ist der Zusammenhang von Tun und Ergehen: „Lässige Hand macht arm; aber der Fleißigen Hand macht reich" (Spr 10,4). Dieser Zusammenhang wird von Gott in Kraft gesetzt (Spr 10,22). Er ist also kein Automatismus, und wie jede Regel kennt er auch Ausnahmen (vgl. Hiob!). Und doch gilt, zumindest meist: „Wer eine Grube gräbt, der wird hineinfallen" (Spr 26,27; Pred 10,8). Gäbe es keine solchen Zusammenhänge, wäre weisheitliches Denken unmöglich. Allerdings darf man dabei die Grenzen solcher Erkenntnisse nicht aus den Augen verlieren (Ps 73). Das Leben ist zu vielschichtig, als dass es sich durch solche Beobachtungen immer verstehen ließe.

AUFBAU

Der klassische Weisheitsspruch besteht aus zwei Zeilen, die parallel gestaltet sind. Er enthält Aussagesätze und formuliert Zusammenhänge, die sich aus Beobachtung und Erfahrung ergeben (Spr 14,15). Das Mahnwort besteht aus einem Gebot oder Verbot, manchmal mit einer anschließenden Begründung (Spr 3,1.2). Die Seligpreisung wird mit „Glücklich" eingeleitet (andere Übersetzung: „Wohl dem"; Spr 3,13; 8,34; Ps 1,1; 32,1). Dann folgt eine Beschreibung, wem die Seligpreisung gilt. Der Zahlenspruch fügt mehrere gleichartige Beobachtungen zusammen. In der Titelzeile nennt er eine Zahl „x", in der Form des gestaffelten Zahlenspruches, danach noch „x+1", bevor die Liste der Beobachtungen aufgeführt wird (Spr 30,18.19).

Dr. Christoph Rösel, Generalsekretär
der Deutschen Bibelgesellschaft, Stuttgart
E-Mail: roesel@dbg.de

BIBLISCHES BUCH
PHILIPPER

ÜBERBLICK

Besonders Philipper 2,6-11 fordert zum Nachdenken heraus: Jesus Christus stieg von der höchstmöglichen Ebene, der Welt Gottes, auf die niedrigst denkbare menschliche herab. Er wurde nicht nur Sklave, sondern starb den schändlichen Tod am Kreuz. Doch Gott hat ihn erhöht. Ihm werden sich alle Knie beugen, alles wird ihm untertan sein.

Diese Kraft, die gerade in der Erniedrigung liegt, durchzieht den ganzen Brief. Obwohl im Gefängnis und von vielen Seiten bedrängt, ist Paulus ruhig und gelassen. Fast schon ungeschützt lässt er die Philipper an dem teilhaben, was ihn bewegt (3,10 f.): „(Christus) möchte ich erkennen und die Kraft seiner Auferstehung und die Gemeinschaft seiner Leiden und so seinem Tode gleich gestaltet werden, damit ich gelange zur Auferstehung von den Toten."

Wenn einer so klar das Ziel vor Augen hat, wenn das Leben Christus und Sterben Gewinn ist (1,21), dann wird auch klar, warum der Philipperbrief so von Freude durchzogen ist. Äußerlich gibt es ja wenig Grund dazu: Paulus sitzt im Gefängnis mit ungewissem Ausgang, Christen aus der Gemeinde droht vielleicht ein ähnliches Schicksal (2,28), und schon pochen Irrlehrer an die Türen. Doch der Apostel freut sich, obwohl er doch rein äußerlich betrachtet gar keinen Grund dazu hätte.

Paulus' Freude ist also im wahrsten Sinne des Wortes seine Freude „im Herrn", eine Freude darüber, dass Gott die Dinge lenkt. Der Apostel weiß, dass ihm nicht nur sein Prozess „zum Heil ausgehen wird" (1,19) – egal, ob er mit Freispruch oder Tod enden wird. Er freut sich auch darüber, dass Gott Neid, Streitsucht und Eigennutz als Triebkräfte zur Verkündigung des Evangeliums nutzt (1,15.17).

Der Gedanke an die eigene Ehre liegt also hinter ihm, Paulus ist nur die Verkündigung des Evangeliums wichtig. Das feste Vertrauen auf Gott ist auch der Grund, warum Paulus angesichts der Probleme den Mut nicht verliert. Er weiß, dass Gott seine Hand auf die Gemeinde gelegt hat und dass er sein Ziel mit ihr erreichen wird, denn was Gott anfängt, das wird er auch vollenden (1,6; 2,13).

WEITER GEDACHT

Paulus hat nur noch das Ziel vor Augen und sieht die Hand Gottes in allem, was ihm widerfährt. Als Vorbild fordert er die Philipper auf, es ihm nachzutun. Gerade darin liegt die große Herausforderung dieses Schreibens.

Vertrauen wir wie der Apostel auf die Kraft Gottes, die sich in der Erniedrigung zeigt?

Dr. theol. Thomas Weißenborn,
Stellvertretender Direktor am Marburger Bibelseminar (MBS)
E-Mail: thomas.weissenborn@m-b-s.org

KW 17 bearbeitet von Christian Holfeld,
Referent für Pfadfinderarbeit beim Deutschen
EC-Verband, Kassel
E-Mail: christian.holfeld@ec.de

FÜHRUNG IM FINSTEREN TAL
Psalm 23

Es gibt 150 Psalmen. Warum ist dieser Psalm mit seinen Worten „Der Herr ist mein Hirte, mir wird nichts mangeln" so viel bekannter als die anderen Psalmen?

Ich selbst habe Psalm 23 rauf und runter gebetet, während einer Operation mit örtlicher Betäubung. Dadurch fühlte ich mich Gott, dem Hirten, in der für mich äußerst prekären Situation sehr nahe. Gerade Vers 4, mit der Erwähnung des „finsteren Tals", trifft nicht nur Krankenhaussituationen, sondern auch so manch andere Lebenswirklichkeit. Seien es Lebenskrisen, schmerzhafte Situationen oder negative Empfindungen wie Einsamkeit oder Anfeindungen. Menschen sehnen sich nach diesem Hirten, der den Weg schon kennt. Doch wenn wir Psalm 23 zu unserem Gebet machen, setzt das eine Portion Vertrauen in Gott voraus. Wir trauen Gott zu, dass er einen Ausweg findet. Wir trauen Gott zu, dass er die Macht hat, einzugreifen, auch wenn wir keine Lösung vor Augen haben.

Was macht da so zuversichtlich? In Johannes 10,14f. wird das Hirtenbild personalisiert: Jesus Christus. Er hat den Tod siegreich überwunden, um uns als guter Hirte durch die finsteren Lebenstäler und zum ewigen Leben zu führen.

Das merke ich mir: _____

_____

_____

WOCHENSPRUCH
Christus spricht:
Ich bin der gute Hirte.
Meine Schafe hören meine Stimme, und ich kenne sie und sie folgen mir; und ich gebe ihnen das ewige Leben.
Johannes 10,11a.27-28a

Lied: FJ5! Nr. 82   Sonntag 23

Du bist ein Gott, der mich sieht.
Gen 16,13

Gott sieht mich, also nimmt er mich wahr und schenkt mir seine wertvolle Aufmerksamkeit! In diesem Wissen darf ich meinerseits den Kontakt zu ihm suchen.
Christian Holfeld

24 EINEN TOAST AUF PHÖBE

Römer 16,1-16

Montag

Paulus beendet seinen Brief mit einem Kapitel voller Wertschätzung für die Mitarbeiter der römischen Gemeinde. Er nennt die verdienten Säulen der Kirche nicht nur beim Namen, sondern erwähnt auch noch, was diese Personen auszeichnet. So wissen wir bis heute, dass sich Phöbe für viele Menschen eingesetzt hat und sich Apelles als besonders guter Diener hervortat. Eine christliche Gemeinde ist bis heute auf ausreichend und hingebungsvolle Mitarbeiter angewiesen. Nur wenn sich Menschen mit ihrem Glauben, ihrer Persönlichkeit, ihren zeitlichen und finanziellen Ressourcen einbringen, kann Kirche Gottes gebaut werden. Besondere Wertschätzung erhalten in diesen Zeilen des 16. Kapitels Priska und Aquila. Sie waren außerordentlich mutig, als sie Kopf und Kragen für Paulus riskiert haben. Außerdem haben die beiden ihr Haus geöffnet, damit dort die Gemeinde eine Bleibe hat. Priska und Aquila machen hier einen Unterschied, zu dem nicht jeder bereit ist. Um Leben zu retten, das eigene zu riskieren, ist auch heute außergewöhnlich. Das eigene Haus großzügig für andere zu öffnen, bedeutet viel. Frage: Wofür lässt du dich heute herausfordern? Bete um eine Idee, wie du deinem Glauben durch ungewöhnlich großzügige Hingabe Ausdruck verleihen kannst.

Das merke ich mir: _____

25 GEHT IHNEN BESSER AUS DEM WEG!

Römer 16,17-27

Dienstag

Ganz am Schluss des Römerbriefes appelliert Paulus an die Wachsamkeit seiner Leser. Gläubige sollen Leuten aus dem Weg gehen, die andere mit „einschmeichelnden Reden" in die Irre führen. Solche und ähnliche Warnungen kennen wir bereits aus anderen Paulus- und Petrusbriefen. Auch Jesus warnte in Matthäus 7,15 vor „Wölfen, die in Schafskleidern zu euch kommen". Warum diese ganzen Appelle? Zwei Gründe sind besonders offensichtlich: Zum einen sind wir Menschen immer wieder anfällig für andere, die meinungsstark auftreten. Wir unterstellen positive Motive bei begabten Rednern. Doch dass Motive nicht immer gut sein müssen, lesen wir aus der Warnung von Paulus heraus. Ein zweiter Grund ist die Liebe zur Gemeinde Gottes. Jesus, Petrus und Paulus sehen, was für einen wichtigen Auftrag die Kirche in dieser Welt hat: als Rettungsboot für Verlorene, als Licht, das einen Unterschied in einer ungerechten Welt macht. Diese Gemeinde wollen sie vor Spaltung und Glaubensverlust bewahren. Kein Streit soll die Kirche lahmlegen, keine Irrlehre soll Gläubige trennen. Denke daran, den Mut aufzubringen, „Nein" zu sagen, wenn jemand so etwas bei dir versucht.

Das merke ich mir: _____

WEISE ODER KLUG?

Sprüche 1,1-7

Wie kann man sich zu einem Menschen voller Weisheit entwickeln? Das ist eine spannende Frage, die viele Menschen bewegt! Wer möchte denn nicht gerne die denkbar weisesten Entscheidungen treffen, Menschen weise führen oder Kinder weise erziehen? Wohin dagegen undurchdachte, emotionale Entscheidungen oder gedankenlos dahergesagte Worte führen, wissen wir aus den schmerzhaften Folgen, die das mit sich bringt. In Vers 7 haben wir direkt im ersten Abschnitt die Antwort, deren Erläuterung uns durch das ganze Buch begleiten wird: „Die Ehrfurcht, mit der man dem HERRN begegnet, steht am Anfang von allem Wissen." Damit unterscheiden die Sprichwörter Salomos zwischen einer Klugheit, die von sich behauptet, ohne Gott auszukommen und der hier skizzierten Weisheit ganz grundsätzlich. Nur derjenige, der Gott mit Ehrfurcht begegnet, bezieht den Schöpfer des Universums in die Belange des eigenen Lebens ein. Das hebt den Blick auf eine Metaebene, die hilfreich ist, wenn wir uns selbst abmühen, uns im Kreis drehen oder den Wald vor lauter Bäumen nicht mehr sehen.

Was ist die Perspektive Gottes heute oder für die wichtigste Entscheidung am heutigen Tag?

Das merke ich mir: _____

WER HAT DIR ETWAS ZU SAGEN?

Sprüche 1,8-19

Es gibt Menschen, die eine Meinung in Bezug auf das Leben anderer haben. Dazu gehören in allererster Linie die Eltern. In den ersten Lebensjahren bestimmen sie alles, was ihre Kinder betrifft. Später werden sie im besten Fall zu klugen Ratgebern, die mit ihrer Lebensweisheit, gereiftem Charakter und bewährtem Glauben hilfreiche Hinweise haben. Läuft es nicht so gut, dann nervt die erwachsen gewordenen Nachkommen eine anstrengende Einmischung von Mutter und Vater. Auch Freunde mischen sich in das eigene Leben oder die Beziehung ein und haben so manchen guten oder hilfreichen Rat auf der Zunge.

Doch die Frage ist: Wer soll mir etwas sagen dürfen? Die eigenen Eltern, Arbeitskollegen oder Freunde? Salomo warnt in diesem Abschnitt vor Freunden mit schlechter Motivation. Es gibt Freunde, mit denen man zwar viel Spaß haben kann, die aber nicht ins eigene Leben sprechen sollten. Das ist dann der Fall, wenn sie uns nicht guttun. Um ihnen zu gefallen, gehen wir Kompromisse ein, die wir später bereuen. Führt uns diese Nähe zu toxischen Freunden weg von Gott und seinem guten Weg, dann brauchen wir andere Menschen, mit denen wir uns umgeben.

Das merke ich mir: _____

28 SIEHSTE, HAB ICH DOCH GESAGT!

Freitag

Sprüche 1,20-33

Na klar, hinterher ist man immer schlauer. Da möchte niemand besserwisserische Kommentare hören. Stell dir vor: Jemand trifft eine Entscheidung, von der alle möglichen Leute abraten. Doch dann geht es schief und man muss die negativen Konsequenzen ausbaden. Voller Selbstzweifel sagt man dann: „Hätte ich doch bloß auf die anderen gehört." Wenn dann noch diejenigen aufkreuzen, die es besser wussten und Dinge äußern wie in Vers 25: „Alles, was ich euch geraten habe, habt ihr in den Wind geschlagen", ist man am Boden. Vielleicht hätte man wirklich eine bessere Entscheidung treffen können? Warum lernen wir manchmal erst nach einer Scheitersituation? Warum laufen wir immer wieder in die Sackgasse und wiederholen Fehler? Die hier beschriebene Weisheit lädt dazu ein, vorher Gott zu suchen und ihn schon zu Anfang in unser Leben einzubeziehen. Die Fähigkeit, komplexe Situationen mit Weisheit zu betrachten, erhält man nicht von heute auf morgen. Dazu gehört ein Leben, in dem die Nachfolge im Glauben dauerhaft eine Rolle spielt. Und dann, nach und nach, schärft sich unser Urteilsvermögen und man kann aus der Ruhe heraus frühzeitig Gottes Perspektive für das eigene Leben einbeziehen.

Das merke ich mir: _____

_____

29 DIE GROßE SCHATZSUCHE BEGINNT

Samstag

Sprüche 2,1-22

In den ersten Versen des zweiten Kapitels werden uns die wesentlichen Voraussetzungen genannt, um Weisheit und Ehrfurcht vor Gott zu erlangen. Eine davon ist der Ehrgeiz, unbedingt weise werden zu wollen. Demnach sollen wir Weisheit mit so viel Leidenschaft anstreben wie jemand, der nach Silber sucht oder nach verborgenen Schätzen forscht (V.4). Es ist erstaunlich, zu beobachten, mit wie viel Eifer manche Menschen Reichtum anhäufen. Oder mit was für einer Kraft sie in Hobbys hineingehen. Es ist nicht verwerflich, Wohlstand anzustreben oder Hobbys leidenschaftlich zu verfolgen, aber es führt am Ziel vorbei, wenn das der zentrale Lebensmittelpunkt wäre. Jesus bringt es im Neuen Testament auf den Punkt: „Das Himmelreich gleicht einem Schatz, der im Acker vergraben ist: Ein Mann entdeckte ihn und vergrub ihn wieder. Voller Freude ging er los und verkaufte alles, was er hatte. Dann kaufte er diesen Acker" (Mt 13,44). Er schildert uns einen Mann, der voller Freude alles dahingibt, um das Reich Gottes zu bekommen. An diesem Beispiel wird deutlich, worauf es ankommt. Lass dich heute herausfordern, zu schauen, worauf deine Leidenschaft zielt. Bringe dich und deine Kraft in etwas ein, was für Gott und andere Menschen wichtig ist.

Das merke ich mir: _____

_____

KW 18 bearbeitet von Christian Petersen,
Leiter EC-Freiwilligendienste, 34134 Kassel
E-Mail: christian.petersen@ec.de

MONATSSPRUCH MAI

WEIGERE DICH NICHT, DEM BEDÜRFTIGEN GUTES ZU TUN, WENN DEINE HAND ES VERMAG.
Sprüche 3,27

EINLADUNG ZUM DANKEN
Psalm 100

Wann hast du Gott zum letzten Mal einfach so gedankt? Und ich meine hier nicht das Dankgebet zu einer Mahlzeit oder aus einem anderen besonderen Grund. Ich frage dich, wann du Gott zum letzten Mal einfach dafür gedankt hast, dass er Gott ist.

Dankbarkeit gehört ja so ein bisschen zur christlichen Grund-DNA. Wir sollen ein von Dankbarkeit gefülltes Leben führen. Mancher Christ führt ein Tagebuch der Dankbarkeit, damit man sich an die guten Taten Gottes im eigenen Leben erinnert. Aber so? Gefühlt grundlos Gott danken? Da tue ich persönlich mich schon schwerer.

Hier kann ich aus den Psalmen lernen. Der Psalmist lobt Gott dafür, was er so grundsätzlich getan hat, und dass wir ihm nachfolgen dürfen. Das sind die Basics: Gott ist gut und lobenswert. Ich finde die Worte von Psalm 100 hier sehr inspirierend. Psalmen sind Gebete, und gerade der heutige Psalm schreit danach, einfach gebetet zu werden. Lies den Psalm gleich nochmal, nachdem du diese Auslegung gelesen hast, laut vor! Vielleicht kann dieser laut gelesene Psalm der Anfang für dein heutiges Gebet zu Gott sein. Lobe und danke Gott, denn er meint es gut mit dir!

Das merke ich mir: _____

_____

_____

> Du bist ein Gott, der mich sieht.
> Gen 16,13

Bei Gott bin ich nicht nur einer von acht Milliarden, sondern sein ganz besonders geliebtes Kind.
Christian Petersen

WOCHENSPRUCH

Ist jemand in Christus, so ist er eine neue Kreatur; das Alte ist vergangen, siehe, Neues ist geworden.
2. Korinther 5,17

1 EIN GLÜCKLICHES LEBEN

Sprüche 3,1-12

Montag

Beim Stöbern am Zeitungskiosk fallen mir schon seit einiger Zeit verschiedene Zeitschriften auf, die zu einem glücklicheren Leben verhelfen wollen. Da geht es um „Hygge", das neue dänische Lebensgefühl für jedermann und um Achtsamkeit als Schlüssel zum Glück. Das Streben nach Glück ist wahrscheinlich schon so alt wie die Menschheit und doch scheint es in letzter Zeit wieder besonders in Mode zu sein. Wie gut, dass uns auch die Bibel da einiges dazu zu sagen hat. „Nimm dir meine Gebote zu Herzen! Denn sie sind dazu da, dass es dir gut geht." So leitet es Salomo in dem heutigen Text aus den Sprüchen ein. Und dann skizziert er, was das konkret bedeutet: Weisungen und Gebote halten. Dem Herrn vertrauen. Gottes Willen erkennen und halten. Gott mit Ehrfurcht begegnen. Ehre Gott für deinen Besitz. Gottes Eingreifen in meinem Leben akzeptieren. Jeder einzelne Punkt dieser Aufzählung ist es eigentlich schon wert, dass ich länger darüber nachdenke. Ich merke, wie ich häufig mit meiner inneren Checkliste so einen Text lese und denke: „Passt schon". Aber passt es wirklich schon? Sich etwas zu Herzen zu nehmen bedeutet, dass ich diese Dinge richtig verinnerliche. Das ist kein Abhaken, sondern ein Prozess. Wo bleibst du heute hängen?

Das merke ich mir: _____

_____

2 WONACH STREBE ICH IM LEBEN?

Sprüche 3,13-26

Dienstag

Anfang der 2000er Jahre lief im Kino das Drama „Das Streben nach Glück". In diesem Film strebt ein erfolgloser Verkäufer in den USA nach wirtschaftlichem Erfolg und Sicherheit für sich und seinen Sohn. Ein Motiv, das uns auch an anderen Stellen in unserer Gesellschaft begegnet, beispielsweise in einer bekannten TV-Werbung, wo es um „Mein Haus, mein Auto, mein Boot …" ging. Wonach strebst du in deinem Leben? Salomo macht uns Mut, nach Weisheit zu streben. Weisheit als Schlüssel für alles andere. Salomo betont, dass Weisheit kostbarer ist als alles Materielle. Ein krasser Gegensatz zu unserer heutigen Konsumgesellschaft, die auf materielle Sicherheiten baut. Sicherheit verspricht uns auch Gott. Aber nicht aufgrund irgendwelcher Dinge oder Leistungen, sondern als gute Frucht aus dem Halten seiner Weisungen und Gebote. Weisheit von Gott für die Gestaltung unseres Lebens und ein tiefes Vertrauen in Gott, so könnte man Salomos Empfehlung für ein glückliches und sicheres Leben zusammenfassen. Klingt auf den ersten Blick ganz einfach und einleuchtend. Die Herausforderung liegt aber auch hier in der praktischen Umsetzung. Ein Anfang könnte sein, Gott bewusst um Weisheit zu bitten. Wann hast du das zuletzt getan?

Das merke ich mir: _____

_____

EINE FRAGE DER BEZIEHUNG

Sprüche 3,27-35

Mittwoch

In den letzten Tagen ging es ganz stark um deine Beziehung zu Gott. Es ging um Dankbarkeit gegenüber Gott, um Vertrauen auf Gott und um Weisheit von Gott. Das alles sind wichtige Themen, die in meiner ganz persönlichen Gottesbeziehung ihren Widerhall finden sollten. Am Ende der vierten Lehrrede Salomos wird es nun ganz praktisch in der Anwendung: Wie spiegelt sich meine Gottesbeziehung in der Beziehung zu meinen Nächsten wider? Verhalte ich mich anders als mein Umfeld? Wird etwas von der Liebe und Zuwendung, die ich von Gott erfahren habe, in meiner Beziehung zu meinem Nächsten sichtbar? Wie reagiere ich, wenn jemand Hilfe benötigt? Wie friedlich gestalte ich meine Nachbarschaft mit? Bin ich schnell neidisch auf andere? Salomo legt mit seinen Sprüchen den Finger in die kleinen Situationen des Alltags. Hier sollen wir einen Unterschied machen. Wie sieht z. B. deine Beziehung zu deinen Nachbarn aus? Kennst du sie? Betest du für sie? In den letzten Versen macht Salomo deutlich, dass unser Leben Konsequenzen hat. Für uns sind die typisch alttestamentlichen Kausalbezüge von Fluch und Segen manchmal befremdlich. Sie sollten uns aber immer wieder ein Anstoß sein, unseren Lebensstil zu hinterfragen. Was nimmst du für dich heute mit?

Das merke ich mir: _____

_____

DER WEG DER WEISHEIT

Sprüche 4,10-19

Donnerstag

Salomos Herzensanliegen ist es, seine Zuhörer für einen Lebensstil zu gewinnen, den er selbst in Vers 11 als Weg der Weisheit bezeichnet. Für Salomo gibt es nur diese zwei Wege: den der Weisheit und den des Frevlers. Beide Wege haben Auswirkungen auf das Leben der jeweiligen Person und Salomo macht dies mit verschiedenen Beispielen deutlich. Er warnt deutlich vor dem Weg des Frevlers: Dieser bedeutet die schiefe Bahn, Unruhe und Unglück. Der Weg der Weisheit bietet dagegen Glück, Ruhe und Segen. Ein Schlüssel zum Weg der Weisheit ist für Salomo die Bildung. Wir sollen uns um diese Bildung bemühen. Wie sehen deine Bildungsbemühungen aus? Was sind deine guten Quellen? Die Bibel ist sicherlich unsere Primärquelle, aber auch gute Bücher können uns helfen, unsere Beziehung zu Gott zu vertiefen. Der Austausch mit unseren Mitmenschen kann uns auch helfen, in unserer Weisheit zu wachsen. Höre ich auch mal auf kritische Stimmen in meinem Umfeld? Ich wachse nicht nur im Zuspruch, sondern gerade auch im Anspruch an mein Leben. Wer oder was bringt mich weiter in der Beziehung zu Gott? Wer oder was bringt mich eher von Gott weg? Nimm dir einen Moment Zeit zur persönlichen Reflexion und zum Gebet!

Das merke ich mir: _____

_____

5 Freitag

ACHTSAMKEIT MIT ALLEN SINNEN
Sprüche 4,20-27

Spitz die Ohren! Behalte im Auge! Bewahre im Herzen! Mund, Lippen und Füße. Eine gute Lebensgestaltung geschieht immer ganzheitlich. Für die Menschen des Alten Testaments eine ganz normale Vorstellung. Insgesamt nutzt Salomo hier eine sehr bildhafte Sprache, die Salomos Empfehlungen sehr anschaulich macht. Ich finde hier gute Gedankenanstöße für uns heute: Auf wen oder was höre ich? Auf was richte ich meine Augen? Was bewahre ich in meinem Herzen? Welche Worte kommen über meine Lippen? Auf welche Wege setze ich meine Füße? Salomo mahnt in dieser siebten Lehrrede sehr deutlich an, dass unser Leben Konsequenzen hat. Fast gebetsmühlenartig wirbt und mahnt er einen Lebensstil der Weisheit an. Dieses Thema begleitet uns durch diese Woche — und das ist auch gut so. Salomos Ziel ist es, dass Leben gelingen kann. Dafür wirbt er mit Nachdruck. Welches Organ, welcher Sinn hilft dir bei der Orientierung? Wo liegt deine persönliche Gefährdung? Beim Hinhören? Beim Reden? Beim Wege Beschreiten? Wachsen im Glauben ist ein kontinuierlicher Prozess und es kann helfen, sich Step-by-Step an das Thema anzunähern.
Worauf möchtest du heute besonders achten?

Das merke ich mir: _____

_____

6 Samstag

GEFAHR FÜR EIN WEISES LEBEN
Sprüche 5,1-23

Als wenn das persönliche Streben nach Weisheit nicht schon schwer genug wäre, nun weist Salomo auf eine ganz konkrete Gefahr und Anfechtung hin: die fremde Frau. Dabei ist hier die fremde Frau im doppelten Sinne gemeint. Auf der einen Seite ist die fremde Frau ein Symbol für das Gegenbild der Weisheit. Mit diesem Bild verbunden ist die besondere Verführungskunst, die den jungen, nach Weisheit strebenden Mann von selbiger abbringen will. Dieses Bild war ein gängiges Motiv der antiken Weisheitsliteratur. Auf der anderen Seite kann aber auch ganz menschlich die Anziehungskraft einer unbekannten Schönheit hier verstanden werden, die Beziehungen von Paaren zerstören kann, wenn ein Partner (hier besonders der Mann) sich darauf einlässt. Salomo warnt mit deutlichen Worten vor dieser Gefahr. Salomos Impuls zielt in zwei Richtungen. Zum einen ist es eine Warnung: Wo ist deine schwache Seite? Was lenkt dich ab? Was bringt dich ganz konkret von Gott weg? Zum anderen eine Ermutigung, auf die bereits vorhandenen, guten Quellen zu bauen. Was sind deine guten Brunnen, aus denen du schöpfst (vgl. V.15)? Schütze diese Brunnen, denn sie sind für dein Leben wichtig und erfreue dich an dem, was du hast!

Das merke ich mir: _____

_____

KW 19 bearbeitet von Ulrich Mang,
Referent für Sozial-Missionarische Arbeit
beim Deutschen EC-Verband, 34134 Kassel
E-Mail: ulrich.mang@ec.de

KRIEG UND SIEG
Psalm 108

In meiner Bibel ist dieser Psalm von den Herausgebenden nachträglich mit folgender Überschrift versehen: „Gottes Güte in Kriegszeit". Und genau das wird auch hier geschildert: ein Vertrauen in Zeiten von kriegerischen Konflikten. Worte, die Gottes Größe und Führung preisen. Rettung, die allein Gott schenken kann. Es ist ein persönlicher und dennoch für mich irgendwie fast fremd klingender Psalm, da ich nicht von „Siegen" oder der Einnahme einer befestigten Stadt (V.11) rede bzw. darüber nachdenke.

Bei aller Befremdlichkeit hat dieser Psalm zwei bedenkenswerte Aspekte, die mir beim näheren Lesen in den Sinn kommen. Der erste ist gar nicht so offensichtlich: Ich bin dankbar dafür, dass ich mir nicht darüber Gedanken machen muss, was es heißt, im „Krieg" zu leben. Das ist in anderen Ländern und Regionen der Erde nicht der Fall! Der zweite hingegen ist viel offensichtlicher: Ich bin dankbar, dass Gott groß ist, mein Leben führt, und dass er mich rettet. Und: Auch wenn ich nicht im Krieg bin, ist Gott an meiner Seite. In Situationen, in denen ich das wie der Psalmbeter dringend benötige, aber auch in allen anderen!

Wo hast du Gottes Nähe in der zurückliegenden Woche besonders erlebt?

Das merke ich mir: _____
_____
_____

WOCHENSPRUCH
Singet dem Herrn ein neues Lied, denn er tut Wunder.
Psalm 98,1

Lied: FJ5! Nr. 83   Sonntag **7**

Du bist ein Gott, der mich sieht.
Gen 16.13

Ein wunderbarer Satz, den Hagar erlebte und der mir zeigt: Ich bin für Gott einzigartig und wichtig.
Ulrich Mang

Mai 107

8 SEI WIE DIE AMEISE!

Sprüche 6,6-11

Montag

Sich die Ameisen als Vorbild zu nehmen, ist schon etwas ungewöhnlich! Klein und unscheinbar krabbeln sie in unserem Kirchhof. Ich entdecke ein großes Treiben. Es werden kleine Stöckchen und Steine transportiert. – Von den Ameisen zu lernen, dazu fordert der Schreiber des Sprüche-Abschnittes heraus. Die sechs Verse zeigen etwas Wunderbares, das zum Nachdenken anregt. Die Erkenntnis, dass Armut und Not schnell kommen können, zeigt auf der einen Seite eine gewisse Weitsicht. Und sie schärft auf der anderen Seite den Blick, einen Plan zu verfolgen, um die Vorsorge zu treffen. Was kann ich von dieser Weitsicht und Vorsorge der Ameisen lernen?

Es ist etwas ganz Grundsätzliches, nämlich, dass ich selbst nicht ein „Faulenzer" sein soll, der sich ausruht, sondern ich soll vielmehr mein Leben als Geschöpf Gottes in Verantwortung für mich selbst in Freiheit gestalten. Und nebenbei sei erwähnt: Faulenzen gehört genauso zum verantwortlich-vorausschauenden Leben dazu. Denn auch meine Ameisen im Kirchhof ackern nicht 24/7, sondern ruhen einfach mal aus. Daher: Sei wie die Ameise!

Das merke ich mir: _____

_____

9 SEI GEWARNT!

Sprüche 6,12-19

Dienstag

In diesem Abschnitt verstecken sich zwei Warnungen! Die erste in den Versen 12-15 und die zweite in den Versen 16-19. Die erste Warnung richtet sich gegen Menschen, die Unheil anrichten, und warnt vor Gemeinschaft mit solchen Menschen. Die zweite Warnung verdeutlich im Sinne eines hebräischen Zahlenspiels, das eine Bedeutungssteigerung erzeugen soll, welche Dinge nicht von Gott gewollt sind oder sogar „gehasst" werden. Es ist ein sehr drastisches Bild, das diese wenigen Verse beschreiben. Und zunächst leuchtet mir auch ein, was die Funktion dieser Warnungen ist, eine Aufforderung an mich selbst: Halte dich fern von diesen Menschen! Beim mehrmaligen Lesen entdecke ich aber viel, viel mehr, wie mir der Text einen Spiegel vorhält und mich fragt: Wo bist du ein „Unheilstifter"? Wo ein „Taugenichts"? Und ich merke, wie ich wieder neu den Begriff der „Gnade" buchstabieren lernen muss. Denn allzu oft entspreche ich eher dem Genannten! Demgegenüber steht aber eine Gnade, die Grenzen sprengt und „Hass" überwindet.

Lass dir diesen Spiegel der Sprüche vorhalten! Wo darfst du „Gnade" heute neu buchstabieren?

Das merke ich mir: _____

_____

AUF WAS HÖRST DU?

Sprüche 7,1-27

Mittwoch 10

Auf was oder wen hörst du? – Diese Frage drängt sich beim heutigen Bibeltext förmlich auf. Der Textabschnitt setzt die Warnung des Weisheitslehrers fort, wie es schon in den vergangenen Tagen zu lesen war. Dabei erzählt die „Weisheit" eine Geschichte der Verführung zwischen einer verheirateten Frau und einem Mann, der „keinen Verstand" hat. Statt sich an der Weisheit zu orientieren und sich damit auch an Gott und seine „Gebote" zu halten, lässt der Mann sich verführen!

Auf was oder wen hörst du? – Es ist immer wieder erstaunlich, was mein Denken, Tun und Handeln prägt. Dabei ist es für mich manchmal gar nicht so einfach, zwischen Weisheit und „verführenden" Rufen zu unterscheiden, da viele attraktiv und richtig klingen. Aber oftmals erkenne ich das erst in einem Rückblick und stelle fest, dass ich falsch abgebogen bin. Auf was oder wen hörst du? – Ich lerne, dass die Weisheit ganz eng mit Gott verbunden ist und diese ganz nah bei Gott zu finden ist. Daher: Auf was oder wen hörst du?

Oder: Nimm dir heute Morgen bewusst Zeit und höre auf Gott!

Das merke ich mir: _____

_____

GOTT = WEISHEIT

Sprüche 8,1-21

Donnerstag 11

Gottesbilder gibt es viele in der Bibel: Vater, Mutter, Liebe, ... Es ist erstaunlich, wie Gott in der heutigen Tageslese beschrieben wird. Fast unbekannt und trotzdem sehr einleuchtend wird Gott ganz eng mit der Weisheit in Verbindung gebracht. Eine Weisheit, die zugleich mit einer großen Macht verbunden ist, die als Ratgeberin für die Mächtigen dargestellt ist. Es ist bemerkenswert, dass ihre Gaben und Eigenschaften die gleichen sind, die auch Gott bzw. dem messianischen König im Buch des Propheten Jesaja zugeschrieben werden.

Lies hierzu weiterführend Jesaja 11,1-5. Welches Bild von Gott hast du? Diese Frage möchte ich dir heute stellen. Viel zu schnell bete ich in schwierigen Situationen: „Du kennst die Antwort und führst mich in Weisheit", merke aber auf der anderen Seite, wie wenig dieses Bild in meiner alltäglichen Beziehung zu Gott steht.

Nimm dir eine Zeit der Stille und begegne deinem Gott, der so facettenreich ist, der Eigenschaften hat, die dir möglicherweise zu wenig bewusst waren. Dieses Erkennen ist ein Geschenk des Geistes und kann dich zugleich in eine noch tiefere Gottesbeziehung und Anbetung führen.

Das merke ich mir: _____

_____

Freitag 12 — WEISHEIT IN DER SCHÖPFUNG

Sprüche 8,22-36

Fast schon überraschend taucht heute eine Schöpfungserzählung auf, die mir nicht sofort auf- bzw. einfallen würde. Es ist eine besondere Geschichte, die der Schreiber des Abschnittes erzählt. Faszinierend wird dabei eines deutlich, dass Gottes Weisheit an der Schöpfung zu erkennen, ja abzulesen ist. Denn nur der Weisheit verdankt die Schöpfung ihre Gestalt und ihr Dasein, so schildert es uns auch Kapitel 3 des Sprüche-Buches (3,19-20). Dabei wird die Weisheit als Person und allererstes Geschaffenes der Geschöpfe beschrieben.

Viel zu schnell nehme ich alles Geschaffene um mich herum als „gegeben" wahr. Dabei reicht der Facettenreichtum von den zu Wochenbeginn genannten Ameisen über Wasser bis hinaus in den Himmel. Es ist erstaunlich, zu bewundern und zu schützen! Deswegen möchte ich heute wieder neu über die Weisheit, die sich in der Schöpfung zeigt, staunen lernen. Ein Staunen, das den Schöpfer und dessen Weisheit preist.

Wo kannst du deinen Weg zur Schule, in die Vorlesung oder in das Büro heute zu einem Lobpreis werden lassen? Wie kann dies zu einem guten morgendlichen und/oder abendlichen Ritual für dich werden?

Das merke ich mir: _____

Samstag 13 — WER DIE WAHL HAT, HAT DIE QUAL

Sprüche 9,1-18

Heute stehen zwei Einladungen zur Wahl! Frau Weisheit und Frau Torheit laden zu einer Feier. Beide werden bewusst hier noch einmal einander gegenübergestellt. Die sieben Säulen des Hauses der Weisheit weisen auf einen Palast oder Tempel hin. Diese Erzählung erinnert außerdem stark an Jesu Gleichnis vom Hochzeitsmahl aus Matthäus 22,1-14. Dem gegenüber steht die Feier der „Dummheit" oder Torheit, die wenig festlich wirkt, dafür aber die Verlockung von Verboten deutlich macht und sich zunutze machen möchte. Die Folgen ähneln sehr stark der Verführung in Kapitel 2 und 5. Damit wird auch eine andere Facette von Torheit deutlich. „Wer die Wahl hat, hat die Qual." — So beschreibt es der Volksmund. Zu schnell bleibe ich am imposanten Palast der Weisheit und dem Glanz hängen, ohne dabei den vermeintlichen Charme der Verlockungen zu bedenken, den das Haus von Frau Torheit ausstrahlt. Dabei besteht mein Alltag in der Nachfolge aus den diversen Verlockungen, denen ich regelmäßig erliege, so dass ich das angestrebte Ideal der göttlichen Weisheit verfehle. Möglicherweise kennst du Ähnliches aus deiner Nachfolge. Ich wünsche dir heute die richtige Wahl. Als Entscheidungshilfe lies noch einmal die Lichtstrahlen vom Dienstag.

Das merke ich mir: _____

KW 20 bearbeitet von Patrizia Hofmann,
Gemeindereferentin, 34260 Kaufungen
E-Mail: patrizia.hofmann@gmx.net

WOCHENSPRUCH
Gelobt sei Gott, der mein Gebet nicht verwirft noch seine Güte von mir wendet.
Psalm 66,20

GOTT LOBEN: VON A BIS Z
Psalm 111

Der Psalm 111 ist der erste Psalm der sogenannten Halleluja-Psalmen (111-118), bei denen das Lob Gottes im Mittelpunkt steht. Es gibt viele verschiedene Aspekte, für die Gott gelobt werden kann, doch im Psalm 111 nimmt der Psalmist besonders die Taten Gottes in den Blick. Es geht also konkret um sein Wirken und die Wunder, die er tut. In der Rückschau auf die Geschichte, die Gott mit seinem Volk geschrieben hat, wird deutlich, welche großen Taten Gott vollbracht hat. Es ist wichtig, sich immer wieder daran zu erinnern und sich bewusst zu machen, was Gott tut und bereits für uns getan hat. Und der Psalmist liefert uns auch gleich noch eine praktische Methode dazu, denn die Verse starten im Originaltext jeweils mit den Buchstaben des Alphabets. So listet er sein Lob sozusagen von A-Z auf.

Das ist doch auch eine gute Übung für uns: Überleg einmal, wo und wie du das Wirken Gottes in deinem Leben schon erfahren hast. Das können große oder auch ganz kleine Dinge sein. Wo hat Gott dir geholfen? In welche Notlage hat er gewirkt? Welche neue Perspektive hat er dir geschenkt? Was hat er dir Gutes getan?

Nun liste das Alphabet auf und finde für jeden Buchstaben einen Grund, um Gott zu loben. Halleluja!

Das merke ich mir: _____

_____

_____

Du bist ein Gott, der mich sieht.
Gen 16,13

Gott sieht mehr als meine äußere Hülle oder meine Masken. Er sieht mein Herz und weiß, was meine Seele bewegt.
Patrizia Hofmann

Montag 15 — FREUDE!

Philipper 1,1-11

Mich inspiriert die Verbindung zwischen Paulus und den Christen in Philippi. Er ist eng mit ihnen verbunden, trotz der geografischen Distanz. Er ist erfüllt von Freude, wenn er an diese Gemeinde denkt. Das wird gleich zu Beginn, aber auch durch den ganzen Brief deutlich. Zum einen, weil er sich freut, wie sie im Glauben unterwegs sind und welche Werke daraus entstehen, aber zum anderen auch, weil er erlebt, wie die Gemeinde ihn unterstützt. Paulus erlebt Ermutigung und Hilfe durch die Philipper, denn sie unterstützten ihn auch finanziell, während er im Gefängnis saß. Durch sein Gebet wird deutlich, welche guten Dinge und welchen Segen er der Gemeinde wünscht. Wie wertvoll, wenn auch wir eine so gute und positive Verbindung mit Gemeinde erleben können. Doch ich merke, dass ich statt Freude auch Frust erlebe, wenn ich an meine Gemeinde denke. Schnell wirft man den Blick auf das, was noch nicht so läuft, wie man es gerne hätte. Kritik ist auch wichtig, um Dinge zu verbessern. Aber heute möchte ich bewusst darüber nachdenken, für was ich dankbar sein darf in meiner Gemeinde oder der Gemeinschaft, die ich mit anderen Christen habe. Wo bist auch du dankbar und voll Freude? Und um was möchtest du Gott für andere Christen bitten?

Das merke ich mir: _____

_____

Dienstag 16 — PREACH IT!

Philipper 1,12-18a

„Da hat Gott mich gesegnet." „Er hat mich reich beschenkt." „Gott hat mich vor Schlimmem bewahrt." Oder „Gott meint es gut mit uns", sind Sätze, die ich so oder ähnlich immer wieder in Predigten, Impulsen oder Zeugnissen höre. Wir erzählen von seinen Wundern, von Highlights und segensreichen Zeiten mit Gott. Doch heute lehrt uns Paulus noch etwas anderes: Er steckt in einer bitteren Situation, ist in einem tiefen Tal. Genau diese Situation nutzt er, um Gottes Botschaft zu verkünden. Paulus lebt treu für Gott und erzählt von ihm, ungeachtet der Konsequenzen. Selbst im Gefängnis erzählt er von Jesus und ermutigt andere Christen, ebenso von ihm zu erzählen, womit er zum Vorbild für sie wird. Verkündigung braucht keine idealen Lebensumstände oder ein immer übersprudelndes Glaubensleben. Auch in Zeiten, in denen wir auf Gottes Antwort warten, in schwierigen Situationen, wenn wir uns seine Hilfe anders wünschen oder wenn er sich fern anfühlt, dürfen wir die Gewissheit haben, dass er da und derselbe Gott ist. Und davon können wir als Christen erzählen: Es ist nicht immer alles Friede-Freude-Eierkuchen und wir erleben zum Teil bittere Talfahrten in unserem Leben. Doch auch in diesen Zeiten bleiben Gott und seine Botschaft wahr und wichtig.

Das merke ich mir: _____

_____

PERSPEKTIVE EWIGKEIT

Philipper 1,18b-26

Mittwoch 17

Paulus muss im Gefängnis einiges durchmachen, wir können nur erahnen, wie schwer die Umstände damals waren. Für ihn gibt es in dieser Situation zwei Varianten seiner Zukunft. Entweder, er wird verurteilt und hingerichtet. Doch davor fürchtet er sich kein bisschen, denn für ihn bedeutet das, dass er mit Jesus verbunden sein kann und er am Ziel ist. Für Paulus ist das ein Sieg. Oder aber, er bleibt am Leben und kann weiter verkündigen, von Jesus erzählen und andere in ihrem Glauben begleiten. Er weiß, wie wichtig diese Aufgabe ist, und dass das seine Berufung ist. Beide Optionen machen eins deutlich: Paulus verliert sich nicht in seinen Umständen und Schwierigkeiten und hat den Blick fest auf Jesus. Er lebt sein Leben in der Perspektive Ewigkeit, ob er nun sterben muss und mit Jesus verbunden sein kann oder weiterhin hier auf Erden verkündigt und andere Menschen von dieser Perspektive begeistert. Was für eine unglaubliche Sichtweise, sein Leben und Sterben so völlig in Verbundenheit mit Gott und im Vertrauen auf ihn zu sehen. In Vers 19 wird deutlich, was ihn darin bestärkt und ermutigt: das Gebet anderer und der Heilige Geist. Aus dem Wissen darum schöpft er neue Kraft und Freude.

Das merke ich mir: _____

_____

ER WAR, IST UND WIRD SEIN

Psalm 110

Himmelfahrt | Donnerstag 18

Die Sammlung der Psalmen in der Bibel ist groß, doch der Psalm 110 ist nicht irgendein Psalm. Die Juden verstanden die Verse als Ankündigung und Beschreibung des Messias, auf den das Volk wartete. Daher wussten die Schriftgelehrten und Pharisäer auch sofort, was er meinte, als Jesus selbst sagte (Mt 22,41-46), dass sich dieser Psalm auf ihn bezieht. Der Psalm beschreibt einen König, der an der Seite Gottes sitzt und damit ein Teil seines Wirkens ist. Er herrscht über sein Volk und er hat Macht. Gleichzeitig ist er ein ewiger Priester, der uns mit seinem einmaligen Opfer mit Gott versöhnt. Heute an Himmelfahrt schauen wir zurück auf Jesu Rückkehr in Gottes Herrlichkeit. Wir kennen Jesu Leben, Sterben, Auferstehen und Himmelfahrt in der Rückschau. Damit hat sich einiges aus dem Psalm erfüllt und wir können ihn durch das Neue Testament deuten. Doch auch vor uns liegt noch Unbekanntes: seine Wiederkehr und ein Gericht am Ende der Welt. Wie diese aussehen werden, wissen wir nicht genau. Da geht es uns nun vielleicht wie den Juden damals, die diese Ankündigung vom Messias hatten, aber doch nicht genau wussten, wer oder was da kommen wird. Gottes Wesen, sein Plan und Handeln werden wohl wir hier auf Erden nie ganz begreifen können.

Das merke ich mir: _____

_____

19 MUTIG VORAN!

Freitag

Philipper 1,27 – 2,4

An diesen Jesus zu glauben, war damals nicht ungefährlich. Spott und Hohn waren dabei nur geringe Probleme. Paulus hat selbst erlebt, wie es ist, zu leiden, weil er von Christus erzählt. Er kennt es auch nicht anders, denn er gehört als Christ mit seinen Überzeugungen und als Nachfolger Jesu noch immer zu einer Minderheit. Die Erfahrung von Leid ist ein Teil seines Glaubenslebens, die er auf sich nimmt. Paulus ermutigt dazu, dieses Leid zu tragen und sich nicht aufgeben. Ganz nach dem Motto: Mutig voran! Gerade mit dem Blick darauf, dass er selbst viele Schwierigkeiten aushalten muss, finde ich diese Ermutigung für andere stark. Immer wieder hebt Paulus einen wichtigen Aspekt hervor: Verbundenheit und Gemeinschaft. Er macht deutlich, wie wichtig es ist, all das nicht allein zu tragen und appelliert: „Steht fest zusammen" (V.27). Ich kann mir heute nur schwer vorstellen, wie das damals gewesen sein muss und wie es auch heute noch ist, für seinen Glauben leiden zu müssen und verfolgt zu werden. Aber das sollte mich nicht blind machen. Auch ich kann mich vor Gott im Gebet neben andere Christen stellen, die heute noch verfolgt werden, und für sie beten. So bin ich in einem Geist mit ihnen verbunden.

Das merke ich mir: _____

_____

20 DIENEN WIE JESUS

Samstag

Philipper 2,5-11

Wie gut, dass uns unser Staat wichtige Grundrechte zuspricht. Doch ganz nach dem Motto „Das ist doch mein gutes Recht!" oder „Das steht mir schließlich zu", kann es passieren, dass Beziehungen darunter leiden, wenn wir auf ein Recht pochen. Gerade dann, wenn wir das blind tun oder damit egoistische Zwecke, Stolz oder Selbstsucht einhergehen. In einem Streit nicht nachgeben zu können oder die eigene (Macht-)Position nicht aufgeben zu wollen, kann das Miteinander gefährden. Jesus macht es uns ganz anders vor: Er hatte ein göttliches Recht und ihm hätte es zugestanden, bedient zu werden. Er hätte uns Menschen nicht dienen oder gar für uns leiden müssen. Und obwohl es ihm von vielen nicht gedankt und er sogar verspottet wurde, hat er auf dieses göttliche Recht verzichtet und ist bis zum Äußersten gegangen. Die Hymne (V.5-11), die in der frühen Gemeinde vermutlich gesungen wurde, preist dieses selbstlose und demütige Handeln Jesu und beschreibt, wie er von Gott erhöht wird. In Vers 5 werden wir ermutigt, uns Jesus als Vorbild zu nehmen und ebenso eine dienende Haltung einzunehmen. Das fällt uns vielleicht nicht immer leicht, aber da wir jeden Tag auf andere Menschen treffen, können wir uns immer wieder darin üben.

Das merke ich mir: _____

_____

KW 21 bearbeitet von Thomas Bast,
Gemeinschaftspastor, 17192 Waren (Müritz)
E-Mail: t.bast@mgvonline.de

WOCHENSPRUCH
Christus spricht:
Wenn ich erhöht werde
von der Erde, so will ich
alle zu mir ziehen.
Johannes 12,32

CHRISTSEIN IM ZWISCHENLAND
Psalm 27

Wie zwei Pfeiler stehen die beiden Fragen am Anfang des Psalms. Fürchten — vor wem? Erschrecken — vor was? Was soll passieren, wenn man Gott auf seiner Seite hat?

Doch in den folgenden Versen sehen wir, dass diese fröhliche Zuversicht nicht selbstverständlich ist. Ja, Gott ist nah und Gott ist da. Und gleichzeitig muss diese Nähe, die helfende und schützende Gemeinschaft mit Gott gesucht, erbeten und erkämpft werden. Was David erlebt, das kenne ich auch aus meinem Leben, meinem Glauben.

Christen befinden sich in einem Zwischenland, zu dem der Wechsel und die Veränderung gehören. Die Beziehung zu Gott spielt sich ab zwischen dem klaren Bekenntnis zu ihm und der Bitte, diesem Bekenntnis treu bleiben zu können. Dazu gehören der Sieg, aber immer auch noch der Kampf; die Erfüllung und die Sehnsucht nach dieser Erfüllung; der Jubel über Gottes Wunder und die Klage, wenn Gott so handelt, dass wir es nicht verstehen. Und so kann die Bitte des Vaters aus Markus 9,24 zu unserer Bitte werden: „Herr, ich glaube, hilf meinem Unglauben!"

Eines steht fest: Diesen Zwischenzustand auszuhalten und diesen Kampf zu kämpfen, wird von Gott selbst belohnt werden.

Das merke ich mir: _____

_____

_____

Du bist ein Gott, der mich sieht.
Gen 16,13

Ein Gott, der mich sieht. Ja, aber wie!? Voller Sehnsucht, voller Barmherzigkeit, voller Liebe.
Thomas Bast

22 CHRISTSEIN IN SPANNUNG
Montag — Philipper 2,12-18

Christsein ist eine spannende Sache. Einerseits sollen wir „alles dransetzen", alles geben, ein tadelloses Leben führen, tun und nicht nachlassen; andererseits ist Gott es, der alles bewirkt und ohne den gar nichts geht. Einerseits sitzt Paulus im Gefängnis, bringt sich selbst als Opfer; andererseits strahlt er wie ein Honigkuchenpferd vor Freude. Einerseits haben wir einen himmlischen Vater, der uns bedingungslos liebt; andererseits bekommen Gläubige „Furcht und Zittern", wenn sie diesem heiligen Herrn begegnen und merken, mit wem sie es wirklich zu tun haben. Wundere dich nicht, wenn du diese Spannung spürst oder vielleicht sogar an ihr leidest. Diese Spannung gehört zum Geheimnis des Glaubens. Sie nimmt der Beziehung zu Gott die Oberflächlichkeit und lässt sie in die Tiefe gehen. Wie eine elektrische Spannung lässt auch diese das Leben prickeln und macht Lichter hell. Diese Spannung aktiviert und setzt in Bewegung.

Diese Spannung wird hier auf dieser Welt nicht aufgelöst. Beide Pole sind nötig. Gottes bedingungsloser Zuspruch und Gottes unbedingter Anspruch. Beides zu 100 %. Wenn wir diese Spannung auf eine Seite auflösen, wird es schief.

Das merke ich mir: _____

23 CHRISTSEIN IN BEZIEHUNGEN
Dienstag — Philipper 2,19-30

Christsein ist Beziehung. Und zwar vom Anfang bis zum Schluss und von vorne bis hinten. Aus der Apostelgeschichte und seinen Briefen wissen wir, wie groß und vielfältig das Beziehungsnetz des Paulus war. Heute bekommen wir einen kleinen Einblick in dieses Geflecht: seine sehnsüchtige Beziehung zur Gemeinde in Philippi, seine fürsorgliche Beziehung zu Epaphroditus, seine enttäuschte Beziehung zu vielen anderen (V.20f.) und seine väterliche Beziehung zu Timotheus. Doch eines ist in allen Beziehungen entscheidend: Alles gründet in der einen Beziehung zu Jesus Christus, dem Herrn. Jesus ist der Knotenpunkt im christlichen Beziehungsnetz, bei dem alle Fäden zusammenlaufen. Jesus ist der Stützpunkt, der Freude und Geborgenheit gibt, trotz Knast und Frust. Jesus ist der Orientierungspunkt bei allen offenen Fragen. Auf ihn ist die Hoffnung gerichtet (V.24). Das christliche Beziehungsnetz ist kein Selbstzweck. Es ist kein Kuschelclub, wo man sich gegenseitig den Rücken krault. Es zielt darauf, Jesus zu dienen und seine Botschaft weiterzugeben.

Wie sieht dein Beziehungsnetz aus? Wer gehört dazu? Was oder wer ermutigt dich? Wo gibt es Enttäuschungen? Dient es Jesus und seiner Botschaft?

Das merke ich mir: _____

CHRISTSEIN IN LEIDENSCHAFT

Philipper 3,1-11

24 Mittwoch

Das Kapitel fängt mit der Freude an. Das ist typisch für den Philipperbrief. Allerdings ändert sich der Ton ganz schnell. Paulus eröffnet eine Front und verwendet scharfe Worte. Warum wird Paulus hier so leidenschaftlich, so kämpferisch und radikal?

Offensichtlich steht viel auf dem Spiel. Genauer gesagt: alles. Seine Gegner sind Leute, die für Nichtjuden zusätzlich zum Glauben an Jesus auch noch das Einhalten der jüdischen Gebote, besonders die Beschneidung, verlangen. Aber wenn es um das Heil und das ewige Leben geht, dann gibt es nur eine Möglichkeit: Jesus allein, der Glaube allein, seine Gnade allein. Wenn ich den Glauben an Jesus mit anderen, eigenen Vorzügen anreichern will, verliere ich alles. Was bringst du an vermeintlichen Vorteilen mit, wenn du zu Gott kommst?

Mit was könntest du „punkten"? Christliche Kinderstube, Ansehen, Kompetenz, Engagement, gute Grundsätze? Das alles sind keine schlechten Dinge. Im Gegenteil. Es sind wertvolle Dinge, für die du dankbar sein kannst. Aber wenn du damit Gott beeindrucken möchtest, verwandeln sie sich in Dreck. Jesus allein muss dein leidenschaftlicher Gewinn sein.

Das merke ich mir: _____

CHRISTSEIN AUF DER ZIELGERADEN

Philipper 3,12-21

25 Donnerstag

Mancher lebt sein Christsein wie einen gemütlichen Spaziergang oder eine spirituelle Shoppingtour (V.19). Paulus sieht das kritisch. Christsein ist ein Wettlauf, und um das Ziel musst du kämpfen. Aber das lohnt sich. Denn dieses Ziel ist — im wahrsten Sinne des Wortes — unvorstellbar großartig, auch wenn unsere Vorstellung davon an ihre Grenze stößt. Wir dürfen an Gottes neuer Welt teilhaben und ungebrochene Gemeinschaft mit Jesus haben. Wir werden vollkommen sein und die Herrlichkeit Gottes am eigenen Leib erfahren (V.14f.21). Noch sind wir nicht dort, aber das Wichtigste gilt schon hier und jetzt: Wenn du zu Jesus gehörst, dann hast du schon gesiegt, dann läufst du mit dem Sieg im Rücken; dann wurdest du schon von Jesus gepackt und wirst von ihm gezogen (V.12); dann bist du jetzt schon ein Bürger des Himmels (V.20), mit den Rechten, die dazu gehören. Paulus blutet das Herz, weil viele von diesem Weg abgebogen sind und am Ziel vorbeilaufen (V.18f.).

Nehmen wir heute das Ziel neu in den Blick, lassen wir uns nicht von der Vergangenheit festhalten und blockieren (V.13), sondern von Jesus ergreifen. Worin besteht dein Kampf? Halte heute an Jesus fest!

Das merke ich mir: _____

Mai

Freitag 26 — CHRISTSEIN IM ADVENT

Philipper 4,1-9

Auch wenn es auf den ersten Blick vielleicht nicht so aussieht: Dieser Abschnitt ist ein Adventstext. In der Mitte stehen die vier Worte: „Der Herr ist nahe!" Jesus kommt. Er will in unserem Leben ankommen. Diese Botschaft ist der Schlüssel für den ganzen Text. Weil Jesus nah ist und da ist, deshalb ist Versöhnung auch zwischen den beiden Streithühnern Evodia und Syntyche möglich (V.2f.). Weil Jesus nahe ist, darum gibt es echten Grund zur Freude (V.4). Das ist so wichtig, dass Paulus es wiederholt. Freude ist für Christen kein Luxus, sondern unverzichtbares Wesensmerkmal. Dass Jesus nahe ist, das sollen die Menschen um uns herum an unserer Freundlichkeit und Großzügigkeit merken (V.5). Weil Jesus nahe ist, können wir uns die Sorgen komplett sparen (V.6a). Stattdessen können wir ständig mit allem zu ihm kommen und dürfen dabei das Danken nicht vergessen.

Für Christen gibt es keine Situation, in der es nicht auch etwas zu danken gibt — selbst, wenn das vielleicht schwerfällt (V.6). Dass Jesus nahe ist, das darf sich wie ein roter Faden durch dein ganzes Leben ziehen (V.8). Wenn du im Advent der Nähe Jesu lebst, wird sich Gottes Frieden bei dir ausbreiten (V.7).

Das merke ich mir: _____

_____

Samstag 27 — CHRISTSEIN IM NEHMEN UND GEBEN

Philipper 4,10-23

Paulus lässt sich nicht unbedingt leicht beschenken (Apg 20,33f.; 1. Kor 9,14ff.). Bei seinen Freunden aus Philippi ist das anders. Mit ihnen gab es von Anfang an ein lebendiges Geben und Nehmen. Hier, am Ende des Briefes, kommt Paulus zum eigentlichen Anlass: nämlich, sich ordentlich für die Gaben aus der Gemeinde zu bedanken. Dabei erfahren wir, dass Paulus bei aller Dankbarkeit das Geschenk gar nicht nötig gehabt hätte. Er hat gelernt, jede Situation aus Gottes Hand zu nehmen. Von Jesus bekommt er in jeder Lage, was er braucht. Selbst im Knast hat Paulus noch „mehr als genug" (V.18). Das macht Paulus unabhängig von Menschen. Trotzdem sind die Gaben und das Geben sehr wichtig. Denn diese „Investitionen" haben eine weitreichende Wirkung. Der eigentliche Nutznießer der Gaben ist gar nicht Paulus, sondern es sind die Philipper selbst. Die Schenker sind die wahren Beschenkten. Warum? Weil Geben seliger als Nehmen ist (Apg 20,35) und weil echte Großzügigkeit immer für den Geber selbst ein inneres Guthaben mit Zinsen schafft. In deiner Opferbereitschaft zeigt sich dein wahrer Reichtum, nämlich dein Reichtum bei Gott. Also: Lasst uns investieren und nicht knausrig sein.

Das merke ich mir: _____

_____

KW 22 bearbeitet von Lars Johannsen,
Landesreferent für Kinder- und Jugendarbeit
beim EC-Mecklenburg, 19055 Schwerin
E-Mail: lars.johannsen@ec-mecklenburg.de

HAPPY BIRTHDAY TO YOU
Psalm 118,1-14

Du hast gar nicht Geburtstag? Du kennst auch keinen? Heute ist der Geburtstag der Kirche. Was es da zu feiern gibt? 2023 Jahre ist doch erstmal ein stolzes Alter. 2023 bewegte Jahre, voller Höhen und Tiefen. Spannend finde ich, dass Gott trotz aller Fehler und Irrwege seine Kirche nicht aufgegeben hat, sondern weiter mit ihr unterwegs ist.

Das wird auch zu Beginn des Psalms deutlich: Gott ist gut und seine Güte bleibt für immer bestehen. Für immer klingt erstmal ungewöhnlich. Wir leben in einer Welt, in der nichts von Dauer ist. Man streitet sich, geht auseinander, wenn etwas nicht funktioniert tauscht man es aus. Wenn jemand seine Aufgabe nicht hinbekommt, wird er gefeuert. Doch es ist eines der Wunder Gottes, dass er beständig ist und er sich nicht abwendet. Seine Güte bleibt ewig bestehen. In der Bibel zieht es sich wie ein roter Faden durch, dass Gott mit seinem Volk bzw. seiner Kirche unterwegs sein möchte. Dass es trotz aller Fehleranfälligkeit der Welt seine Art ist, in ihr zu handeln.

Trotz aller Fehler hat er sie nicht aufgegeben, sondern durch Gottes Güte ist jederzeit ein Neuanfang möglich. Ich möchte dich ermutigen, deiner Gemeinde/Kirche noch einmal eine Chance zu geben, besuche sie und erlebe dort Gottes große Güte.

Das merke ich mir: _____

_____

_____

MONATSSPRUCH JUNI

GOTT GEBE DIR VOM TAU DES HIMMELS UND VOM FETT DER ERDE UND KORN UND WEIN DIE FÜLLE.
1. Mose 27,28

Du bist ein Gott, der mich sieht.
Gen 16,13

Gott sieht mich. Mit allen Ecken und Kanten. Er schaut nicht weg, wendet sich nicht ab. Sondern sieht mich, wie ich bin, und dass ich ihn brauche.

Lars Johannsen

WOCHENSPRUCH

Es soll nicht durch Heer oder Kraft, sondern durch meinen Geist geschehen, spricht der Herr Zebaoth.
Sacharja 4,6

29 GUCK MAL, WER DA SPRICHT

Pfingstmontag — Psalm 118,15-29

Heute ist frei. Es ist Pfingstmontag. Pfingsten macht deutlich, dass sich Gott nicht aufhalten lässt. Der Tod konnte Jesus nicht aufhalten und auch nach seiner Himmelfahrt ist nicht alles zu Ende. An Pfingsten wird die Welt mit dem Heiligen Geist ausgestattet. Dieser ist ein Tröster und ein Vermittler zwischen uns und Gott. Denn zu Gottes Plan gehört es, dass alle Menschen davon erfahren, dass Jesus derjenige ist, auf den es eigentlich ankommt (V.22). Ein Eckstein war in den damaligen Gebäuden der wichtigste Stein. Danach wurden alle anderen Steine ausgerichtet, er hielt im Grunde das ganze Gebäude zusammen. Jesus schien manchen ungeeignet und sie wollten ihn lieber tot sehen. Doch durch seinen Tod am Kreuz wurde er der Eckstein für unseren Glauben. Allein dadurch gibt es das Ewige Leben. Der Heilige Geist bewirkt, dass wir begreifen können, wie großartig das eigentlich ist. Außerdem bewirkt er, dass Vers 17 Wirklichkeit wird: Ich werde erzählen, was der Herr getan hat. Ohne den Heiligen Geist wüsste ich nicht, was ich sagen sollte. Mir würde der Mut fehlen, in Situationen davon zu erzählen, was ich glaube. Deswegen bitte Gott heute, dass er dir den Heiligen Geist schenkt und so durch dich zu anderen spricht.

Das merke ich mir: _____

_____

30 DIESER WEG WIRD KEIN LEICHTER SEIN

Dienstag — 1. Mose 24,1-28

Heute geht es um die älteste biblische Hochzeitsgeschichte. Doch warum macht Abraham die Sache so kompliziert? Warum zieht nicht er oder sein Sohn auf Brautschau? Warum wird überhaupt innerhalb der Familie nach einer Frau gesucht? Abraham betont (V.3.6.8), wieso es so sein muss. Die Brautsuche für seinen Sohn ist für Abraham mit einem Herzensanliegen verbunden: den Glauben an die nächste Generation weiterzugeben. Ohne dass er sich vermischt oder der Sohn im anderen Land bleibt. Deshalb steht der Knecht nun vor einer schwierigen Aufgabe: Wie soll er das anstellen? Abraham ist völlig klar, dass er es ohne Gott nicht schaffen wird. Er erinnert noch einmal an Gottes Versprechen. Der Knecht zieht nicht allein, sondern ein Engel begleitet ihn. Gott selbst setzt sich dafür ein, dass dieser Plan gelingt, es ist schließlich sein eigener Plan und die Erfüllung seines Versprechens. Tatsächlich findet der Knecht eine Verwandte von Abraham und wird zu ihrer Familie geführt. Mit Gott sind Dinge möglich, die eigentlich unmöglich scheinen. Was liegt in dieser Woche bei dir an, das eigentlich unmöglich ist? Bitte Gott, dass er das Unmögliche möglich macht. Er wird dich nicht enttäuschen und den Weg leichtmachen.

Das merke ich mir: _____

_____

GOTT KANN DICH HÖREN

1. Mose 24,29-49

Mittwoch 31

Abrahams Knecht erinnert sich: Er betet und noch bevor sein Gebet beendet ist, kommt Rebekka zu ihm. Die ganze Geschichte scheint unwahrscheinlich. In einem fremden Land eine Person zu finden, über die man nichts weiß, die dann zu jemandem mitkommt, über den sie nichts weiß. Es scheint unmöglich, trotzdem passiert es. Ich merke immer wieder, dass Gott und Gebet anders funktionieren, als ich denke. Er ist kein Automat: Ich bete und dann passiert es. Gott funktioniert anders, als wir Menschen es uns menschlich erklären können. Gott hört Gebete, daran glaube ich ganz fest. Doch er erhört sie häufig anders, als ich es erwartet habe. Immer wieder merke ich erst nach Monaten, dass Gott eines meiner Gebete erfüllt hat. Manchmal merke ich auch, dass es im Nachhinein anders gekommen ist, als ich gebetet habe, aber es nun viel besser ist. Gott können wir durch unsere Gebete nicht erpressen, als wäre er daran gebunden. Gott hört dich und er handelt auch in dieser Welt, die Frage ist, ob du es als sein Handeln sehen kannst. Es gibt kein Gebet, das zu unbedeutend oder zu groß ist. Schreibe dir in dieser Woche einmal deine Gebete auf. Überprüfe später, welche Gebete Gott wie erfüllt hat. Es werden mehr sein, als du im ersten Moment gedacht hast.

Das merke ich mir: _____

_____

ABER WAS IST MEIN SEGEN ...?

1. Mose 24,50-67

Donnerstag 1

Rebekka darf entscheiden, ob sie die Reise ins Ungewisse antreten möchte. Für die damalige Zeit schon eher untypisch. Ihre Familie lässt sie ziehen, doch nicht bevor sie von ihr gesegnet wird. Sie soll Mutter von vielen Tausenden werden und die Nachkommen sollen Festungen erobern. Der Segen am Sonntag hört sich etwas anders an. Aber was ist Segen eigentlich? Das Wort „segnen" kommt aus dem Lateinischen und bedeutet so viel wie Gutes (zu) sagen oder Gutes wünschen. Ist der Segen also eine freundliche Geste oder gar ein Zauberspruch? Natürlich nicht! Es ist auch nicht das Versprechen, dass alles von jetzt an gut läuft. Es ist das Versprechen, dass Gott mitgeht und ins Leben eingreift. Der Segen ist ein spürbarer Zuspruch, der stark und mutig macht. Der Segen steht am Ende jedes Gottesdienstes, weil wir ohne Gott und seine Hilfe die Woche nur schwer überstehen können. Der Segen, den Abraham von Gott zugesprochen bekommen hat, war: Ich will dich segnen und du sollst ein Segen sein (1. Mose 12,2). Dies gilt auch dir. Gott verspricht dir, diesen Tag, diese Woche, diesen Monat bei dir zu sein und dir beizustehen. Gleichzeitig ermutigt er dich, selbst Segen zu sein. Überlege doch einmal, in welcher Situation du heute für andere ein Segen sein kannst.

Das merke ich mir: _____

_____

2 ... ABER WAS IST ES MIR WERT?

Freitag

1. Mose 25,19-34

Gottes Versprechen an Abraham setzt sich in der Familie von Isaak fort. Abraham hatte dafür gesorgt und alle anderen Kinder weggeschickt bzw. für sie vorgesorgt. Bei Isaak ist die Familiensituation etwas komplizierter. Er bekommt Zwillinge und schon vor der Geburt streiten sich die beiden im Bauch ihrer Mutter. Später haben die Eltern jeweils ihr Lieblingskind und somit einen Favoriten für das Erbe. Esau als ältester Sohn und Liebling des Vaters hat die besten Aussichten. Das Recht ist auf seiner Seite, doch Jakob gibt nicht auf. Er nutzt einen Schwächemoment seines Bruders aus und kauft ihm das Erstgeburtsrecht für einen Teller Suppe ab. Esau ist so hungrig, dass er darauf eingeht. Er wird wieder hungrig werden, aber in dem Moment ist es ihm das Erbe wert. Entweder weil die Suppe ihm so viel oder das Erbe ihm so wenig wert ist. Gottes Segen ist notwendig und wertvoll, das Erbe des Vaters immerhin ein ganzes Land. Alles aufgegeben für einen Teller Suppe? Hoffentlich war sie wenigstens lecker. Hättest du genauso gehandelt? Suppe für Erbe? Was sind dir Gott und sein Segen wert? Wofür würdest du sie eintauschen? Entscheide dich bewusst für Gott und seinen Segen — er ist unendlich wertvoll und unendlich viel wert.

Das merke ich mir: _____
_____

3 EIN GESEGNETER SCHLAWINER

Samstag

1. Mose 27,1-29

Das Spannende an dieser Geschichte finde ich, dass Jakob den Segen im Grunde unrechtmäßig erhält, ihn aber trotzdem behalten darf. Gott hat von Anfang an gewusst, dass es so kommen wird (1. Mose 25,23). Er hat es jedoch weder verhindert noch besonders darauf hingewirkt. Gott weiß, was Jakob für einer ist — ein Lügner und Betrüger. Er weiß, was für ein Konflikt sich zwischen den beiden Brüdern aufbauen wird und trotzdem kommt es so, wie es kommen soll. Jakob ist Teil von Gottes Segenslinie und Urvater des Volkes Israel. Ich glaube, dass der Kern der Geschichte ist, dass Jakob Angst hat, zu kurz zu kommen. Er erschwindelt sich den Segen, damit Gott ihn nicht übergeht. Doch Gott sorgt für ihn, immer wieder neu. Er kommt nicht zu kurz und sein Bruder auch nicht. Hat er daraus gelernt? Jakob zumindest hat an seinem Lebensende all seine Söhne gesegnet. Für jeden gab es einen besonderen Zuspruch Gottes. Doch auch er hatte einen Lieblingssohn. Dieser musste unter seinen Geschwistern leiden, doch Gott setzte seinen Plan und Segen über ihn fort. Gott verspricht, dich zu versorgen. Gib ihm deine Sorgen ab. Du kommst nicht zu kurz. Am Ende setzen sich immer Gottes Plan und sein Segen durch, auch für dich.

Das merke ich mir: _____
_____

KW 23 bearbeitet von Steffi Pfalzer,
Programmleitung BORN-Verlag, 34134 Kassel
E-Mail: steffi.pfalzer@bornverlag.de

LOB DURCH UND DURCH
Psalm 113

Der Psalm 113 ist ein Lobpsalm durch und durch. Da redet einer mit Gott und über Gott, der total ergriffen ist von ihm und seiner Größe. – Wie geht es dir, wenn du diese Zeilen heute liest? Hast du das Bedürfnis mit einzustimmen in das Lob oder ist dir das zu viel des Guten, weil du selbst gar keinen Grund vor Augen hast, Gott zu loben? Wir wissen nicht, in welcher persönlichen Situation sich der Psalmbeter befunden hat, als er diesen Psalm verfasste. Vielleicht ging es ihm super gut und er konnte Gottes Spuren in seinem Leben reichlich sehen und war dafür dankbar. Vielleicht ging es ihm aber auch nicht so gut und er lobt Gott trotzdem, weil er den Blick weg von sich, hin zum großen Ganzen wenden möchte. – Und vielleicht ist genau das das Besondere am Lob Gottes: Es funktioniert unabhängig davon, wie mein eigenes Leben gerade aussieht; unabhängig davon, ob ich selbst glücklich und zufrieden bin. ABER: Gerade dann, wenn es mir nicht so gut geht, kann es unheimlich hilfreich und entlastend sein, mir bewusst Dinge vor Augen zu malen, wofür ich Gott loben kann und das dann auch zu tun. Manchmal ändert sich so die Blickrichtung und ich schaue durch die Größe Gottes hindurch wieder ganz anders auf mein kleines Leben …
Probier es aus!

Das merke ich mir: _____

_____

_____

WOCHENSPRUCH
Die Gnade unseres Herrn Jesus Christus und die Liebe Gottes und die Gemeinschaft des Heiligen Geistes sei mit euch allen.
2. Korinther 13,13

Sonntag 4

Lied: FJ5! Nr. 106

Du bist ein Gott, der mich sieht.
Gen 16,13

Was für ein Gott!
Er hat mich im Blick!
Steffi Pfalzer

5 MEHR ALS NUR EIN PAAR NETTE WORTE   1. Mose 27,30-40

Montag

„Esau, jetzt stell dich mal nicht so an! Das sind doch nur ein paar nette Worte, die dir da flöten gegangen sind!", möchte man hier fast reagieren. Doch stimmt das wirklich? Um was geht es hier eigentlich, das Esau so sehr verzweifeln lässt und seinen Vater Isaak todtraurig macht? Es geht um den Erstgeburtssegen. Und dieser meint die Zuwendung göttlichen Heils an einen Menschen. Ja, mehr noch. Dieser besondere Segen gilt nicht nur für den Gesegneten selbst, sondern durch ihn kann auch das Umfeld des Gesegneten etwas abbekommen von dem Guten, was Gott darin verspricht. Wenn Gott spricht, dann geschieht es (vgl. die Schöpfungsgeschichte). Segen bedeutet nicht nur Wort, sondern auch Tat. Und dieser Erstgeburtssegen, der war eben nur einmal vorhanden, den konnte man nicht einfach nochmal vergeben. Die Zeiten des Erstgeburtssegens sind vorbei, aber den Segen Gottes gibt es noch. Für mich bedeutet Segen, mein Leben bewusst Gott anzuvertrauen, mir zusprechen zu lassen, dass ER es gut macht mit mir, dass ER mitgeht und mir Gut(es) tut! Welche Bedeutung hat der Segen Gottes in deinem Leben? Vielleicht magst du dir heute einen Menschen deines Vertrauens suchen und dir von ihm (wieder) einmal bewusst den Segen Gottes zusprechen lassen!?

Das merke ich mir: _____

6 UND WO IST DER SEGEN?   1. Mose 27,41 — 28,9

Dienstag

Da soll nochmal einer sagen: Früher war alles besser ... Was für eine Familie! Langweilig wird es hier nicht. Esau ist nach der Aktion mit dem geklauten Segen stinksauer auf seinen Bruder und möchte ihn am liebsten umbringen. Das bekommt Rebekka mit und entwickelt einen Plan, um das Lieblingssöhnchen in Sicherheit zu bringen. Die Familie bricht endgültig auseinander, auch wenn Sohn 1 immerhin noch versucht, es seinem Vater mit der Heirat recht zu machen (V.8.9). Mutter und Sohn 2 müssen sich auf jeden Fall voneinander verabschieden. Und wo ist jetzt bei all dem der versprochene Segen? Isaak gibt Jakob den Segen mit auf den Weg und auch den Erstgeburtssegen hatte er ja schon zugesprochen bekommen. Von dem ganzen Segen wird Jakob an diesem Punkt seines Lebens aber sicher nichts gespürt haben. Dennoch, er konnte losziehen mit der Gewissheit: Gott geht mit! Auch wenn es ein Aufbruch ins Ungewisse war, eines war gewiss: Die Zuwendung Gottes würde ihn begleiten — ob gerade spürbar oder nicht! Und vielleicht bedeutet es genau das, gesegnet durchs Leben zu gehen: mir gewiss zu sein, dass die Zuwendung Gottes mich begleitet, auch wenn ich es gerade nicht spüren und erleben kann! In diesem Sinne: Geh gesegnet durch deinen Tag!

Das merke ich mir: _____

VOM BETRÜGER ZUM GOTTESBEGEGNER

1. Mose 28,10-22

Was für eine Nacht! Ca. 1200 km hat Jakob vor sich, eine Wanderung ins Ungewisse. Er weiß nur, dass die Verwandtschaft dort wohnt und er sich in der Fremde eine Frau suchen soll. Doch wie werden sie ihn aufnehmen? Wird er heil dort ankommen? Und was ist, wenn sein Bruder ihn doch noch irgendwie aufspürt und umbringt? Fragen über Fragen werden den Jakob begleitet haben, gepaart mit Unsicherheit, Angst, Zweifel und Mutlosigkeit. Und dann sowas! Gott stellt sich zu diesem gesegneten Betrüger und begegnet ihm im Traum. Plötzlich steht Gott selbst neben ihm und spricht mit ihm. Er stellt sich dem Jakob vor und gibt ihm eine Wahnsinnszusage: „Aus dir wird ein großes Volk werden, dass sich ausbreiten wird in alle Himmelsrichtungen. Und ich werde dich wieder zurückbringen — wohlbehalten und gesegnet!" Das ist dem Jakob eine Spur zu groß, er kann es nicht so recht glauben. Und doch gibt auch er an dieser Stelle ein Versprechen: Wenn er hat, was er zum Leben braucht und Gott ihn wieder zurückbringt, dann verpflichtet er sich diesem Gott! — Und plötzlich werden sich die Reisebegleiter geändert haben: Aus Unsicherheit, Angst und Zweifel werden Mut, Gottvertrauen und Zuversicht. — Wer oder was soll dich heute durch deinen Tag begleiten?

Das merke ich mir: _____

_____

VORBEREITETE VERHÄLTNISSE

1. Mose 29,1-14a

Viele Wochen lang ist Jakob unterwegs. Von seiner Reise erfahren wir nach der Gottesbegegnung nichts mehr. Wie mag es ihm wohl ergangen sein? Kurz vor Ankunft im fernen Land macht er Rast an einem Brunnen und hört sich schon mal etwas um. Besonders gesprächig sind die Hirten zwar nicht, aber immerhin gerät Jakob an die richtigen Leute: Laban ist bekannt. Und dann kommt da sogar noch Rahel, seine Cousine, vorbei und somit hat sich auch die Frage geklärt, wie Jakob seine Verwandtschaft in dem fremden Land überhaupt finden soll. Nachdem er hilfsbereit und sofort mit anpackt, trifft auch sein Onkel Laban ein und Jakob wird mit offenen Armen empfangen — Gott stellt Jakob mitten in eine neue Familie hinein. Erleichtert und überwältigt bricht Jakob in Tränen aus und eine große Last scheint von ihm abzufallen — verständlicherweise. Gott hatte dem Jakob versprochen, dass er mitgeht, dass er ihn begleitet und nicht allein lässt. Und genau das tut Gott. Jakob kommt in vorbereitete Verhältnisse und die Handschrift Gottes wird sichtbar. Gott hält sich an den versprochenen Segen Jakob gegenüber — und das fasziniert mich! Wo entdeckst du heute Gottes Fürsorge über dir und deinem Leben? Halte doch mal bewusst Augen und Ohren dafür offen!

Das merke ich mir: _____

_____

9 VOM BETRÜGER ZUM BETROGENEN

1. Mose 29,14b-30

Freitag

Wie war das? Laban ist der Bruder von Rebekka – da scheint die Betrügerei wohl in den Genen der Familie zu liegen ... Von einem, der seinen Bruder betrügt, wird Jakob nun selbst zum Betrogenen. Da bietet er von sich aus an, sieben Jahre für seine Lieblingsfrau zu arbeiten, weil er sonst keinen Brautpreis zahlen kann, doch das genügt dem Laban nicht. Hinterhältig schiebt er Jakob erstmal seine ältere Tochter Lea unter, damit auch die unter der Haube ist und er nicht Gefahr laufen muss, niemanden Heiratsfähiges mehr für sie zu finden. Wie gemein!! Allen drei Menschen gegenüber, die den Betrug schließlich ausbaden müssen. So geht man weder mit seinen Töchtern noch mit seinem Neffen um! Und Jakob? Der fügt sich, seine Rache kommt dann später (1. Mose 30,25-43). Zumindest konnte er nach seiner Hochzeitsnacht wahrscheinlich ungefähr nachempfinden, wie sich sein Bruder Esau gefühlt haben muss, nachdem Jakob ihm den Erstgeburtssegen abspenstig gemacht hatte. Ob es das gebraucht hat? Ob das ein Meilenstein war, der später zur Versöhnung der Brüder seinen Anteil beigetragen hat? Wir wissen es nicht. Aber eins ist (immer noch) sicher: Gott hat Jakob im Blick und begleitet ihn, auch durch die Zeit der Entbehrung und des Wartens hindurch.

Das merke ich mir: _____

_____

10 GOTT SPRICHT WIEDER

1. Mose 31,1-7.14-32

Samstag

Nach 20 Jahren in der Fremde packt Jakob seine Sachen und macht sich auf den Heimweg. Die Atmosphäre in der Familie Labans ist angespannt, aber der wichtigste Grund: Gott spricht und bittet Jakob, wieder loszuziehen. – Und ER verspricht: Ich werde mit dir sein! Wenn uns die biblischen Berichte nicht eine weitere Begegnung zwischen Gott und Jakob unterschlagen haben, dann ist es ca. 20 Jahre her, dass Gott zum letzten Mal zu Jakob gesprochen hat (1. Mose 28,12ff.). 20 Jahre Funkstille, 20 Jahre klammern an die Zusage, die Gott gegeben hatte und darauf vertrauen, dass er sie umsetzt. Das war sicher nicht immer leicht, besonders in den schwierigen Phasen, wie dem Heiratsbetrug (1. Mose 29) oder den dauernden Lohnverhandlungen mit Laban (1. Mose 30,25ff.). Doch jetzt im Rückblick sind die Segensspuren Gottes sichtbar: Allein ist Jakob in das fremde Land gekommen, mit zwei Frauen, vielen Kindern und jeder Menge Vieh tritt er die Heimreise an. – Gott hat gesegnet! Auch wir kennen solche Phasen des Durchhaltens, des Aushaltenmüssens, des Festklammerns an die Zusagen Gottes, dass er mitgeht, wenn auch nicht immer spürbar. Anhand des Jakob können wir sehen, dass Gott segnet und dass er eingreift, spätestens rechtzeitig!

Das merke ich mir: _____

_____

KW 24 bearbeitet von Christian Hoenemann,
Vikar, 34134 Kassel
E-Mail: Christian.Hoenemann@ekkw.de

WOCHENSPRUCH
Wer euch hört, der hört mich; und wer euch verachtet, der verachtet mich.
Lukas 10,16a

KING OF THE RING
Psalm 34

„Suche den Frieden und setze dich dafür ein!" (V.15b) Luther übersetzte „... und jage ihm nach!" So, als ob der Frieden ständig auf der Flucht wäre. Jeder will ihn packen, sich „am Leben freuen und seine Tage im Glück zubringen" (V.13). Aber wer kann denn wirklich sagen, dass es in seinem Umfeld nur friedlich und harmonisch zuginge? Oder wer ist „zu-Frieden" mit sich selbst und scheitert nicht immer wieder am eigenen Anspruch? Unser Psalmbeter hat zu tun mit Angst (V.5), Not (V.7), Lug und Betrug (V.14), Verzweiflung (V.19) und Schuld (V.22). Wenn nicht „von David" in der Überschrift stände, könnte ihn von den Themen her genauso gut Jakob geschrieben haben. Er begleitet uns weiter in den nächsten Tagen. Er wünscht sich Frieden, aber ringt zugleich mit sich, mit andern und mit Gott! Erst nach seinem Tod steht die Erkenntnis, dass Gott letztlich doch alles zum Guten gewendet hat (1. Mose 50,15-21). Der Psalmbeter dagegen feiert jetzt schon (V.2ff.), weil er weiß: Gott macht es gut, auch wenn aktuell noch nicht alles super ist (V.20). Wenn er doch an unserer Seite ist, warum dann kapitulieren? Wo drohst du zu resignieren und das Jagen und Ringen um das Gute, „Friede-volle" aufzugeben? Tu es nicht! Steig wieder in den Ring, so wie Jakob!

Das merke ich mir: _____

_____

_____

Du bist ein Gott, der mich sieht.
Gen 16,13

Oh, Gott, echt? Dann ist der Gedanke „Wenn ich dich nicht seh, siehst du mich nicht" ja Käse! Wie komme ich da in „zweifelhaften Zeiten" bloß immer wieder drauf?
Christian Hoenemann

12 RINGEN MIT MEINER MASCHE 1. Mose 31,33-54

Montag

Ring frei für die erste Runde! — Gott hatte Jakob zum Aufbruch aufgefordert (V.3). Jakob ging gern, schließlich hatte Laban ihn ständig über den Tisch gezogen (V.38-41). Immer heimlich und mit List und Tücke — so machte es Laban, so machte es Rahel (V.34). Eigentlich war das auch stets Jakobs Masche gewesen. Doch Laban und seine Familie hatten diese Methode perfektioniert! Aber: Gebracht hatte es Laban letztlich nichts, außer Streit und Probleme. Gott sorgt dafür, dass Jakob bekommt, was ihm zusteht (V.42). Hat Jakob etwas daraus gelernt und seine falsche Taktik geändert? Falls Jakob mit dem inneren Schweinehund gerungen haben sollte, endlich mal Rückgrat zu beweisen — dann nicht besonders erfolgreich: Zack — fällt er auf die Nase und zurück ins alte Muster! Wie damals vor seinem Bruder (1. Mose 27,41-44) war er auch diesmal heimlich abgehauen (V.27), statt offen und erhobenen Hauptes zu gehen. Aber Gott sei Dank (V.29): Jakob bekommt jetzt die Chance, die Dinge mit Laban zu klären und versöhnt zu gehen (V.44). Ich behaupte: Jeder von uns hat eine Masche, die vermeintlich Erfolg verspricht, wie z. B. Angeberei, Perfektionismus, Geiz, Konfliktvermeidung usw.! Was ist deine? Ist es Zeit, dagegen zu ringen? Sprich mit Gott darüber.

Das merke ich mir: _____

13 RINGEN MIT MEINER ANGST 1. Mose 32,1-22

Dienstag

Gong für Runde zwei! — Die Angst baut sich bedrohlich vor Jakob auf und nimmt ihn gleich gehörig in den Schwitzkasten (V.8a)! Selbst schuld, er hätte seinen Bruder damals ja nicht betrügen müssen (1. Mose 27)! Jetzt zieht Esau ihm bedrohlich entgegen (V.7). Auch, wenn es Jakob nicht wirklich beruhigt, versucht er wie immer, heimlich zu tricksen: Damit es nicht gleich alle erwischt, teilt er seine Leute und sein Vieh in zwei Lager auf (V.8b-9). Wirklich entscheidend aber ist in diesem Text ein drittes Lager, das nur nebenbei erwähnt wird (V.3): Einige mysteriöse Gestalten erscheinen ganz kurz auf der Bildfläche und Jakob weiß plötzlich: „Hier ist Gottes Lager!" Übrigens: Später wird auch Josua in unsicherer Lage einem seltsamen Anführer einer unsichtbaren Armee begegnen (Jos 5,13-15). Und zur Zeit des Propheten Elischa wird dieses seltsame Heer sogar einmal kurz sichtbar werden (2. Kön 6,16f.). Es ist, als wenn Gott Jakob hier andeuten wollte: „Fürchte dich nicht, du hast mehr Beistand, als du denkst!" Daraufhin schickt Jakob mutig Boten zu Esau (V.4) und fleht bei aller Furcht zum Gott seiner Väter (V.10-13). Ein guter Hinweis auch für dich, falls du heute mit Angst und Sorgen ringst: Du hast mehr Beistand, als du denkst!

Das merke ich mir: _____

RINGEN MIT MEINEM GOTT
1. Mose 32,23-33

Verrückt: Gott selbst steigt mit Jakob in den Ring! Warum? Gab es hier etwas „auf die harte Tour" zu klären? Gott hatte Jakob bei seinem Aufbruch an sein Versprechen erinnert (1. Mose 31,13): „Wenn du mich wieder wohlbehalten nach Hause bringst, dann sollst du auch mein Gott sein!" (1. Mose 28,20f.). Bislang sprach Jakob weiter distanziert von dem „Gott meines Großvaters Abraham und dem Gott meines Vaters Isaak" (V.10, 1. Mose 31,5.42.53). Hatte Gott nicht Schuld, dass er immer nur der Zweitgeborene war (1. Mose 25,14-34)? Nun steht Jakob am Jabbok auf der Schwelle zu seinem Heimatland und die Frage ist noch offen: „Jakob, darf ich dein Gott sein?" — Gott ringt um Jakob! Dabei hat Jakob irgendwoher solche Superkräfte, dass er mit Gott mithalten kann. Es ist, als wenn Gott selbst zugleich auch auf seiner Seite mitkämpfen würde! Noch verrückter (V.29f.): Er lässt Jakob am Ende sogar den Triumph. Und den Segen! Macht es Gott gar nichts aus, wie der Verlierer auszusehen? Offensichtlich hier nicht. An Karfreitag schon gar nicht (Mk 15,24-32). — Und Gott wird der Gott Jakobs (1. Mose 33,20)! Gibt es eine Frage, die du unbedingt mit Gott klären solltest? Er stellt sich deinen Zweifeln: „Komm, ring mit mir. Ich will, dass du gewinnst!"

Das merke ich mir: _____

RINGEN MIT MEINEM MISSTRAUEN
1. Mose 33,1-20

Alles steuert auf eins zu: den blutigen Bruderkampf! In der einen Ecke der muskelbepackte, bärige Esau mit seiner 400 Mann starken Fan-Base (V.1a) und in der anderen Ecke das mickrige, verängstigte Muttersöhnchen Jakob mit seiner Zwergenparade (V.2)! Schon rast der furiose Esau auf seinen chancenlosen Kontrahenten zu — allein beim Lesen möchte man schon den Kopf einziehen — uuuund fällt Jakob freudestrahlend um den Hals und verpasst ihm ein donnerndes Küsschen (V.4)! Jakob ist perplex: was für eine himmlische Reaktion seines Bruders (V.10)! Doch stattdessen wird Jakob nun von einem ganz anderen Gegner übel attackiert: seinem Misstrauen! Er bleibt seinem eigenen Bruder gegenüber bei „mein Herr" (V.13), drängt ihm die Geschenke auf (V.11) und ringt um Ausreden, um seine gute Begleitung ablehnen zu können (V.12-15). Wird der listige Jakob etwa die Angst nicht los, selbst überlistet zu werden? Dabei hatte er doch in Esau sogar das „Angesicht Gottes" erkannt (V.10)! Er sieht zwar in Gott jetzt endlich auch seinen guten Gott, den Gott Israels (V.20; 1. Mose 32,29). Aber zu viel Gutes erscheint ihm wohl unheimlich. Ist Gott etwa noch besser als gedacht? Ja. Das ist er wohl! Kannst du glauben, dass Gott dir in Jesus alles schenkt?

Das merke ich mir: _____

16 RINGEN MIT MEINER HERKUNFT

Freitag   **1. Mose 37,1-11**

Gong. Kondition ist gefragt. Runde Nummer fünf steht an! Jakob hat im Ringen mit sich und seinem Gott vieles überwinden können. Doch manche unangenehmen Kletten mögen zwar schon uralt sein, aber das sind so zähe Burschen, die kriegst du kaum abgeschüttelt. Ganze Generationen haben sie im Klammergriff. Schon Jakob selbst hatte sicherlich als Kind darunter gelitten, dass sein Vater Isaak seinen Bruder lieber mochte als ihn (1. Mose 25,28). Diese dumme Ungleichbehandlung hatte über Jahrzehnte einen tiefen Riss durch die ganze Familie verursacht! Jetzt war Jakob selbst Vater und man sollte meinen, dass er es besser macht! Vielleicht hatte er es sich ja sogar vorgenommen: „Diesen Fehler meiner Eltern werde ich ganz bestimmt niemals wiederholen!" Und dann geschieht genau das: Jakob liebt Josef mehr als seine anderen Kinder und macht überhaupt kein Geheimnis daraus (V.3). Die Folgen sind Hochmut und Hass unter den Geschwistern. Was haben deine Eltern dir an guten, was an schlechten Verhaltensweisen „vererbt"? (Vielleicht kannst du dich ja sogar mit deinen Eltern darüber austauschen.) Was willst (oder wolltest) du genauso, was auf jeden Fall anders machen?

Das merke ich mir: _____

_____

17 RINGEN MIT MEINER VORBILDFUNKTION

Samstag   **1. Mose 37,12-36**

Tja, heute hätte ich ja gern statt einer sechsten Runde Jakobs große Siegesparty ausgerufen und mit „und Jakob lebte glücklich bis an sein Lebensende" die Woche abgeschlossen! – Tut mir leid: Solange wir hier auf der Erde sind, wird es immer etwas geben, mit dem wir zu ringen haben! Während es gestern um Jakobs Eltern ging, geht es heute um seine Kinder, die sich offensichtlich einiges bei ihm abgeschaut haben. Jakob selbst hatte damals seinen alten, blinden Vater Isaak betrogen (1. Mose 27). Nun machen es ihm wiederum seine Kinder nach und betrügen ihn! Nur sind sie dabei leider noch sehr viel härter und vor allem gewaltbereiter als er (V.18-24; siehe auch 1. Mose 34,20-31). Jetzt erntet der arme Jakob, was er irgendwann einmal selbst gesät hat! Schrecklich, was die Geschwister ihrem Vater und ihrem Bruder Josef antun (V.31-35)! Oft sind wir Vorbild, ohne dass wir es wollen oder davon wüssten! Was möchtest du, dass sich deine Kinder einmal von dir abgeschaut haben werden? Gibst du selbst der jüngeren Generation etwas Sinnvolles weiter? Aufgabe für heute: Tue einem Menschen, der deutlich jünger ist als du, etwas Gutes! Und dann bete für ihn und die nächste Generation!

Das merke ich mir: _____

_____

KW 25 bearbeitet von
Matthias und Marie Engelhardt,
Mitarbeiter beim Dt. EC-Verband, Schulsozial-
arbeiterin, 34270 Schauenburg-Martinhagen
E-Mail: matthias.engelhardt@ec.de

WOCHENSPRUCH
Kommt her zu mir,
alle, die ihr mühselig
und beladen seid;
ich will euch erquicken.
Matthäus 11,28

Lied: FJ5! Nr. 3   Sonntag **18**

AUS DER ENGE IN DIE WEITE
Psalm 4

Bedrängt, verachtet, alleingelassen. Der Psalmbeter ruft Gott an, bittet ihn, sein Gebet zu erhören. Er wendet sich in seiner Not an den, von dem er weiß, dass er ihn aus der Enge in den weiten Raum bringen wird. „Wie lange noch?", ruft er seinen Feinden entgegen. Er klagt sie an und leidet dabei unter ihren Taten! Doch dann der Wendepunkt: „Wer zum Herrn gehört, dem hilft er wunderbar. Wenn ich zu ihm rufe, hört mich der Herr!" Ausgehend von dieser Erkenntnis wird aus Klage Ermahnung an seine Feinde, aus Bitte an Gott ein Loblied. Es wirkt, als ob der Psalmbeter genau das erfahren hat, wofür er gebetet hat: Gott führt ihn aus seiner Enge in die Weite. Eine Weite, die auf die Erkenntnis baut, dass allein Gott für die Sicherheit und den Frieden sorgt. Wo fühlst du dich gerade in die Enge getrieben, ausweglos, alleingelassen? Dieser Psalm erinnert: Gott führt von der Enge in die Weite. Er führt aus Ausweglosigkeit in Freiheit, aus Alleinsein in Gemeinschaft.

Wir müssen uns nur manchmal daran erinnern, wer Gott ist, dass er ein befreiender und in die Weite führender Gott ist. Wir dürfen ihm das Feld überlassen und auf ihn vertrauen.

Das merke ich mir: _____
_____
_____

Du bist ein Gott, der mich sieht.
Gen 16,13

Gott sieht mich,
er erkennt mich,
er schaut mich mit
liebendem und fürsorglichem Blick.
Eine unglaublich
kraftvolle Zusage!
Matthias Engelhardt

19 FROM ZERO TO HERO AND BACK TO ZERO
Montag   **1. Mose 39,1-23**

Was für ein Auf und Ab. Verraten und verkauft, befördert, beschämt, Gefängnis. Doch in allem, was Josef erlebt, zieht sich Gottes gutes Handeln wie ein roter Faden durch. Er macht ihn vom Sklaven zum Hausverwalter. Und selbst als Josef im Gefängnis war, heißt es: „Aber der Herr war mit Josef." Es ist beachtenswert, dass jemand, der Gott nicht kennt, bei Josef merkt, „dass der Herr mit Josef war". Darauf baut Potifar seine Entscheidung, ihn zum Hausverwalter zu machen. Selbst am zweiten Tiefpunkt der Geschichte erlebt Josef Gottes Güte und die Menschen um ihn herum bemerken Gottes Handeln. Paulus schreibt später in 2. Korinther 2,14f., dass von uns Christen ein Wohlgeruch Gottes ausgeht, den Menschen um uns herum bemerken. „Do you smell like Jesus?" Merken die Menschen in deinem Umfeld den Duft Gottes durch dich? Ich denke, das ist nichts, was wir von uns aus produzieren können. Es ist eher das Spiegel-Prinzip: Ein Spiegel ist kein Drucker. Er kann nur das zeigen und abbilden, was vor ihm steht. Genauso ist es, denke ich, mit uns Christen: Wenn wir Zeit mit Gott verbringen, eins mit ihm werden, werden wir seinen Duft und seinen Glanz annehmen und die Menschen werden merken: „Der Herr ist mit [hier deinen Namen einfügen]."

Das merke ich mir: _____
_____

20 GOTT SPRICHT.
Dienstag   **1. Mose 40,1-23**

Autsch, ich bin mir sicher, das hatte sich der Bäcker anders erhofft. Schließlich war die Auslegung für den Mundschenk ja durchaus positiv. Gott spricht zu ihm und dem Mundschenk. Ganz klar durch einen Traum. Er gibt ihnen Einblick in ihre Zukunft.

Gott spricht. Damals und auch heute noch. Die ganze Bibel hindurch erleben wir einen kommunizierenden Gott. Einen Gott, der seine Gedanken, seinen Willen und sein Wesen mit uns teilt. Mal in einer hörbaren Stimme, mal in Träumen, mal durch Engel und mal durch Visionen. Wie gut ist es, dann jemanden zu haben wie einen Josef, der aus der Nähe zu diesem Gott heraus sein Reden versteht.

Vielleicht kennst du auch so jemanden, so einen Josef, der eine besondere Nähe zu Gott hat und scheinbar einen besonderen Draht nach oben. Wie geht es dir mit dem Thema „Gottes Stimme hören?"

Nimm dir heute mal bewusst eine längere Zeit der Stille und etwas, um deine Gedanken und Eindrücke aufzuschreiben und lade Gott ein, hier und heute zu dir zu sprechen.

Das merke ich mir: _____
_____

VORSORGE

1. Mose 41,1-36

Mittwoch 21

Wieder begegnen wir einem Traum. Wieder hat es im weitesten Sinne etwas mit Nahrung zu tun. Und wieder steht der Träumer vor der Frage: „Was hat das alles zu bedeuten?" Wie gut, dass der Pharao jemanden kennt, der von Josef weiß. Und Josef erkennt mit Gottes Hilfe: Gott schenkt im Überfluss. Er weiß durch den Traum aber auch: Es werden Dürrezeiten kommen. Und er rät dem Pharao: Lagere den Überfluss ein. Den Überfluss, den Gott schenkt, soll er in Scheunen einlagern. Haben wir solche Glaubensscheunen für geistliche Dürrephasen? Für die Zeiten, in denen es uns nicht gut geht, in denen uns Zweifel plagen. Wo hast du deinen Überfluss gespeichert, deine guten Zeiten für die Dürrezeiten? Das Volk Israel denkt jedes Jahr am Passahfest daran, dass Gott sie aus der ägyptischen Sklaverei befreit hat. Solche Erinnerungsfeste durchziehen den jüdischen Kalender. Auch unser Kirchenjahr ist geprägt von der Erinnerung an Gottes Handeln in der Bibel. Aber nicht nur damals hat Gott an seinen Menschen gehandelt. Er handelt heute, hier und jetzt an uns. Wo und wie erinnerst du dich an die Überflusszeiten, an die guten Zeiten, an Gottes unendlich liebevolles Handeln an dir? Nimm dir heute 10 Minuten Zeit, um dich an Gottes Handeln an dir zu erinnern.

Das merke ich mir: _____

ERSTE SCHRITTE

1. Mose 41,37-57

Donnerstag 22

Josefs Auslegung scheint mächtig Eindruck auf den Pharao und seine Leute zu machen. Schließlich setzt der Pharao alles darauf, dass Josef recht hat. Er lässt sich von Josefs und dadurch auch Gottes Reden leiten und macht Josef zu seinem Stellvertreter. Dadurch sichert er das Überleben seines Volkes. Und nicht nur vom Gehorsam des Pharaos erfahren wir. Die gesamte Geschichte Josefs ist eine Geschichte des Gehorsams, des „Sich-von-Gott-leiten-Lassens". Im Brunnen, als Sklave in Potifars Haus, im Gefängnis, bei der Auslegung des Traums. Das hat Josef nicht immer direkt in die nächsthöhere Position gebracht. Aber er lässt sich von Gott führen. Schritt für Schritt. Sich von Gott führen zu lassen, ist teilweise ziemlich herausfordernd. Es bedeutet, auch wenn man nur die nächsten kleinen Schritte sieht, diese im tiefen Vertrauen zu gehen und sich dabei von Gott leiten zu lassen, ohne den Ausgang zu kennen. Gott ist aber nicht nur der Leitende. Er ist auch der Begleitende, der auf diesem unsicher scheinenden Weg nie von unserer Seite weicht. Er ist der Auffangende, der uns auffängt, wenn wir stolpern und trägt, wenn wir müde sind. Vor welchem Vertrauensschritt stehst du gerade, der dich herausfordert? Was brauchst du, um ihn zu gehen?

Das merke ich mir: _____

Juni

23 DAS BLATT HAT SICH GEWENDET
Freitag   **1. Mose 42,1-28**

Das ist die Chance! Nach langer Zeit steht Josef seinen Brüdern gegenüber. Er erinnert sich sehr genau an das, was sie ihm angetan haben. Der Schmerz sitzt tief. Aber die Situation ist nicht dieselbe wie damals, das Blatt hat sich gewendet. Josef ist jetzt in der völligen Machtposition. Seine Brüder werfen sich vor ihm nieder. In diesem Moment erfüllt sich, was Josef damals geträumt hat (1. Mose 37, 5ff.), weshalb sie ihn fast getötet haben. Das ist die perfekte Gelegenheit für Josef, er könnte sich zu erkennen geben und sich endlich für den Schmerz rächen. Seine Brüder sind ihm ausgeliefert. Ohne die lebensnotwendige Nahrung haben sie in der Hungersnot keine Chance. Er könnte sie als vermeintliche Spione töten lassen. Jetzt oder nie. Doch Josef entscheidet sich gegen die Rache. Der Grund? Seine Ehrfurcht vor Gott (V.18). Mit dieser Entscheidung legt er den Grundstein für eine Wendung seiner Familiengeschichte. Vermutlich haben wir alle schon einmal erlebt, dass wir von jemandem verletzt wurden. Oft liegt der Gedanke nahe, sich für die Verletzung zu rächen. Der andere soll den Schmerz genauso fühlen wie ich. Wie entscheidest du dich? Fällt dir eine Situation ein, in der es Zeit für eine Wendung in deiner Geschichte ist?

Das merke ich mir: _____

24 VERZWEIFLUNG UND VERHEISSUNG
Samstag   **1. Mose 42,29-38**

Jakobs Schmerz ist herzzerreißend. Für ihn bricht einmal mehr eine Welt zusammen. Nicht nur, dass seine Söhne in Bedrängnis sind, oder dass Simeon im Gefängnis sitzt. Nein, er wird gebeten, seinen jüngsten Sohn, den er am meisten liebt, ziehen zu lassen. Was, wenn Jakob wüsste, dass Josef lebt, dass er Simeon wiedersehen und dass Benjamin nichts geschehen wird? Was, wenn er wüsste, dass sein Volk in Ägypten zu einem großen Volk wird? Wenn er das nur ahnen würde! Würde er sich nicht sofort auf den Weg machen? Bestimmt. Das Vertrauen auf die Verheißungen hätte ihn von seiner Verzweiflung erlöst. Aber in seiner Verzweiflung sieht er nur, dass seine Söhne in einer verzwickten Lage sind, dass er vor langer Zeit seinen liebsten Sohn verloren hat – und auch bei Simeon hat er nicht mehr viel Hoffnung, ihn wiederzusehen. Verzweiflung oder Verheißung? Jakob versinkt in der Verzweiflung. Was würde passieren, wenn wir manchmal mehr auf die Verheißungen Gottes bauen würden? Wenn wir nicht auf das schauen, was direkt vor unseren Augen liegt, sondern auf das, was uns von Gott verheißen ist? Wo stehst du gerade vor einer ausweglosen Situation, einer Entscheidung, einer Zwickmühle? Und wofür entscheidest du dich? Verzweiflung oder Verheißung?

Das merke ich mir: _____

KW 26 bearbeitet von Pfarrer Cornelius Kuttler, Leiter des Evangelischen Jugendwerks in Württemberg, 70563 Stuttgart
E-Mail: cornelius.kuttler@ejwue.de

FEIERN, WAS GOTT GUTES TUT!
Psalm 103

Hier fordert jemand sich selbst auf: „Lobe den Herrn, meine Seele." Hört sich gut an: nicht jammern, sondern loben. Vor einigen Jahren ist ein Buch herausgekommen „Deutschland, einig Jammerland". Deutschen wird nachgesagt, dass sie mit nichts zufrieden sind. Da hört sich Psalm 103 nach einer positiveren Lebenseinstellung an. Aber ist das so einfach? Wenn wir z. B. das Gefühl haben, Gott ist weit weg.

Es gibt Erfahrungen, die uns nicht loben lassen, sondern traurig machen. „Vergiss nicht, was er dir Gutes getan hat" – dieser Satz aus Psalm 103 beeindruckt mich. Weil er mir sagt: Denk doch daran, dass Gott sich schon oft in dein Leben eingemischt hat, dass er dich nicht allein gelassen hat! Dieses Bibelwort ist so etwas wie ein Post-it für die Seele. So wie wir ein Post-it an den Kühlschrank heften oder eine Erinnerung im Handy einspeichern, damit wir etwas nicht vergessen: Denk dran, dass er dir deine Schuld vergibt. Denk dran, dass er dich mit Barmherzigkeit beschenkt. Psalm 103 ist für mich eine starke Ermutigung, darauf zu vertrauen: Gott kümmert sich um uns. Gerade dann ist er da, wenn wir vielleicht meinen, er hat uns vergessen. Und eines ist sicher: Er wird uns nie allein lassen. Darum: „Lobe den Herrn, meine Seele!".

Das merke ich mir: _____

MONATSSPRUCH JULI

JESUS CHRISTUS SPRICHT: LIEBT EURE FEINDE UND BETET FÜR DIE, DIE EUCH VERFOLGEN, DAMIT IHR KINDER EURES VATERS IM HIMMEL WERDET.
Matthäus 5,44-45

> Du bist ein Gott, der mich sieht.
> Gen 16,13

Die Bibel sagt: Gott sieht uns an. Nicht prüfend oder abschätzig, sondern mit liebevollen Augen. Und diese Augen der Liebe haben einen Namen: Jesus.
Pfr. Cornelius Kuttler

WOCHENSPRUCH
Der Menschensohn ist gekommen, zu suchen und selig zu machen, was verloren ist.
Lukas 19,10

Lied: FJ5! Nr. 111 Sonntag 25

26 DIE EINZIGE CHANCE

Montag   1. Mose 43,1-14

Es ist eine dramatische Szene: Entweder droht der Hungertod oder die Brüder nehmen Benjamin mit nach Ägypten. Was aber dann geschehen wird, weiß niemand. Immerhin wird ihr anderer Bruder Simeon schon als Geisel festgehalten. Es gibt Momente im Leben, in denen wir nicht wissen, was wir tun sollen. Wir müssen eine Entscheidung treffen, aber welche ist richtig? Und vielleicht denken wir: Wie ich es auch mache, ist es falsch. Die dramatische Geschichte um Josef und seine Brüder ist mehr als eine Family-Soap. Sie erzählt davon, wie Gott auf verborgene Weise Lebenswege führt durch alles hindurch, was wir falsch machen und wo wir schuldig werden. Jakob vertraut darauf, dass Gott seine Söhne begleitet (V.14). Was er nicht weiß: Der allmächtige Gott ist schon am Werk. Am Ende der Josefsgeschichte heißt es: Gott hatte den Plan, es gut werden zu lassen (1. Mose 50,20). Wenn wir nicht weiter wissen, ist Gott noch lange nicht am Ende. Manchmal ist es die einzige Chance, loszugehen und darauf zu vertrauen, dass Gott mitgeht und unser Leben auf geheimnisvolle Weise begleitet und führt. Wo fällt es dir schwer, darauf zu vertrauen, dass Gott bei dir ist? Vielleicht gibt es eine Person deines Vertrauens, mit der du darüber sprechen kannst.

Das merke ich mir: _____
_____

27 POKERFACE

Dienstag   1. Mose 43,15-34

Wirklich krass, wie cool Josef bleibt. Er setzt ein Pokerface auf und inszeniert eine perfekte Show. Doch ihm geht es nicht um Rache, sondern um Begegnung. Mich berührt der Moment, als er zum Weinen hinausgeht. Er ist vielleicht zerrissen zwischen seiner Zuneigung zu den Brüdern und seinem Schmerz über sie. Innen ist er lange nicht so cool, wie es nach außen hin scheint. Vielleicht kennen wir das auch: dass wir eine Last auf der Seele tragen, die sonst niemand kennt. Bei Josef kippt diese innere Last nicht in Hass oder Rache. Er zahlt nicht heim, sondern beschenkt seine Brüder. Entscheidend ist, dass er davon spricht: Gott hat seine Brüder beschenkt (V.23). Wahrscheinlich denken seine Brüder hier vor allem an das Geld, das in ihren Kornsäcken liegt, aber Josef meint noch mehr: Gott beschenkt die Brüder mit Josef, den sie verraten hatten. Es ist ein Wunder, wenn Gott aus unserem Schmerz Gutes entstehen lässt. Wenn wir vergeben können und nicht heimzahlen müssen. Wo tragen wir einen inneren Schmerz mit uns? Gott kennt unseren Schmerz und weiß, wo der Schmerz so groß ist, dass wir nicht vergeben können. Ein erster Schritt, mit unserem Schmerz umzugehen, könnte sein, Gott zu bitten: Komm du hinein in meinen Schmerz und verändere mich.

Das merke ich mir: _____
_____

VERÄNDERUNG

1. Mose 44,1-34

Mittwoch 28

Es ist erstaunlich, wie sich ein Mensch verändern kann. Juda steht ein für seinen Bruder Benjamin und würde an seiner Stelle als Sklave in Ägypten bleiben. Das sagt gerade er, der den Einfall gehabt hatte, Josef an die Sklavenhändler zu verkaufen (1. Mose 37,26). Was hat dazu geführt, dass Juda sich verändert? Juda hat wohl gemerkt, dass er einen schweren Fehler begangen hat. In Vers 16 sagt er: „Gott hat die Schuld deiner Knechte herausgefunden". Damit spielt er auf die alte Geschichte mit Josef an. Juda läuft vor seiner Schuld nicht davon, sondern stellt sich ihr. Wenn sich etwas zum Guten verändert, dann hat das oft damit zu tun, dass wir nicht mehr davonlaufen. Eigentlich funktioniert unser Leben so, dass einer die Schuld auf die anderen schiebt: wenn etwas kaputtgegangen ist, wenn etwas schiefgelaufen ist. Aber gut wird etwas erst wieder, wenn wir den Mut haben, „ich" zu sagen: Ich bin schuld. Ich übernehme die Verantwortung. Juda wusste damals noch nicht, dass Gott eines Tages selbst auf die Erde kommen würde, um unsere Schuld auf sich zu nehmen. Als Jesus am Kreuz stirbt, steht er für uns ein und übernimmt die Verantwortung für das, was wir nicht mehr gutmachen können. Und darum können wir zu uns stehen und aufrecht leben.

Das merke ich mir: _____

NEUANFANG

1. Mose 45,1-24

Donnerstag 29

Eine Geschichte voller Emotionen. Tränen und Lachen wechseln sich ab, die Brüder fallen sich in die Arme und der alte Vater Jakob glaubt die völlig abwegige Geschichte zunächst noch gar nicht (V.26). Sehr sympathisch, dass die Bibel so ehrlich von der Skepsis des alten Vaters erzählt. Denn es ist wirklich eine unglaubliche Story. Deutlich wird in allem: Diese unglaubliche Geschichte trägt die Handschrift Gottes. Josef spricht davon, dass Gott ihn nach Ägypten geschickt hat (V.5). Als Josef als Sklave auf dem Weg nach Ägypten war oder im Gefängnis saß, hatte er sicher keine hoffnungsvollen Gedanken, sondern war am Tiefpunkt angekommen. Erst jetzt, im Nachhinein, sieht er seinen Lebensweg mit anderen Augen. Jetzt entdeckt er in den Rätseln seines Weges Gottes Plan und Gottes Handschrift. Wir können in schwierigen Situationen oft keinen Sinn erkennen. Wir wissen nicht, warum Gott das zulässt, worunter wir leiden. Manchmal erkennen wir vielleicht im Nachhinein einen Sinn. So wie man bei einer Bergwanderung zurückschaut und den ganzen Weg überblickt, den man gewandert ist. Aber bei manchen Fragen unseres Lebens werden wir den Sinn auch erst erkennen, wenn wir in Gottes Ewigkeit angekommen sind und er uns in die Arme nimmt.

Das merke ich mir: _____

30 ALLES WIRD GUT!   1. Mose 45,25 — 46,7

Freitag

Was für ein Moment: Da steht der alte Vater Jakob. Ich stelle mir vor, wie er völlig mit den Nerven fertig seine Söhne erwartet. Vielleicht ist er auf jede schlechte Nachricht gefasst. Aber nicht auf die Wahrheit: dass sein totgeglaubter Sohn Josef lebt und Karriere gemacht hat in Ägypten. Diese Botschaft muss erst langsam durch Jakobs hart gewordene Seele sickern. Dann spricht Gott mit ihm. Und es wird klar: Gott hat Jakob nie allein gelassen. Auch jetzt begleitet er ihn nach Ägypten. Es mag Momente in unserem Leben geben, in denen wir den Eindruck haben, Gott ist weit weg oder vielleicht gibt es ihn gar nicht. Die Geschichte von Jakob und seinen Söhnen zeigt: Es ist nicht entscheidend, ob wir uns von Gott allein gelassen fühlen. Es kommt darauf an, dass Gott selbst dann bei uns ist, wenn wir nichts davon fühlen. Mich erinnert das an eine Erfahrung am Meer: Da kann es sein, dass die Sonne hinter dunklen Wolken verschwindet, die der starke Wind vor sich hertreibt und mit einem Mal wird es kalt. Und doch ist die Sonne nicht weg, nur weil die Wolken sich davorgeschoben haben. Gott ist nicht weg, wenn sich die Sorgenwolken vor ihn schieben. Es mag sein, dass wir nichts mehr von ihm spüren, aber er ist da. Weil er es versprochen hat.

Das merke ich mir: _____

_____

1 EIN KLUGER STRATEGE   1. Mose 46,28-34

Samstag

Josef war ein kluger Politiker. Einer, der strategisch denken konnte und genau wusste, wie er seine Ziele erreichte. Er setzte auf die Abneigung der Ägypter gegen Viehhirten, um seinen Brüdern ein Stück Land zukommen zu lassen. Mit Ausländern wollten die Ägypter nichts zu tun haben. Und das nutzte Josef aus, um schnell eine neue Heimat für seine Familie aufzubauen. Gott handelt hier durch die Klugheit von Josef, nicht durch ein überwältigendes Wunder. Der Theologe Heinzpeter Hempelmann hat es einmal so formuliert: „Gott ist ein Freund des gesunden Menschenverstandes". Gott handelt nicht immer durch große Wunder, sondern manchmal auch schlicht dadurch, dass wir unseren Verstand gebrauchen, den Gott uns geschenkt hat. Sicher gibt es auch unerklärliche Wunder und Gott greift direkt in unser Leben ein. Aber in manchen Situationen brauchen wir nicht auf ein besonderes Zeichen von Gott zu warten. Sondern wir können mit unserem Verstand abwägen, was gut und richtig ist. Von Josef können wir beides lernen: darauf zu vertrauen, dass Gott auf geheimnisvolle Weise Wege führt, die wir zunächst vielleicht nicht verstehen. Und zugleich können wir lernen, dass Gott uns einen Verstand und Begabungen geschenkt hat, damit wir sie gebrauchen.

Das merke ich mir: _____

_____

KW 27 bearbeitet von Michael Jahnke,
Leitung Bibelprogramm Deutsche Bibel-
gesellschaft, 70567 Stuttgart
E-Mail: jahnke@dbg.de

SCHWELGEN IN ERINNERUNGEN
Psalm 77

Das Klagelied des Psalmbeters entsteht aus einer schweren, andauernden Notzeit. Dabei ist es nicht die persönliche Not, die ihm den Schlaf raubt, sondern die Last, die sein Volk bedrückt (V.8ff.). Die gestellten Fragen machen die Anfechtung, die der Psalmbeter und das ganze Volk erleben, deutlich: Warum greift Gott nicht ein? Warum ändert er die Not nicht? Die daraus erwachsene Folgefrage in Vers 11 wiegt noch schwerer: Wie kann es sein, dass dieser Gott, dessen Gnade wir erlebt, dessen Verheißungen wir gehört, dessen Handeln wir erfahren haben, sich ändert, abwendet und nicht mehr wie früher helfend eingreift? In dieser Lage denkt der Psalmbeter an Gottes Taten in der Vergangenheit. Dies ist kein Schwelgen in der Erinnerung, keine Flucht aus der misslichen Realität, sondern eine Rückbesinnung auf die Fundamente des eigenen Glaubens. Die Rückbesinnung auf die früheren Taten Gottes verändert die Klage in Lob, das in der Aussage gipfelt: „Gott, dein Weg ist heilig! Welcher Gott ist so gewaltig wie du?" (V.14) Der Psalmist ist gewiss: Alles, was Gott tut, ist unvergleichlich, übersteigt menschliche Macht und sprengt menschliches Begreifen. Es ist gut, sich in Klagezeiten an der Gewissheit der Allmacht Gottes festhalten zu können.

Das merke ich mir: _____

_____

_____

WOCHENSPRUCH
Einer trage des andern Last, so werdet ihr das Gesetz Christi erfüllen.
Galater 6,2

Lied: FJ5! Nr. 245 Sonntag **2**

Du bist ein Gott, der mich sieht.
Gen 16,13

Was für ein wohltuender Zuspruch, auch wenn ich in manchen Situationen meines Lebens lieber von Gott übersehen werden würde.
Michael Jahnke

3 ZWEI SEGEN FÜR DEN PHARAO 1. Mose 47,1-12

Montag

Nun stehen sie sich leibhaftig gegenüber: der Patriarch der Abrahamsnachkommen und der Pharao des ägyptischen Reiches. Die Ausgangspositionen sind geklärt. Jakob kommt als Hilfesuchender nach Ägypten. Entsprechend bescheiden tritt er auf. Nur aufgrund der großen Verdienste seines zweitjüngsten Sohnes um das Überleben des ägyptischen Volkes wird ihm die Hilfe des Pharao zuteil (V.11f.). Dennoch steht er nicht als Hilfesuchender vor dem Herrscher. Der doppelte Segen (V.7.10), den Jakob dem Pharao bei der Begegnung zuspricht, macht dies deutlich. Jakob ist von Abraham her der Erbe des Segens, an dem alle Völker teilhaben sollen (1. Mose 12,1). Diese Segenslinie leuchtet in der Begegnung auf. Daran ändert auch das Lebensfazit nichts, das Jakob gegenüber dem Pharao zieht. Es entspricht der Wirklichkeit. Rückblickend ist seine Lebenszeit vom Kummer über den vermeintlichen Verlust seines Lieblingssohnes Josef, dem Tod seiner Lieblingsfrau Rahel, der Angst um seinen Sohn Benjamin und der Sorge um das Überleben der eigenen Familie geprägt. Dennoch ist und bleibt er ein Segensträger. Er segnet den mächtigen Herrscher. Ähnlich könnte die Überschrift über Josefs Leben sein: Der Fremdling wird zum Segensbringer für ein ganzes Volk.

Das merke ich mir: _____

_____

4 LETZTE RUHESTÄTTE HEIMAT 1. Mose 47,27-31

Dienstag

Jakob, der in dieser Textpassage mit seinem von Gott gegebenen Namen „Israel" betitelt wird (1. Mose 32,29), sieht das Ende seiner inzwischen 147 Jahre andauernden „Wanderschaft" (1. Mose 47,9) kommen. Nach siebzehn Jahren in seiner Gastheimat Goschen hat er einen letzten Wunsch: Er möchte im Familiengrab bei Hebron beigesetzt werden. Damit macht Jakob deutlich, welche Bedeutung Heimat und der Sippenzusammenhang für ihn haben. Seine Lebenswanderschaft möchte er an dem Ort beschließen, der für ihn Heimat ist. Mit der sichtbaren Zuordnung zu seinen Vorfahren will Jakob über den Tod hinaus in der von Abraham und Isaak her begründeten Geschlechterlinie eingebettet sein. Wie wichtig Jakob der letzte Wunsch ist, macht der begleitende eigentümliche Gestus deutlich: „Lege deine Hand unter meine Hüfte" (LU17) meint nichts anderes, als dass Josef bei seinem Schwur seine Hand an das Zeugungsglied seines Vaters legt. Das macht den Schwur in besonderem Maße verpflichtend (vgl. 1. Mose 24,2-4). Jakobs Heimatbegriff ist eng verknüpft mit dem verheißenen Land. Erlebt hat Jakob Zuhause auf Zeit auf seiner lebenslangen Wanderschaft. Auch wir haben ein Zuhause auf Zeit, beheimatet sind wir bei unserem himmlischen Vater.

Das merke ich mir: _____

_____

WEITE SICHT TROTZ SCHWACHER AUGEN   1. Mose 48,1-22

Mittwoch 5

Bevor Jakob von seinen Söhnen insgesamt Abschied nimmt, hat er mit Josef und dessen beiden ältesten Söhnen etwas Besonderes vor. Für den späteren Volksverband Israel werden Manasse und Ephraim vorausblickend durch eine Art Adoption den übrigen Jakobssöhnen gleichgestellt. So stellen die Nachkommen Josefs nicht nur einen, sondern zwei der zwölf Stämme. Für den Segenszuspruch hat Josef seine beiden Söhne so aufgestellt, dass der Segen der rechten Hand, der einen Vorrang erteilt, den erstgeborenen Manasse treffen soll. Aber Jakob gibt den Vorzugssegen dem Jüngeren. Wieder einmal werden menschliche Rangordnungen durch Gottes erwählendes Handeln umgestoßen (vgl. 1. Mose 25,23; 37,5-7). Wie in Vers 19 von Jakob vorhergesehen, überflügelt der Stamm Ephraim später den Stamm Manasse und wird zum führenden Stamm im Nordreich Israels. Jakob stirbt in derselben Gewissheit wie später Josef (1. Mose 50,24). Die Trickserei um den Segen des Erstgeborenen hat in der Abrahamsdynastie eine Tradition. Es war Jakob, der seinen Vater Isaak täuschte und seinen Zwillingsbruder Esau um dessen Erstgeburtssegen betrog. Die krumme Segenslinie macht Mut: Gott kann auch aus meinen krummen Lebenswegen Segen erwachsen lassen.

Das merke ich mir: _____

_____

ZWÖLF SEGEN FÜR VIERZEHN SÖHNE   1. Mose 49,1-28

Donnerstag 6

Die Segenssprüche treffen Aussagen über Rolle und Schicksal der Stämme Israels. Wegen seines Vergehens (1. Mose 35,22) wird Ruben das Erstgeburtsrecht abgesprochen. Der Spruch für Simeon und Levi bezieht sich auf eine Untat in Kapitel 34. Levi erhält später einen Sonderstatus (Priestergeschlecht der Leviten). Juda wird aufgrund seiner Tüchtigkeit im Kampf gelobt und erhält die Vormachtstellung unter seinen Brüdern. Der Segensspruch für Sebulon beschreibt lediglich das spätere Landesgebiet. Der Stamm Issachar erwirbt sich seine Ruhe durch Unterwerfung unter die Kanaaniter. Die Sprüche über Dan nehmen vorweg, dass der Stamm sich trotz seiner Kleinheit durch Mut und List behaupten wird. Der Stamm Gad wird sich tapfer in der Bedrängnis durchsetzen. Asser kann Königshöfe mit Leckerbissen beliefern. Der Spruch über Naftali beschreibt dessen Beweglichkeit und Freiheitsliebe. Josef (inkl. Ephraim und Manasse) erhält wie Juda ein längeres Segenswort. Fruchtbarkeit des Landes sowie von Vieh und Mensch werden ihm verheißen. Dem Stamm Benjamin wird kämpferisches Potenzial zugesprochen. Die Segnung wird zu einem Instrument von Lob und Tadel, von Beförderung und Bestrafung. „Jeder bekommt, was er verdient."

Das merke ich mir: _____

_____

Juli

7 JAKOBS AUSZUG AUS ÄGYPTEN

Freitag — 1. Mose 49,29 – 50,14

Die Jakobsgeschichte findet ihren Abschluss. Der Patriarch kehrt aus der Fremde heim in das noch immer fremde Land der Verheißung und wird mit seinen Vätern vereinigt. Die Formulierung in Vers 29: „Ich werde versammelt zu meinem Volk" (LU17) erscheint verglichen mit den Formulierungen in Vers 33 und im Zusammenhang mit dem Tod Abrahams in 1. Mose 25,8 („versammelt zu seinen Vätern") ungewöhnlich. Die BasisBibel übersetzt deshalb „versammelt zu meinen Vorfahren". Der Trauerzug für Jakob ist beeindruckend: In seinen Ausmaßen mutet der Zug der Trauergemeinde an wie ein erster Auszug aus Ägypten. Das ganze Begräbnis erinnert daran, dass Ägypten nicht Israels bleibende Heimat sein kann. Gleichzeitig kommt in den Trauerriten aber auch die große Achtung zum Ausdruck, die Jakob und Josef entgegengebracht wird: Jakob wird nach ägyptischer Sitte balsamiert; es wird eine lange Trauerzeit angeordnet (V.3); viele ägyptische Würdenträger begleiten den Trauerzug (V.7) und halten eine ausführliche Totenklage in Goren-Atad (V.10). Ich frage mich: Was möchte ich die Menschen im Rückblick auf mein Leben über mich sagen hören? Für heute: Wie möchte ich leben, damit die Menschen dies über mich sagen können?

Das merke ich mir: _____

8 ENDE GUT, ALLES GUT?

Samstag — 1. Mose 50,15-26

Die Angst der Brüder muss groß sein, dass sie Josef diese Geschichte auftischen. Es schmerzt ihn, dass seine Brüder ihm nach der umfassenden Versöhnung (vgl. 1. Mose 45,1-15) immer noch misstrauen (V.17). So wiederholt er, was er seinen Brüdern bereits gesagt hat: Gottes Vorhaben und Fügung haben das Böse zum Guten gewendet. Deshalb kann und wird Josef sich seinen Brüdern gegenüber nicht als Rächer anstelle Gottes aufführen (1. Mose 45,7-8). Bemerkenswert ist, dass Gottes Versorgung nicht nur der Sippe Jakobs gilt, sondern davon ganz Ägypten profitiert (V.20). Im Anschluss werden in nur fünf Versen alle weiteren Ereignisse zusammengefasst. Dass Josef seine Urenkel erleben darf, kann als Segenszeichen gedeutet werden. Sein letzter Wunsch (V.25) ähnelt dem seines Vaters Jakob, bindet sich aber ein in ein größeres Verheißungsziel: das eigene Land für das Volk Israel (V.24). Der Umgang mit erlebtem Unrecht ist herausfordernd. Hass, Rache, Vergeltung begegnen mir häufig. Dagegen erinnere ich mich an eine Aussage: „So lange mein Fühlen und Denken von Hass und dem Sinnen auf Rache bestimmt werden, werde ich selbst nicht frei von dem Geschehen." Was für ein Segen liegt in der Vergebung.

Das merke ich mir: _____

KW 28 bearbeitet von Daniel Kühn,
Studierender, 91054 Erlangen
E-Mail: d7kuehn@gmail.com

ACHTE AUF DEINE GEDANKEN, ...
Psalm 101

... denn sie werden deine Worte. Achte auf deine Worte, denn sie werden deine Taten. Achte auf deine Taten, denn sie werden deine Gewohnheiten.

Auch wenn dieser Psalm Davids in der BasisBibel mit dem Titel „Grundlagen für eine gute Politik" überschrieben ist, könnte man ihn genauso mit dem Titel „Grundlagen für einen guten Charakter" überschreiben. David spricht hier von zwei Faktoren, die dafür wichtig sind. Das äußere Umfeld sowie die innere Welt der Gedanken. David hat die Entscheidung getroffen, auf sein Inneres achtzugeben, denn schlechte Gedanken und schlechte Taten im Geheimen sind der Anfang des Verderbens. Nicht nur Gedanken tragen zu einem guten Leben bei, sondern auch unser Umfeld. Freunde und Beziehungen haben darauf Einfluss, dass wir als Persönlichkeiten wachsen. Genauso können sie den Charakter verderben. Wenn deine Freunde dich in der Not verraten, wirst du verlernen, zu vertrauen. Wenn Freunde füreinander da sind, können sie durch die tiefsten Krisen tragen. Ich möchte dir Mut machen, achte auf dein inneres und dein äußeres Umfeld. Stelle immer wieder auf den Prüfstand, welche Gedanken und Menschen du in dein Leben lässt, und bei kluger Auswahl wirst du sehen, wie du als Persönlichkeit wächst und erstrahlst.

Das merke ich mir: _____

_____

_____

WOCHENSPRUCH
Aus Gnade seid ihr selig geworden durch Glauben, und das nicht aus euch: Gottes Gabe ist es.
Epheser 2,8

Du bist ein Gott, der mich sieht.
Gen 16,13

Gottes Wertschätzung zeigt sich in seiner Aufmerksamkeit!
Daniel Kühn

Lied: FJ5! Nr. 19 Sonntag

10 KOMMT MIT ... Matthäus 4,18-22

Montag

In diesem Abschnitt lesen wir, wie Jesus sich zwei Geschwisterpaare aussucht, damit sie ihm nachfolgen. Er sucht sich hier die Leute, die er in den nächsten Jahren coachen und mit denen er in nächster Zeit zusammenarbeiten wird. Was Jesus dazu bewegt hat, sich gerade diese Vier auszusuchen, fällt auf den ersten Blick nicht auf. Wahrscheinlich waren sie nicht frömmer als alle anderen, wahrscheinlich waren sie nicht begabter als alle anderen. Sie waren einfach Normalos. Aber als Jesus sie in die Nachfolge ruft, sieht er mehr in ihnen, als sie selbst für möglich halten. Er sieht nicht nur einfach Fischer in ihnen, sondern er sieht Menschenfischer. Er sieht die zukünftigen Säulen der Kirche, die es noch gar nicht gibt. Den Mut, den die Jünger hatten, können wir hier allerdings schon erkennen. Sie lassen alles stehen und liegen und kommen mit, weil sie gerufen werden. Es klingt unglaublich, aber sie lassen sich auf das Abenteuer ein. Ich möchte dir heute Mut machen, zu überlegen und zu hören, wohin Jesus dich rufen möchte. Nicht immer bedeutet es gleich, dass du alles zurücklassen musst ... Aber ich bin davon überzeugt, dass Jesus mehr in dir sieht als du selbst. Komm mit ihm mit, lass dich überraschen, welches Abenteuer dich erwartet!

Das merke ich mir: _____

_____

11 ... UND SIEH ... Matthäus 4,23-25

Dienstag

Kurz und knapp schildert Matthäus die ersten Erlebnisse der Jünger mit Jesus. So unspektakulär es hier beschrieben wird, so faszinierend war es wahrscheinlich für die Jünger. Sie erleben, wie Jesus umherzieht und predigt. Sie erleben, wie er den Menschen Hoffnung gibt. Verstärkt werden diese Erfahrungen sicherlich von den Wundern Jesu. Dort, wo Jesus unterwegs ist, passiert was. Und im Text selbst wird es gesagt: Menschen werden geheilt. Im weiteren Verlauf des Evangeliums lesen wir von unterschiedlichsten Wundern, die Jesus getan hat. Und die Jünger, sie sind immer in der ersten Reihe mit dabei. Ich weiß nicht, wie es bei dir ist, vielleicht hast du schon viel von dem gesehen, was Menschen mit Jesus erleben. Vielleicht hast du aber auch noch gar nichts gesehen und sehnst dich danach, dass Jesus sich in deinem Leben zeigt. Ich kann leider keine garantierte Anleitung dafür geben, wie wir Jesus in unserem Leben erleben. Trotzdem möchte ich dir Mut machen, Gott darum zu bitten. Und dann mach dich auf den Weg, die Wenigsten erleben Gott in ihrer Komfortzone. Lasst uns stattdessen den Schritt aus dem Boot wagen, wie Petrus, als er das Boot verließ und auf dem Wasser lief. Wer weiß, was du mit Jesus noch erleben darfst?

Das merke ich mir: _____

_____

... WIE JESUS VERÄNDERT! Matthäus 5,1-12

Mich lassen diese sogenannten Seligpreisungen ganz schön ratlos zurück. Denn wenn ich mir einen Menschen vorstelle, der geistlich arm ist, der trauert, der verfolgt wird, dann weiß ich nicht, ob man das gerade glücklich oder glückselig nennen kann. In jedem Fall stellt Jesus hier die Werte völlig auf den Kopf. Klar, von Herzen freundlich oder auch barmherzig sein, das sind erstrebenswerte Eigenschaften, und dennoch schwingt in ihnen auch die Gefahr mit, dass man übers Ohr gehauen und ausgenutzt wird. Es erstaunt, wie anders die Maßstäbe des Reiches Gottes sind. Gerade auch in der Bergpredigt, die wir in den nächsten Tagen lesen werden, stellen wir fest, wie radikal anders Jesus lebt. Ich möchte dir Mut machen, dass du die verschiedenen Bereiche deines Lebens mal anschaust und dich ehrlich hinterfragst: Wie stehst du dazu? Zum Beispiel beim Thema Geld und Besitz – wie denkst du darüber? Was fühlst du, wenn du Geld hergibst? Oder aber beim Thema Konflikte – wie gehst du Konflikte an? Was ist dir dabei wichtig? ... Und wenn du dir darüber Gedanken gemacht hast, versuche herauszufinden, wie Jesus über das Thema gedacht hat. Das öffnet Augen, und ich bin davon überzeugt, dass es der Beginn deines Transformationsprozesses sein kann.

Das merke ich mir: _____

_____

LASS DEIN LICHT LEUCHTEN, ... Matthäus 5,13-20

Am Anfang redet Jesus vom Unterschied, den Christen machen sollen. Ihre Aufgabe ist es, Licht in die Dunkelheit der Welt reinzubringen. Ich finde spannend, dass Jesus seinen Jüngern diesen Zuspruch gibt, bevor sie irgendetwas getan haben oder sich irgendwie bewiesen haben. Du bist Licht der Welt! Nicht, weil du besonders gut bist oder besonders hell scheinst, sondern weil Jesus durch dich scheint. Ich finde, es ist großartig, dass Jesus seinen Zuspruch nicht an Bedingungen knüpft, sondern er uns mit allem ausstattet, was wir benötigen, um Licht zu sein: sich selbst! Im zweiten Teil macht Jesus deutlich, dass er die Fortsetzung der Geschichte Gottes mit den Menschen und insbesondere mit dem Volk Israel ist. Er ist nicht gekommen, das Gesetz aufzuheben, sondern er ist gekommen, um es zu erfüllen bzw. zu vollenden. Theologen streiten sich immer wieder, was damit gemeint ist. Ist das Gesetz erfüllt, wie man einen Vertrag erfüllt? Mit Jesus würden wir dann einen neuen Vertrag erhalten haben. Dieser Vertrag ist das „Gesetz des Glaubens". Paulus schreibt in Römer 3,21-28, dass nun nicht mehr das Gesetz der Werke, sondern das Gesetz des Glaubens gilt. Welche Konsequenzen hat das für deine Motivation, als Christ zu leben?

Das merke ich mir: _____

_____

Freitag 14 — ..., DURCH PERSPEKTIVWECHSEL, ...
Matthäus 5,21-26

Ich weiß nicht, wie es dir geht, wenn du diese Worte liest. Ich finde sie herausfordernd, um nicht zu sagen: unmöglich zu leben. Vor allem als wir noch Teens waren, war ich auf meine Geschwister häufiger mal wütend. Das gleich mit einem Mord gleichzusetzen, ist schon ziemlich krass und vielleicht auch übertrieben. Vor allem sind die Auswirkungen ja sehr unterschiedlich: Mord ist unwiderruflich! Ich merke, Jesus hat eine ganz andere Mentalität als wir Menschen. Wir fragen so oft, wie weit wir gehen dürfen, um das Gebot Gottes nicht zu übertreten. Wir fragen so häufig nach der Grenze. Jesus aber will nicht die Grenze der Gebote Gottes austesten, sondern sein Interesse besteht vielmehr darin, nach dem Geist des Gesetzes zu leben. Ich möchte dir heute Mut machen, deine Perspektive zu wechseln. Frage nicht danach, was ist erlaubt, wie weit darf ich gehen, um nicht gegen die Gebote Gottes zu verstoßen, sondern frage stattdessen: Was ist das Ziel des Gebotes? Welchen Geist atmet das Gebot? Hier in diesem Abschnitt stellt sich Jesus ganz klar gegen die Heuchelei, nur dem äußeren Erscheinungsbild nach den Geboten zu gehorchen, innerlich aber vom Geist Gottes weit weg zu sein. Bitte Gott darum, dir einen Perspektivwechsel zu schenken.

Das merke ich mir: _____

_____

Samstag 15 — ... UND DER ÄNDERUNG DEINES HERZENS
Matthäus 5,27-32

Teil 2 der sogenannten Antithesen. Mit dieser Antithese lässt sich wahrscheinlich am besten deutlich machen, welchen Perspektivwechsel Jesus in uns bewirken möchte. Und wie der sich auf die Haltung unseres Herzens auswirkt. Kennst du den Spruch: „Appetit holt man sich draußen, gegessen wird daheim"? Meistens wird er in Bezug auf Ehen genutzt, um deutlich zu machen: Schauen ist erlaubt, aber mehr nicht. Jesus stellt sich hier klar und deutlich dagegen, weil es bereits der erste Schritt weg von der eigenen Beziehung ist, wenn ich andere benötige, um „Appetit" auf meine Beziehung zu haben. Auch wenn es idealistisch ist und die Wirklichkeit häufig anders aussieht: Wie cool wäre es, wenn mein/e Partner/in mir als „Appetitanregung" genügt? Wie viel mehr Spaß macht es, wenn ich meiner Frau Blumen mitbringe, weil ich sie fröhlich sehen möchte, anstelle von Pflichtgefühl, weil ich vielleicht mal wieder etwas angestellt habe? Wie viel schöner ist es, wenn ich meine/n Partner/in aus vollstem Herzen lieben kann? Da wird man doch freiwillig und gerne tätig. Liebe wendet sich voll und ganz zu, sie bleibt im Zentrum (denk an gestern). Sie spricht nicht davon, dass das Maß voll ist! Jesus möchte dein Herz zu dieser Liebe ändern. Bitte ihn darum!

Das merke ich mir: _____

_____

KW 29 bearbeitet von Annkatrin Edler,
Referentin für Kinder- und Jungschararbeit
beim Deutschen EC-Verband, 34134 Kassel
E-Mail: annkatrin.edler@ec.de

HINTER DEN KULISSEN
Psalm 82

Psalm 81 malt uns eine himmlische Szene vor Augen. Es ist unklar, wie genau wir den Begriff der „Götter" verstehen sollen, doch die Antwort auf diese Frage ist nebensächlich. Wir werden mit hineingenommen in eine Gerichtsverhandlung vor dem Thron Gottes. Menschen oder Wesen, denen Gott einen Herrschaftsauftrag zugesprochen hat, müssen sich vor ihm verantworten. „Wie lange wollt ihr noch ungerecht richten?", lautet die Anklage. Das Wort Gottes schallt durch den Raum. „Sela" — auf dieses mächtige Wort Gottes hin tritt Stille ein. Niemand, der sich vor Gott rechtfertigen kann. Die Angeklagten kommen der Aufforderung, Gerechtigkeit zu üben, nicht nach. Was Gott zu Größerem berufen hatte, wird abgesetzt, wird belanglos. Und dann begegnet uns eine Sehnsucht. Das Verlangen danach, dass nun Gott selbst einschreitet, dass er sein Recht und seine Gerechtigkeit durchsetzt. Auch wenn diese Verse abstrakt erscheinen, sprechen sie doch in unser Leben hinein. Sie erzählen von der Sehnsucht, dass Gott endlich einschreiten möge und seine Herrschaft auf dieser Welt sichtbar wird.

Und gleichzeitig transportieren sie einen unglaublichen Trost, denn sie machen deutlich, dass vor Gott keine Ungerechtigkeit, die wir erleben, ungesehen bleibt.

Das merke ich mir: _____

_____

_____

WOCHENSPRUCH
So spricht der Herr,
der dich geschaffen hat:
Fürchte dich nicht, denn
ich habe dich erlöst;
ich habe dich bei deinem
Namen gerufen;
du bist mein!
Jesaja 43,1

Lied: FJ5! Nr. 37 Sonntag **16**

Du bist ein Gott, der mich sieht.
Gen 16,13

Zu wissen, dass ich von Gott gesehen bin, macht mich gelassen.
Annkatrin Edler

Juli 147

17 OHNE WENN UND ABER

Montag

Matthäus 5,33-37

Auch dieser Abschnitt der Bergpredigt beginnt mit den Worten „Ihr wisst auch, dass ..." Damit setzt Jesus seine Predigtreihe zu den Geboten der Tora (den fünf Büchern Mose) und dem, was die jüdischen Gelehrten daraus gemacht haben, fort. Der Schwur oder Eid diente in Israel ursprünglich als Absicherung. Damit sollte gewährleistet werden, dass eine Aussage auch tatsächlich der Wahrheit entspricht, denn zum einen wird Gott als Zeuge eingesetzt und zum anderen spricht der Schwörende für den Fall einer Lüge eine Selbstverfluchung aus. Zur Zeit Jesu war diese Schwurpraxis ausgeufert. Besonders die Pharisäer waren kreativ darin, durch besondere Formulierungen einen geleisteten Schwur im Nachhinein für ungültig zu erklären und sich somit der Verantwortung zu entziehen. Dem schiebt Jesus einen Riegel vor. Er führt uns Gottes Größe vor Augen und macht deutlich, dass wir uns mit unserem Reden vor ihm zu verantworten haben. Denn als Schöpfer steht er über allem, auf das wir uns berufen könnten. Was Jesus stattdessen von seinen Nachfolgern fordert, ist Wahrhaftigkeit. Nicht nur auf einen einzelnen Schwur soll man sich bei uns verlassen können, sondern unser ganzes Reden und unser ganzes Leben sollen von Wahrhaftigkeit geprägt sein.

Das merke ich mir: _____

_____

18 VOM LIEBEN UND HASSEN

Dienstag

Matthäus 5,38-48

Ein Streit oder eine Kränkung lassen schnell den Wunsch aufkommen, zurückzuschlagen und den anderen mindestens genauso stark oder am besten noch stärker zu verletzen. Die Bibel kennt unser menschliches Wesen sehr gut. Und was in unserer zivilisierten Gesellschaft auf den ersten Blick recht makaber erscheint, ist eine große Errungenschaft. Gleiches soll mit Gleichem vergolten werden, anstatt in blinder Wut maßlos Rache zu üben. Doch Jesus zeigt einen ganz neuen Maßstab für Vergeltung auf – Gottes Maßstab. Anstatt zurückzuschlagen, zeigt uns Jesus einen anderen Weg. Eine neue Freiheit, nämlich mehr zu geben, als von uns verlangt wurde, und mit Liebe zu begegnen, wo uns Feindschaft entgegengebracht wird. Dieser Maßstab Gottes wird in Vers 45 deutlich. Denn er lässt die Sonne aufgehen und schenkt Regen für gerechte und ungerechte Menschen. Mit seiner Versorgung zeigt er auch denen seine Liebe, die sich von ihm abgewendet haben. Auch unser Handeln soll diesem Maßstab Gottes ähnlicher werden. Unser ganzes Wesen soll ihm ähnlicher werden, so dass für alle sichtbar wird, dass wir seine Kinder sind. Und deshalb sollen wir auch bereit sein, zu lieben – gerade da, wo Menschen gegen uns ankämpfen und uns erniedrigen wollen.

Das merke ich mir: _____

_____

GERECHT?!

Matthäus 6,1-4

Mittwoch 19

Gerechtigkeit ist ein beliebter Begriff in unserer Gesellschaft. Themen wie soziale Gerechtigkeit, gerechter Lohn für alle oder Chancengerechtigkeit im Blick auf die Schulbildung werden immer wieder heiß diskutiert. In vielen Bereichen unseres Lebens streben wir nach Gerechtigkeit oder wollen zumindest selbst gerecht behandelt werden. Auch Jesus hat zu diesem Thema etwas zu sagen. Er macht deutlich, dass es einen Unterschied gibt zwischen wirklicher Gerechtigkeit und scheinheiligem Verhalten. Jesus hinterfragt die Motive unseres Handelns. Was treibt dich an, einem anderen Menschen Gutes zu tun? Ist es dein Pflichtgefühl oder die Absicht, vor anderen gut dazustehen? Nach biblischem Verständnis meint Gerechtigkeit ein Leben, das dem Willen Gottes entspricht. Ein Handeln, das mich selbst in den Mittelpunkt stellt und letztendlich nur mir dient, macht mich nicht zu einem gerechten Menschen und findet auch vor Gott keine Anerkennung. Unser Handeln soll frei sein von dem Streben nach persönlichen Vorteilen — egal welcher Art. Jesus fordert eine neue innere Haltung. Wir sollen danach streben, Gott zu gefallen. Unser Handeln soll Ausdruck unserer Liebe zu Gott und unserem Wunsch, ihm zu gefallen, sein.

Das merke ich mir: _____

KLARTEXT SPRECHEN

Matthäus 6,5-15

Donnerstag 20

Gespräch ist die Grundlage einer funktionierenden Beziehung. Auch in der Beziehung zwischen Mensch und Gott bildet sie ein zentrales Element. Doch wieder hinterfragt Jesus unsere Motive. Wir sollen nicht beten wie die Scheinheiligen, die zwar meinen, Gott zu kennen, aber am Ziel vorbeischießen, indem sie sich selbst zur Schau stellen und mehr für die Ohren der Menschen reden als zu Gott. Jesus provoziert, indem er das Gebet der Juden mit dem der Heiden gleichsetzt — denjenigen, die Gott überhaupt nicht kennen. Sie sprechen ihre Gebete gedankenlos und meinen, sie könnten Gott allein durch die Anzahl ihrer Worte beeinflussen. Mit dem Vater Unser zeigt Jesus seinen Jüngern einen anderen Weg auf. Dabei legt er ein besonderes Gewicht auf den Aspekt der Vergebung. Jesus macht deutlich: Vergebung ist keine Einbahnstraße. Gott fordert von mir die gleiche Bereitschaft zur Vergebung, die er mir entgegenbringt. Jesus geht sogar noch weiter, denn er knüpft Gottes Vergebung mir gegenüber an meine Bereitschaft, anderen zu vergeben. Das ist eine echte Herausforderung! Hier wird deutlich, ob unser Gebet ernst gemeint ist oder nicht. Bleibt es nur bei einem gedankenlosen Geplapper oder sind wir bereit, unseren Mitmenschen zu vergeben?

Das merke ich mir: _____

21 AN DER SPITZE DER GLAUBENSSKALA? Matthäus 6,16-18

Freitag

Almosen geben, Beten und Fasten waren die zentralen Elemente der jüdischen Glaubenspraxis. An ihnen wurde gemessen, wie religiös ein Jude tatsächlich war und wie weit er es auf der Glaubensskala nach oben geschafft hatte. Um also die Themenreihe über die zentralen Elemente der jüdischen Religion abzuschließen, spricht Jesus nun über die richtige innere Haltung eines Menschen in Bezug auf das Fasten. Egal, ob Almosengeben, Beten oder Fasten, Jesus verfolgt ein einfaches Prinzip:

Wer Menschen ins Zentrum seines Handelns stellt, wird von Menschen belohnt. Wer Gott ins Zentrum seines Handelns stellt, wird von Gott belohnt. Gott sieht das, was im Verborgenen geschieht, das, was sich in unserem Innersten abspielt und für menschliche Augen verborgen bleibt. Jesus verurteilt nicht das Fasten generell. Er selbst fastete 40 Tage lang, bevor er begann, öffentlich zu predigen und nur kurze Zeit, bevor er die Bergpredigt hielt.

Aber wenn unser Handeln, egal wie religiös oder christlich es uns erscheint, nicht aus der Motivation heraus geschieht, Gott zu gefallen und unsere Liebe zu ihm zum Ausdruck zu bringen, bleibt es vor Gott wertlos.

Das merke ich mir: _____

_____

22 LICHT VS. DUNKELHEIT Matthäus 6,19-23

Samstag

Anhand unterschiedlicher Themen hat Jesus bereits deutlich gemacht, dass es Gott auf unsere innere Einstellung, auf unsere Herzenshaltung ankommt, und nicht auf das sture Befolgen von Vorschriften. Doch nun kommt Jesus noch einmal ganz direkt auf unser Herz zu sprechen. Wir Menschen sind häufig gut darin, die Dinge, von denen wir eigentlich wissen, dass sie uns nicht guttun oder Gott nicht gefallen, schönzureden. Doch Jesus wird hier sehr deutlich: Dort, wo wir unsere Schätze sammeln, dort, wo wir unsere Zeit, unsere Kraft und unser Geld investieren, wird auch unser Herz sein. Gleichzeitig macht uns Jesus die Folgen unserer Entscheidung deutlich. Er spricht vom Auge als einem Spiegel unseres Herzens, unseres Innersten. Denn das, worauf wir unseren Blick konzentrieren, wird unseren Alltag bestimmen und unser Herz prägen. Richten wir unseren Blick auf Gott aus, dann wird sein Licht unser Leben bestimmen und unser Herz wird ihm ähnlicher. Doch wenn wir unseren Blick auf die Schätze dieser Welt (Reichtum, Ansehen, Erfolg, Gesundheit, ...) richten, dann werden wir von Selbstsucht und Gier geleitet sein. Wenn wir unseren Blick von Gott abwenden, der selbst das Licht ist, bleibt für uns nichts mehr als Dunkelheit übrig.

Das merke ich mir: _____

_____

Junge Erwachsene im Deutschen EC-Verband

Jugendarbeit in 4D
Die vier Dimensionen Up, In, With und Out sind für uns Herzschlag und DNA unserer Arbeit und gleichzeitig die Grundlage für Jugendarbeit in 4D. Sie sind uns Kompass und Karte für die Entscheidungen, die wir als Deutscher EC-Verband treffen dürfen. Wir sind davon überzeugt, dass diese vier Prinzipien auch für deine Junge Erwachsenenarbeit einen wichtigen Mehrwert bieten können. Daher frag uns doch einfach mal an, wenn du dazu einen Vortrag hören willst oder eine Schulung brauchst. Auch kannst du unter www.bornverlag.de viele Arbeitsmaterialien für Jugendarbeit in 4D bestellen.

echt.
„echt." ist ein Arbeitsbereich für Junge Erwachsene. Sie haben ihre ganz eigenen Fragen zu Ausbildung, Studium und Beruf, Partnerschaft, Ehe und Familie, nach der Stellung in der Gemeinde und in der Gesellschaft, nach Formen der Spiritualität und des Glaubenswachstums. Unsere Zeitschrift „echt. Im Glauben wachsen" sowie verschiedene Veranstaltungsformate greifen diese Fragen auf und helfen, Antworten und Orientierung zu finden. Seid ihr an den Artikeln und Veröffentlichungen von „echt." interessiert, dann schaut doch mal bei jugendarbeit.online vorbei. Dort werden unter dem Logo von „echt." regelmäßig Inhalte veröffentlicht.

studiEC
Jahr für Jahr findet in Deutschland eine regelrechte Völkerwanderung statt. Viele junge Leute verlassen ihre Heimatorte, um in der „Ferne" zu studieren. Um zugezogenen Studenten das Ankommen zu erleichtern und ein neues geistliches Zuhause zu bieten, gibt es zu Beginn der Semester von EC-Gruppen an Studienstädten jährlich über 65 studiEC-Aktionen.

Explore!
Das Trainerseminar „Explore! — Entdecke deine Berufung" ist ein Kurs, der jungen Menschen hilft, ihre Begabung und Berufung zu entdecken und zu leben. Neben den Explore!-Bausteinen Gaben, Fähigkeiten und Werte bieten wir die Schulung zum Trainer für das persolog-Teenagerprofil sowie für das persolog-Verhaltensprofil für Erwachsene an.

Mehr Veranstaltungstipps und aktuelle Infos gibt es unter www.ec.de oder bei Ruben Ullrich (ruben.ullrich@ec-jugend.de), dem Referent für die Arbeit mit Jungen Erwachsenen beim Deutschen EC-Verband.

Beratung und Begleitung

Stell dir vor, es geht noch einmal neu los. Nicht mit der Corona-Pandemie, sondern mit einem großartigen Aufbruch und ganz viel Hoffnung.
Unter Corona hat sich Vieles gewaltig und rasant verändert – für den Einzelnen wie auch für Jugendarbeiten und Gemeinden.
Der neue Bereich Beratung & Begleitung will dabei unterstützen, grundsätzlich und besonders in diesen Zeiten Neuanfänge zu gestalten und Menschen zu stärken. Denn wir sind davon überzeugt: Bei und mit Gott gibt es kein Zu-spät. Gott ermutigt zum Aufbruch: „Denn siehe, ich will ein Neues schaffen, jetzt wächst es auf, erkennt ihr`s denn nicht?" (Jes 43,19)
Mitten in pandemischen Krisen und persönlichen Schicksalen blüht das Leben auf und bricht Gottes Gnade durch. Krisen sind Chancen für Aufbrüche und Veränderungen. In Krisen brauchen die Menschen meistens keine laute und eindrucksvolle Beschallung. Es sind eher die leisen Töne, für die unsere Herzen aufmerksam und empfänglich sind. In schmerzhaften Momenten kann auch Kostbares liegen und Entwicklungspotenzial zum Vorschein kommen. Um das zu entdecken und einen Neuanfang zu wagen, können Mentoring, Beratung oder Coaching eine große Hilfe sein.
In unserem neuen Arbeitsbereich unterstützen und begleiten wir direkt Leitende und Mitarbeitende als auch Jugendarbeiten und Gemeinden. Als deutschlandweiter Verband wollen wir aber auch besonders Multiplikatoren ausbilden, die sich wiederum in andere Menschen investieren und diese begleiten.
Es gibt dazu bereits einige Angebote: Mentoring, Explore!, Persönlichkeitsentwicklung, upgrade_EC und eine deutschlandweite Lernende Gemeinschaft für Jugendarbeiten. Weiteres ist für 2023 angedacht: Neben den ONE^{2}ONE Web-Seminaren und Mentoring Grundkursen werden wir zukünftig auch Mentoring Aufbaukurse anbieten. Außerdem wird es Kollegiale Beratung für Mitarbeitende, ein neues Leiterschaftsseminar, eine Kurzbibelschule u. a. geben.
Wir sind dankbar, dass uns dafür neue schicke Beratungsräume in der EC-Zentrale zur Verfügung stehen. Diese Räume tragen die Bezeichnung „EC-Freiraum", denn genau das wird hier angeboten und soll hier geschehen: ein Freiraum, um sich, die eigene Persönlichkeit, die Beziehung zu Gott, die persönliche Leitungsverantwortung sowie die Struktur der eigenen Jugend- und Gemeindearbeit zu reflektieren, zu entwickeln und neu auszurichten.
Mehr Infos und aktuelle Veranstaltungstipps gibt es unter
www.freiraum.ec.de oder bei Nicole Manthey und Bernd Pfalzer.

Bernd Pfalzer, Referent für Bildung & Beratung beim Deutschen EC-Verband, Kassel
E-Mail: bernd.pfalzer@ec.de

KW 30 bearbeitet von Reinhard Steeger,
Gemeinschaftspastor & Vorsitzender des
Sächsischen Gemeinschaftsverbandes,
04315 Leipzig
E-Mail: reinhardsteeger@lkgsachsen.de

WER VERGISST WEN?
Psalm 106,1-23

„Gedenk an mich" (V.4) — das klingt, als hat da einer den Eindruck, Gott hat ihn vergessen. Und manchmal denken wir so, wenn die Dinge nicht so laufen, wie wir uns das vorstellen. Dann ist doch etwas falsch, oder? Nur, was genau ist falsch? An Gott liegt es nicht, das Problem scheint eher andersherum zu sein, Gott und sein Handeln werden vergessen (V.7.13.21). Gott greift immer und immer wieder ein, er tut Wunder (V.7), er hilft (V.8.10), er gibt (V.15). Aber irgendwie hat das nur sehr oberflächliche Reaktionen zur Folge, es verändert sich nichts dauerhaft. Kennst du das? So am Sonntag kann man ja mal ehrlich sein, wenigstens zu sich. Natürlich hat Gott dich nicht vergessen, so schlecht war die letzte Woche auch nicht, aber irgendwie hast du Gott aus den Augen verloren. Vielleicht helfen dir ja der Psalm und der Sonntag, den Herrn wieder neu in den Blick zu bekommen (V.5). Sonntag heißt, das Heil neu entdecken. Jesus ist auferstanden, er lebt und du mit ihm. Du bist auferstanden in ein neues Leben (Röm 6,1ff.). Der Herr ist gnädig (V.4). Er beginnt immer wieder neu (V.8.15).

Gott hört nicht auf, neu anzufangen, deshalb hör du damit auch nicht auf, sondern fang an, dafür zu danken und ihn zu loben (V.1) — das klärt die Verhältnisse.

Das merke ich mir: _____
_____
_____

WOCHENSPRUCH
So seid ihr nun nicht mehr Gäste und Fremdlinge, sondern Mitbürger der Heiligen und Gottes Hausgenossen.
Epheser 2,19

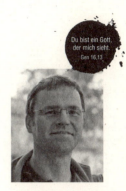

Im Bewusstsein zu haben, dass Jesus mich sieht, kann mich vor Fehlentscheidungen bewahren und hilft mir, in seiner Gegenwart zu leben.
Reinhard Steeger

24 WEM GEHÖRST DU? Matthäus 6,24-34

Montag

Spannend, dass Jesus zugleich vom Dienen und vom Lieben spricht (V.24). Irgendwie scheint sich das für uns manchmal auszuschließen, oder? Aber in Wirklichkeit ist genau das das Geheimnis geistlichen Lebens: Wen oder was liebst du so, dass du alles von ihm erwartest und für ihn tust? Interessant ist auch, dass es Jesus nicht um deine Zustimmung zu seiner Lehre oder erhebende Gefühle geht, sondern um die Praxis deines Alltags, um dein Vertrauen zu ihm. Traust du ihm zu, dass er dir gibt, was du zum Leben brauchst (V.25)? Zwei Beispiele führt Jesu an, von denen wir Glauben lernen können: Vögel und Blumen. So richtig haben wir uns da bislang keine Gedanken gemacht. Vertrauen Vögel auf Gott? Sorgen sich Blumen um ihr Aussehen? Komisch, das sind doch Dinge, die wir für selbstverständlich halten: Jeder Vogel findet seine Körner, wenn nicht streuen wir halt etwas ins Vogelhäuschen – geht's hier wirklich um Glaubensherausforderungen? Es geht Jesus um das selbstverständliche Vertrauen, dass der, dem ich gehöre, für mich sorgt. Nach Gottes Reich trachten (V.33) heißt: ihn regieren lassen. Ich unterstelle mich und meinen Tag heute IHM. Ich traue ihm zu, dass er mir gibt, was ich nötig habe, und ich will aus diesem Vertrauen für ihn da sein.

Das merke ich mir: _____

_____

25 URTEILSFINDUNG Matthäus 7,1-6

Dienstag

Interessant, dass Jesus die Fragen nach der Beurteilung anderer unter die Fragen des geistlichen Lebens einordnet. Gerade noch haben wir über das Beten, das Fasten und die Frage nach den Prioritäten nachgedacht, da konfrontiert uns Jesus damit, dass die Beurteilung anderer genau in diese Kategorie gehört, denn gleich geht's weiter mit Gebetserhörung. Das heißt, so wie du über andere denkst (V.1), ist Teil deines Glaubenslebens – genau wie deine Stille Zeit. Dabei geht es Jesus gar nicht darum, dass du ständig alles und jeden beurteilen sollst (V.3). Sondern, dass du im Licht Gottes lebst (1.Joh 1,7) und es zulässt, dass er dir zeigt, wo deine Fehler liegen. Kannst du glauben, dass Gott dich so sehr liebt, dass er nicht will, dass du dich über deine Fehler selbst belügst? Natürlich ist es einfacher den Fehler beim anderen zu finden. Aber es ist auch gefährlich, den Fehler im eigenen Leben zu übersehen oder zu rechtfertigen. Jesus bietet echte Selbstreflexion, vor ihm kannst du ehrlich werden, er zählt nicht die Fehler auf, sondern vergibt und hilft, anders zu leben. Das heißt nicht, dass ich alles, was um mich herum passiert, gutheißen soll – auf keinen Fall. Aber ich will auch nicht blind für die eigenen Fehler sein.

Das merke ich mir: _____

_____

VERTRAUENSSACHE
Matthäus 7,7-11

Bitten, suchen, klopfen (V.7) – damit kommt Jesus noch einmal auf das Thema Beten zurück – oder hatte er es eigentlich gar nicht verlassen? Beten ist ja keine Technik oder eine besondere Sprache, sondern ein Lebensstil. Glauben, das Vertrauen auf Gott, ist die Art und Weise, wie ich Leben gestalte. Wer glaubt, der erwartet von Jesus, was er braucht, und er traut es ihm zu, dass er es gibt. Aber Glauben ist eben kein fernöstlicher Fatalismus, sondern Aktivität. Jesus lädt ein zum Bitten. Gott interessiert, was dir auf dem Herzen liegt, und er möchte, dass du dein Herz bei ihm ausschüttest. Mehr noch, Jesus ermutigt, zu suchen – aber was eigentlich? In Psalm 27 berichtet David davon, wie er „Gottes Antlitz" sucht. Gebet ist demnach mehr, als Gebetslisten abzuarbeiten, es ist die Suche nach der Gegenwart und Begegnung mit Gott. Es ist anklopfen, einfach mal bei Gott klingeln. Wer das tut, der merkt: Gott ist da, ansprechbar und offen. Er weiß, was für dich heute gut ist. Das, was dir wie ein Stein vorkommt, oder die Angst, die dir die eine oder andere „Schlange" macht, ist in Wirklichkeit Brot und Fisch – es ist Lebensmittel. Er ist dein Vater, der weiß, was du brauchst. Vielleicht hilft er dir jetzt gerade, geistlich zu wachsen?

Das merke ich mir: _____

DAS RICHTIGE TUN
Matthäus 7,12-23

Richtig oder falsch? Ist das Gottes Wille, sein Ziel mit mir, sein Anspruch an mich? Fragst du dich das manchmal? Bevor du etwas tust? Jesus knüpft an das Alte Testament (V.12) an, wo Gott gesagt hat, was gut ist und was er vom Menschen erwartet (Micha 6,8). Manchmal scheint das ja sehr kompliziert zu sein, das herauszubekommen. Jesus gibt uns eine Faustregel: Das, was du von anderen erwartest, nimm als Maßstab deines Handelns. Hör einfach nicht auf die Leute, die alles ganz einfach machen (V.15), die sagen, dass du bleiben kannst, wie du bist und machen kannst, was du willst – das wird dich und die anderen am Ende kaputtmachen. Ob du dem Rat anderer Menschen glauben kannst, siehst du, wenn du ihr Leben ansiehst und prüfst, was es bringt (V.16). Aber was ist ein guter Baum? Was sind gute Früchte? Das merkst du, wenn du prüfst, ob diese Früchte genießbar oder giftig sind. Wenn das, was Menschen tun und sagen, den Lebensraum, die Atmosphäre vergiftet, ist irgendwas faul, dann such dir andere Vorbilder. Zum anderen steckt da die Frage nach der Vermehrung drin, denn in Früchten stecken immer Samen. Überleg doch mal, ob das, was du heute tust und sagst, ein Samenkorn sein könnte. Ein Samen, der Glauben an Gott erzeugt?

Das merke ich mir: _____

Juli

28 EINFACH MAL MACHEN

Freitag

Matthäus 7,24-29

Jesus sagt als Abschluss seiner Bedienungsanleitung für geistliches Leben: Wer tut, was ich sage (V.24), baut stabil. Glauben heißt eben nicht, etwas vermuten, nicht so ganz genau Bescheid wissen, sondern voller Vertrauen einfach mal machen. In diesem „Machen" zeigt sich das Vertrauen auf Jesus. Ich kann mich so auf ihn verlassen, dass ich einfach mache, was er sagt. Wer nicht tut, was Jesus sagt, der beweist mit seinem Verhalten, seinem Nichtstun (V.26), dass er Jesus eigentlich gar nicht glaubt. Natürlich ist dieses praktische Vertrauen eine Herausforderung, das kostet Kraft, aber es gibt Halt und Stabilität im Leben. Das Problem des Glaubens ist, dass es keine Zuschauererfahrung ist. Du kannst es nur selbst herausfinden, indem du dich auf Jesus verlässt und betest (V.7ff.), ihm zutraust, dass er heute für dich sorgt (Mt 6,25ff.). Und indem du dich ins Licht Gottes und so seinem Urteil stellst. Jesus gibt ein Versprechen: Wer so sein Leben aufbaut, der wird merken, dass es hält. Sag mal, kannst du auch über Jesu Lehre so staunen (V.28)? Da steckt Power dahinter. Aber eine Power, die nur der entdeckt, der es ausprobiert. Das wäre doch was, so kurz vor dem Wochenende: einfach mal machen.

Das merke ich mir: _____

_____

29 WENN GLAUBEN PRAKTISCH WIRD

Samstag

Matthäus 8,1-4

So mancher fragt sich, ob das mit Jesus nicht doch alles Theorie ist. Alles ganz schön, wunderbare Worte, interessante Gedanken und spannende Schlussfolgerungen, aber funktioniert das auch? Wer heute so fragt, ist nicht der Erste. Das haben Christen aller Generationen gefragt — von Anfang an. Deshalb haben Matthäus, Markus und Lukas ja nicht nur Reden notiert und veröffentlicht, sondern beschrieben, wie Jesus Menschen begegnet ist und Menschen Glauben ausprobiert haben. Da kommt einer, der bittet, sucht und bei Jesus anklopft. Der nimmt ihn beim Wort. Er traut es Jesus zu (V.2), er bittet nur darum, dass er es tut. Diese Beschreibung ist herausfordernd, weil die Frage nach der Gebetserhörung nicht mehr ist: Kann Gott etwas? Oder: Gibt es ihn? Sondern: Will er es? Es ist das Beispiel für das, was Jesus übers Beten (Mt 7,11) gesagt hat. Das, was Jesus tut, das wird gut — sein Wille geschehe. Das ist kein mit zusammengebissenen Zähnen gegrummeltes Gebet: „... wenn's dein Wille ist", sondern ich trau es dir zu, du machst es richtig — ich überlasse mich dir. Und dann gibt mir der Auftrag Jesu zu denken: Es geht jetzt nicht um die Werbung für Jesu Vollmacht, sondern um die stille, einfache Dankbarkeit deines Herzens.

Das merke ich mir: _____

_____

KW 31 bearbeitet von Gerd Voß,
Gemeinschaftspastor, 26212 Oldenburg
E-Mail: gerdwillmsvoss@live.de

MONATSSPRUCH AUGUST
DU BIST MEIN HELFER, UND UNTER DEM SCHATTEN DEINER FLÜGEL FROHLOCKE ICH.
Psalm 63,8

RESTLOS VERSAGT
Psalm 106,24-48

Dies ist ein sogenannter Bußpsalm. „Buße" ist zwar ein deutsches Wort, dennoch muss es ins heutige Deutsch übersetzt werden: „Umkehr". Vor der Umkehr kommt hier die detaillierte Aufzählung des Komplettversagens Israels als Volk Gottes. Sie hatten nichts ausgelassen: Unglaube, Undankbarkeit, Untreue, Ungehorsam, Ungerechtigkeit, Unfriede, Untergang. Die Aufzählung des Versagens ist schmerzhaft. Man könnte sich in Grund und Boden schämen. Muss man sich so etwas antun? Genügt denn nicht die allgemeine Einsicht „Nobody is perfect", „Fehler hamwa alle!" oder fromm gesagt: „Ja, wir sind alle Sünder!"? Warum und wozu dieses beinahe masochistische Stochern in den Wunden des eigenen Versagens? Wie gerne richten wir jemanden auf und sagen tröstend: „Nein, so schlimm bist du gar nicht. Kopf hoch! Denk nicht so schlecht von dir! Mach dich nicht selbst runter." Natürlich geht es in Psalm 106 nicht um ein Sich-runtermachen. Die Aufzählung ist einfach sachlich richtig. So war es. Nichts beschönigt, nichts aufgebauscht. Wie eine schonungslose, aber korrekte Diagnose. Wer kann das aushalten? Nur einer, der das Heilmittel kennt.

In diesem Fall die Gnade und das Mitleid Gottes. Vertuschen muss nur, wer die Gnade nicht kennt. Wie ist es bei dir?

Das merke ich mir: _____

_____

_____

Du bist ein Gott, der mich sieht.
Gen 16,13

Es erinnert mich an den Film „Avatar", wo man sich auf dem Planeten Pandora mit „Ich sehe dich" begrüßt. Ich fühle mich wahrgenommen, nicht übersehen.
Von Gott!
Gerd Voß

WOCHENSPRUCH
Wandelt als Kinder des Lichts; die Frucht des Lichts ist lauter Güte und Gerechtigkeit und Wahrheit.
Epheser 5,8b.9

Montag 31 — DIE WIRKUNG DES GLAUBENS
Matthäus 8,5-13

Dieser Römer ist gläubiger als die frommen Juden, so sagt es Jesus. Und er verweist schon auf die ferne Zukunft, in der sogar Deutsche an seinem Tisch sitzen werden (V.11). Das „Ich bin es nicht wert ..." (V.8) bezieht sich darauf, dass der Hauptmann weiß: „Als Römer habe ich kein Recht, einen jüdischen Rabbi um etwas zu bitten." Er schätzt Jesus offenbar sehr hoch ein. Er traut ihm die Befehlsgewalt über die Schöpfung zu: „Aber sprich nur ein Wort ..." (V.8ff.). Jesus zuzutrauen, dass 1:1 geschieht, was er sagt, das ist Glaube. Darum mit seinem Anliegen zu Jesus zu gehen, das ist Vertrauen. Mit welcher Haltung bitten wir Jesus um etwas? Glaubst du und vertraust du ihm? Denk einmal an deine letzte Bitte, die du ihm vorgetragen hast. Wenn Jesus dir darauf antwortet mit: „Geh! So wie du geglaubt hast, soll es geschehen!" (V.13). Wie und was hast du geglaubt und worauf vertraut, als du ihn gebeten hast? Das ist gefährliches Terrain. Viele sind an dem frommen Rat: „Du musst mehr glauben!" schon verzweifelt. Sie gaben sich selbst die Schuld daran, wenn Gott nicht tat, was sie erbeten hatten. Dieser Bericht ist darum eine große Frage an uns. Wir sollten sie in unseren Kreisen besprechen: „Was trauen wir Jesus zu und was bitten wir ihn?"

Das merke ich mir: _____
_____

Dienstag 1 — PSYCHE UND DÄMONEN
Matthäus 8,14-17

Krankheiten und Dämonen / böse Geister. Immer wieder taucht diese Doppelnennung in den Jesusgeschichten auf. Die Heilung von Krankheiten — na gut. Aber ist das mit den Dämonen nicht eine antike Beschreibung psychischer Erkrankungen? Auf den Punkt gefragt: Geht es hier um innere Krankheit oder um Besessenheit bzw. Beeinflussung durch Dämonen? Wenn es um eine psychische Erkrankung ging: Wie konnte Jesus sie mit wenigen Worten beseitigen? Weiter gedacht: Mit derselben Selbstverständlichkeit, mit der man damals von Dämonen und nie von psychischer Krankheit sprach, spricht man heute ausschließlich von psychischer Erkrankung und nie von Dämonen. Ist dieser Text für uns also überhaupt brauchbar? Ja, ist er. Wir können heute zusammenbringen, was man damals nicht wusste und heute nicht mehr wahrhaben will. Es gibt beides (s. auch Kol 2,15; Eph 6,12). Und Jesus hat Macht über Krankheit UND Dämonen. Bis heute. Es ist die Macht des Schöpfers UND Erlösers, des Lösegeldzahlers, des Befreiers. Jesus erweist sich für die Menschen als eine Übermacht, gegen die kein Kraut gewachsen ist — keine Krankheit, kein Dämon. Dieser Bericht zeigt, auf wen wir uns da einlassen, wenn wir ihm folgen: auf den Übermächtigen auf unserer Seite.

Das merke ich mir: _____
_____

OHNE WEICHZEICHNER Matthäus 8,18-22

Mittwoch 2

Eines kann man Jesus nicht nachsagen: Er redet Menschen nicht nach dem Mund und er verführt sie nicht mit schönen Versprechungen. Im Gegenteil: Er benennt den Preis dafür, in seinen Fußstapfen zu leben: Wanderschaft. Nicht endlich niedersetzen und schön hierbleiben. Nicht das warme Nest, wo es gut sein ist. Der Mann, der Jesus in Vers 19 ansprach, war bereits ein Schriftgelehrter. Was erhoffte er sich wohl davon, mit Jesus zu gehen? Die Erfüllung alter Prophetien — und er wollte live dabei sein? Vielleicht wollte er zu dieser Truppe um Jesus gehören, deren Meister göttliche Wunder tat und seine Nachfolger dazu bevollmächtigte. Aber den Preis hatte er nicht vor Augen. Wir erfahren nicht, ob er dennoch mitgekommen war oder nach Hause ging. Was würde Jesus mir heute als Preis nennen, den es zu bedenken gilt, bevor ich ihm folge? Die zweite Begegnung ist geradezu schockierend. Nachfolge ändert alles. „Überlass es den Toten ..." (V. 22). Es ist ein Vorgriff auf die scharfe Trennung, von der Jesus in Matthäus 25,40-42 redet. Unausgesprochen ruft Jesus mich auf: „Folge JETZT dem Weg zum Leben und lass deinen Terminplan nicht von Toten bestimmen. Auch nicht von lebenden Toten." Da ist kein Weichzeichner drin. Halten wir das heute aus? Was tun?

Das merke ich mir: _____

VON PANIK UND SCHLAF Matthäus 8,23-27

Donnerstag 3

Die Jünger panisch im Sturm — Jesus schläft. In Matthäus 26,40f. das Gegenteil: Jesus voll Angst — die Jünger schlafen. Was ist wann dran? Wovor muss man wirklich Angst haben und wovor nicht? Wer könnte die Jünger nicht ohne weitere Erklärung verstehen? Es stürmt und sie drohen unterzugehen. Jesus fragt doch tatsächlich (V.26): „Warum habt ihr solche Angst?" Sein Ernst??!! „Ihr habt zu wenig Vertrauen!" Ach! Wirklich? Was hätten die Jünger denn eigentlich tun sollen, anstatt Jesus zu wecken? Ist „Herr, rette uns!" nicht gerade der Vertrauensbeweis? Angst und Vertrauen stehen offenbar in einem ständigen Kampf um die Vorherrschaft. Mit beidem können wir zu Jesus kommen. Er verweigert sich uns nicht, wenn wir in Angst zu ihm kommen. Er weiß, was Angst ist. Aber Angst benebelt die Sinne. Vertrauen macht ruhig. Jesus gönnt seinen Nachfolgern, dass sie ihn nicht panisch anflehen, sondern vertrauensvoll, auch und gerade dann, wenn der Ausgang einer Sache noch offen ist. Glaube ist etwas Tieferes als die Hoffnung auf „Wird schon gut gehen". Jesus stillt hier den Sturm. Nach der Angst vor dem Sturm kommt nun die Schockstarre: Mit wem sitzen wir hier im Boot? Offenbar mit einem, der größer ist als die Angst und mächtiger als die Bedrohung.

Das merke ich mir: _____

4 DER TEUFEL IST EIN GUTER THEOLOGE

Matthäus 8,28-34

Freitag

Gefährliche Situation. Die Straße wird gemieden wegen dieser beiden Männer. Jesus geht genau da entlang. Typisch. Er ist immer an den Orten und bei Leuten, die von anderen gemieden werden. Die Dämonen in den beiden Männern erkennen ihn sofort und sprechen ihn mit dem Titel an, der ihm von den damaligen Theologen abgesprochen wurde: Sohn Gottes. Sagen wir es so: Der Teufel weiß Bescheid. Er ist ein guter Theologe. Er kennt seinen Feind (Jak 2,19). Sie wissen, dass am Ende der Zeiten ein Gericht auf sie wartet. Nun ahnen sie, dass es schon da ist und haben Angst. Die Bitte, in die Schweineherde fahren zu dürfen, ist die Bitte um Aufschub. Nur nicht aus den Männern herausfahren und ohne Hülle und Aufgabe umherstreifen müssen. Eine schaurige Welt, in die wir hier Einblick erhalten. Jesus gewährt es ihnen, und sie tun, was sie am besten können: in den Wahnsinn und in den Tod treiben. Was für starke Wesen müssen wir Menschen sein, die große Schweineherde jedenfalls hat keinerlei Chance auf Widerstand. Ihr Tod ist augenblicklich besiegelt. Die Begeisterung der Menschen hält sich in Grenzen: Die Heilung zweier Männer wiegt für sie offenbar nicht den wirtschaftlichen Schaden auf. Welchen Preis darf die Heilung von Menschen uns kosten?

Das merke ich mir: _____

5 DER GÖTTLICHE WANDERER

Matthäus 9,1-8

Samstag

Die Heilung Gelähmter gehörte damals zu den Dingen, die man nur Gott zutraute. Die Vergebung von Sünden konnte ebenfalls nur Gott zusprechen bzw. ein von ihm bevollmächtigter Priester. Hier geht es um zwei absolut göttliche Handlungen. Mit der Sündenvergebung beansprucht Jesus göttliche Autorität. Mit der Heilung beweist er, dass er sie hat. Dieser schlichte Wanderprediger aus Nazareth ist gleichzeitig Gott auf zwei Beinen. Er nennt sich selbst „Menschensohn". Dieser Titel stammt aus Dan 7,13 und bezeichnet den Herrn und Richter der Welt, der am Ende der Zeiten kommt. Eine unglaubliche Anmaßung in den Augen der Schriftgelehrten. Geistliche Hochstapelei werfen sie ihm immer wieder vor. Und er macht es ihnen auch nicht leicht – uns auch nicht. Er macht keinen Hehl daraus, dass er eins mit dem Vater im Himmel ist, ewig, Schöpferkraft hat, Brot, Licht, Weg, Wahrheit, Lamm Gottes, Messias, guter Hirte, Auferstehung und Leben selbst ist. Und das alles im Gewand eines schlichten Mannes, der gleichzeitig zutiefst liebevoll und demütig ist. Autorität, absolute Macht schließen bei ihm Demut, Dienst und Liebe nicht aus. „Die Volksmenge erschrak" (V.8). Manchmal hilft uns der Schrecken, die Größe von Jesus ein wenig zu erfassen.

Das merke ich mir: _____

KW 32 bearbeitet von Stefanie Ramsperger,
Leiterin Kommunikation
beim Deutschen EC-Verband,
freie Journalistin und Lektorin, 61169 Friedberg
E-Mail: stefanie.ramsperger@ec.de

WOCHENSPRUCH
Wem viel gegeben ist, bei dem wird man viel suchen; und wem viel anvertraut ist, von dem wird man umso mehr fordern.
Lukas 12,48

LOBEN ZIEHT NACH OBEN
Psalm 63

David befindet sich in einer Wüstenzeit. Doch statt zu lamentieren, spricht er innig über und mit Gott. „Meine Seele klammert sich an dich", singt er. Nicht nur Herz und Seele, also sein Inneres, sondern auch sein Körper, sein Äußeres, „schmachtet" nach Gott. David setzt bewusst alles daran, Gott zu erleben. Er hält Ausschau nach ihm und fordert: „Ich will deine Kraft und Herrlichkeit erfahren." Er bedrängt Gott geradezu, sich ihm zu zeigen. Aus seiner Wüstensituation und seiner Sehnsucht nach Gott leitet er ab: „Ich will dich preisen mein Leben lang." Mit voller Absicht entscheidet er sich dafür, Gott zu loben — obwohl seine Situation nicht gerade toll ist: Allein und hungrig in der Wüste Juda würden andere vielleicht auf negative Gedanken kommen. Davids Beschluss Gott zu preisen, hilft ihm, und trägt dazu bei, dass es ihm selbst gut geht. Sprichwörtlich heißt es: „Loben zieht nach oben." Das trifft offensichtlich auf David zu. Und es ist ein guter Wegweiser für die kommende Woche.

Überlege, ob und wie du Davids Entscheidung, zu loben statt zu lamentieren, zu deiner eigenen machen willst.

Das merke ich mir: _____
_____
_____

Du bist ein Gott, der mich sieht.
Gen 16,13

Ein wunderbar persönlicher Gott hat dich im Blick. Sein Blick ist nicht abschätzig, sondern voller Liebe und Zutrauen.
Stefanie Ramsperger

7 JESUS KOMMT ZU DIR
Montag — Matthäus 9,9-13

Kommt dir die Geschichte bekannt vor? Das ist nicht so außergewöhnlich. Des Öfteren erzählen die vier Evangelisten Matthäus, Markus, Johannes und Lukas von gleichen Szenen und Erlebnissen mit Jesus. Aber hier stimmt doch was nicht? Heißt der Zöllner nicht eigentlich Levi? Ist das hier ein anderer als der, um den es in den Parallelstellen geht? Tatsächlich scheint es so zu sein, dass der Autor Matthäus sich hier eines Kunstgriffs bedient und sich selbst auf den Stuhl des Zöllners gesetzt hat. Und genauso können wir es auch tun: Jesus kommt nicht nur zu den anderen, sondern auch zu mir, auch zu dir. Als wärst du selbst der Zöllner aus der Geschichte. Jesus geht es nicht darum, dass du möglichst perfekt bist. Er kümmert sich gerade um diejenigen, die begreifen, dass sie ihn brauchen. Ihm geht es nicht um äußerliche Frömmigkeit, sondern um echtes Interesse und Liebe zu ihm. Gott spricht davon, dass er sich Menschen wünscht, die „barmherzig" sind. Darin stecken die Worte „arm" und „Herz". Überlege, wo du deinem Herzen einen Schub geben kannst, sich stärker für die Bedürfnisse von „Armen" zu öffnen. Barmherzig zu sein bedeutet, seinem Mitgefühl Taten folgen zu lassen.

Das merke ich mir: _____
_____

8 MIT JESUS BEGINNT EINE NEUE ZEIT
Dienstag — Matthäus 9,14-17

Drei Gleichnisse stecken in diesen kurzen Versen. Der Anlass, warum Jesus sie erzählt, sind die Jünger von Johannes dem Täufer, die sich mit den Jüngern von Jesus vergleichen. Sich selbst mit anderen zu vergleichen, ist selten hilfreich. Man macht sich dadurch das Leben schwer, entwickelt Neid und ändert doch nichts. Vielleicht liegt es daran, dass Jesus die Menschen so genau versteht und die schlechten Auswirkungen von Vergleichen und Neid kennt, dass er sich die Mühe macht, deren Anfrage gleich drei Mal zu erklären — damit für jeden ein verständliches Bild dabei ist. Denn letztlich sagen alle drei Gleichnisse dasselbe aus: Johannes der Täufer steht am Ende eines Zeitalters, Jesus am Anfang eines neuen Zeitalters der Gnade. Durch Gottes neuen Bund mit den Menschen hat die Gnade die Gesetzlichkeit abgelöst. Wer die vergebende Liebe aus Gnade mit den vorher geltenden Regeln vermischt, verwässert das Wesen von Gnade. Wer das Evangelium und Gesetzlichkeit miteinander vermischt, handelt wie jemand, der jungen Wein in alte Schläuche füllt und diese durch seine Gärung zum Platzen bringt. Die Schläuche halten zwar für Wein, der nicht mehr gärt, aber für das Neue sind sie ungeeignet. Das Neue ist Jesus und dessen freimachende Liebe.

Das merke ich mir: _____
_____

JESUS KENNT DEINE SITUATION
Matthäus 9,18-26

Ein echter Notfall! Ein Kind liegt im Sterben. Rettungswagen, Blaulicht, Martinshorn, es muss schnell gehen. Und dann kommt eine kranke Frau und unterbricht die dramatische Szene – geht's noch? Jesus hat anderes zu tun! Doch Jesus bleibt entspannt. Er ärgert sich nicht über die Unterbrechung, obwohl sie in der damaligen Zeit ein echtes No-Go ist. Jesus nimmt die Einzelne in den Blick, bleibt gelassen und wir merken: Jesus ist immer zugänglich und verfügbar. Er nimmt sich Zeit für unsere Anliegen. Wenn das so ist, wieso musste die Frau dann zwölf Jahre lang leiden, bis sie endlich Hilfe bekommt? Warum bleiben so viele Bitten um Hilfe scheinbar ganz unerhört? Warum löst Jesus mein Problem nicht immer jetzt und hier, so wie er es bei dem Kind getan hat, welches er am Schluss der Geschichte wieder gesund macht? Er kann es ja offenbar. Er ist stärker als der Tod und trotzdem löst er nicht alle unsere Nöte. Zu der Frau sagt er: „Dein Glaube hat dir geholfen." Vielleicht kann uns auch unser Glaube helfen, selbst wenn der erbetene Zustand hier auf der Erde nicht eintritt. Vielleicht kann er dennoch helfen, durch das Wissen, dass Jesus bei uns ist, zugänglich und verfügbar; dass er an unserer Seite ist als Tröster, Ratgeber und Helfer.

Das merke ich mir: _____

_____

JESUS MÖCHTE DICH BEGEISTERN
Matthäus 9,27-34

Jesus tut etwas vollkommen Übernatürliches. Er macht blinde Menschen sehend. Und damit er nicht einfach als begnadeter Wunderheiler bekannt wird, bittet er die Genesenen, nichts davon zu erzählen. Deren Herzen sind aber so übervoll und die Freude an der neu gewonnenen Lebensqualität vermutlich so groß, dass das Wunder trotzdem aus ihnen heraussprudelt. Sie reden, obwohl sie eigentlich schweigen sollen.
Bei uns ist das oft genau andersrum: Jesus hat uns aufgetragen, von ihm zu erzählen. Aber ganz oft schweigen wir, obwohl wir eigentlich reden sollen. Von den Geheilten, die blind waren, lässt sich viel lernen: Wunder geschehen. Nicht immer groß und bombastisch, sondern manchmal auch unauffällig und ohne große Öffentlichkeit. Sind wir aufmerksam dafür? Üben wir uns darin, sie wahrzunehmen und darüber ins Staunen zu geraten? Können wir uns begeistern für die großen und kleinen Dinge, bei denen wir Jesus „auf frischer Tat" ertappen können? Führt unser Staunen zum frohen Weitersagen?
Dieser Tag ist eine Einladung an dich, um Wunder zu bitten und auf Wunder zu achten. Du bist eingeladen zum Staunen und Weitersagen!

Das merke ich mir: _____

_____

11 JESUS BERUFT SEINE JÜNGER

Freitag

Matthäus 9,35 – 10,4

Jesus stellt fest, dass viele seiner Mitmenschen erschöpft und hilflos sind. Auch heute scheinen viele Menschen am Rand ihrer Kräfte unterwegs zu sein. Kraftspender und Mutmacher täten ihnen gut, inmitten einer Welt, in der es oft darum geht, erfolgreich und mächtig zu sein, sich durchsetzen zu können und zu zeigen, was man hat. Eigentlich kann eine christliche Gemeinschaft einzelne bestärken, denn sie besteht aus Menschen, die sich untereinander ermutigen können, weil sie selbst Gottes Kraftquelle anzapfen. Schön, wo dies geschieht. Um Erschöpften und Hilflosen praktisch zu helfen, gibt Jesus den Menschen folgende Aufgabe: Bittet Gott, dass er Arbeiter auf sein Erntefeld schickt. Damit meint er Menschen, die im Auftrag von Gott unterwegs sind, um den weltlichen Maßstäben Gottes Werte und die Botschaft der Auferstehung entgegenzusetzen. Gott sind andere Dinge wichtig als vielen Menschen. Für ihn zählt die Liebe zum Nächsten, egal, wie erfolgreich, schön oder reich dieser ist. Für dich könnte das heute bedeuten: Nimm dir Zeit, um Gott für Menschen zu bitten, die sich von ihm berufen lassen, in seinem Auftrag unterwegs zu sein. Überlege auch, an welchen Stellen du anderen Menschen dienen kannst – weil Gott dich dazu beruft.

Das merke ich mir: _____

12 JESUS SENDET SEINE JÜNGER

Samstag

Matthäus 10,5-15

Einiges an dem Text wirkt irritierend und ziemlich weltfremd. Die Jünger sollen gehen, aber wohin? Schließt der Text in seiner Fokussierung auf Israel Personengruppen aus? Was bedeutet das für uns heute? Später wird klar, dass allen Menschen das Evangelium verkündet werden soll. Ich merke mir: Gott verlangt nichts, was mich überfordert. Deswegen schickt er seine Jünger anfangs nicht auf das heißeste Pflaster. Die Jünger sollen etwas tun, aber was? Sie sollen verkündigen, dass die Zeit, in der sich Gottes Herrschaft und Wille durchsetzen, nahe ist. Und sie sollen Wunderheilungen vollbringen. Was sollen wir damit anfangen? Erfahrungsgemäß funktioniert das „Tote-Auferwecken" nicht so leicht. Ich merke mir: Jesus redet vier Mal vom Handeln und einmal vom Reden. Ich möchte mutig Dinge anpacken und nicht beim Darüber-Reden stehenbleiben. Deswegen überlege ich, wie ich beispielsweise mit Menschen umgehe, die von anderen mies behandelt werden. Die Jünger sollen nichts besitzen, sondern sich darauf verlassen, dass Gott sie versorgt. Das ist keine Aufforderung dazu, andere auszunutzen oder planlos zu leben. Ich merke mir: Wo ich über die Zukunft grüble und mir Sorgen mache, darf ich Gott dies an- und auf ihn vertrauen. Was merkst du dir?

Das merke ich mir: _____

KW 33 bearbeitet von Gesine Westhäuser,
Dipl. Sparkassenbetriebswirtin, 57078 Siegen
E-Mail: gesine.westhaeuser@t-online.de

WOCHENSPRUCH
Wohl dem Volk, dessen Gott der Herr ist, dem Volk, das er zum Erbe erwählt hat!
Psalm 33,12

BEZIEHUNGSSTATUS „KOMPLIZIERT"
Psalm 78,1-31

Beziehungsstatus „kompliziert": So würde es im Facebookprofil des Volkes Israel zu lesen sein, wenn es seine Beziehung zu Gott umschreiben sollte. Asaf, der Autor des Psalms, wirft einige Schlaglichter auf die bewegte Beziehungsgeschichte. Es läuft nicht immer rund. Vertrauen und Treue wechseln sich mit Schimpfen und offenem Widerstand Gott gegenüber ab, obwohl das Miteinander zwischen Gott und den Israeliten auf einem öffentlich und feierlich besiegelten Bund ruht, denn Gott und das Volk sagen in 2. Mose 24 Ja zueinander: Gott schenkt dem Volk seine Gebote, damit das Leben eines jeden einzelnen Menschen gelingen kann und die Beziehung zu Gott geschützt wird. Das Volk wiederum schwört Gott am Berg Sinai Treue und Gehorsam. Das Besondere an einem Bund, den Gott schließt: Gott ist immer der Aktive. Er macht den ersten Schritt. Er bindet sich aus freien Stücken an sein Volk und übernimmt die Selbstverpflichtung, für diese Menschen zu sorgen und sie nicht zu verlassen: ohne Vorleistung. Gottes Wesen ist Treue, auch wenn die Israeliten regelmäßig die Folgen von Rebellion und Ungehorsam tragen müssen. Gottes Handeln ist durchzogen von Gnade und Rettung.
Wo erlebst du in deinem Leben, dass Gott dich trotz allem nicht loslässt?

Das merke ich mir: _____
_____
_____

Du bist ein Gott, der mich sieht.
Gen 16,13

Gesehen werden. Wahrgenommen werden. Heraustreten aus der Anonymität und eintauchen in Nähe. Das macht eine Beziehung aus.
Gesine Westhäuser

14 GEISTESGEGENWÄRTIG HANDELN
Montag   Matthäus 10,16-26a

Ob die Jünger halbwegs realisieren, was auf sie zukommt? Verfolgung, Gericht, Flucht, Lebensgefahr: Damit haben sie noch keine Erfahrungen. Vieles ist auf dem Weg mit Jesus noch neu für sie. Sie sind Lernende, die die Erlebnisse erst noch einsortieren müssen: Die Bergpredigt mit völlig neuem Gedankengut, Heilungen, der Sieg über Dämonen, die Sturmstillung und immer wieder der ungewöhnliche Umgang von Jesus mit Menschen sowie irritierende Diskussionen im Volk. Welches Chaos an ungelösten Fragen wird in den Köpfen und Herzen der Jünger herrschen? Und mitten hinein in diese Anfänge des Unterwegsseins mit Jesus sendet er sie hin zu den Menschen (Beginn Mt 10). Die Aussichten, die er beschreibt, sind erschreckend und abschreckend. Jesus schenkt von Anfang an reinen Wein ein. Seine Nachfolger sollen wissen, worauf sie sich einlassen und wie sie damit umgehen sollen: „Geistesgegenwärtig" im doppelten Sinne sollen sie sein. Über allem steht (V.20): „Baut auf Gottes Geist!" Und zugleich (V.16b): „Geht geschickt und bedacht vor, seid ehrlich und eindeutig, macht keine faulen Kompromisse!" Auch dies ist eine Form von Geistesgegenwart, bezogen auf den eigenen von Gott geschenkten Verstand. Wie reagierst du auf Anfeindungen als Christ?

Das merke ich mir: _____
_____

15 HABT KEINE ANGST!
Dienstag   Matthäus 10,26b-33

„Was sollen bloß die Leute denken?" Kennst du diese Frage von deinen Eltern oder verwendest du sie selbst? Sie drückt aus, wie sehr es uns darum geht, gut dazustehen. Wir möchten sympathisch und tolerant wirken und keinen Anlass für Klatsch und Tratsch bieten. Deshalb umschiffen wir mögliche peinliche Situationen und verhalten uns angepasst und unauffällig. Angepasst und unauffällig? Von seinen Nachfolgern erwartet Jesus das glatte Gegenteil: Was du über Jesus und von Jesus lernst, was du mit ihm erlebst, sollen alle Menschen wissen. Auch wenn sich deine Erkenntnisse und Erfahrungen zunächst nur im Verborgenen zwischen Jesus und dir persönlich abspielen (V.27: „im Dunkeln", „ins Ohr flüstern"). Du bist der Flyer, die E-Mail und der Instagram-Account, wodurch die Botschaft von Jesus bekannt wird. Während verfolgte Christen in Asien ihren Glauben bekennen und damit Gefängnis, Folter und Tod in Kauf nehmen, sind wir in Deutschland im Blick auf unseren Glauben oftmals sehr schweigsam, obwohl uns meist allenfalls Spott oder der Vorwurf, fundamentalistisch zu sein, erwarten. Die Gewissheit, dass du bei Jesus einen unendlich hohen Wert hast und er für dich sorgt, soll die Angst vor Menschen zurückdrängen (V.29ff.). Wie erlebst du das?

Das merke ich mir: _____
_____

SCHEIDEN TUT WEH

Matthäus 10,34-39

Brutale Worte von Jesus. Der liebende, einfühlsame und heilende Jesus ist mir bedeutend lieber. Die Welt hat bereits mehr als genug Streit und Feindschaft. Seit wann tritt Jesus an, die Beziehungen zwischen Menschen noch schlimmer zu machen, als sie vielfach bereits sind? Was ist das für ein Retter, der Familien zerstört? Diesem schweren Textabschnitt kannst du dich nähern, wenn du dir vor Augen führst, dass Jesus zu 100 % Gott und zu 100 % Mensch ist. Er vereinigt in sich Unvereinbares: den ewigen, allmächtigen und vollkommenen Gott einerseits und den vergänglichen, machtlosen und fehlerhaften Menschen andererseits. Wie zwei gegensätzliche Pole bei einem Magneten. Eisenspäne werden umso stärker angezogen, je tiefer sie in das Magnetfeld eindringen, das diese beiden Pole aufbauen. Christsein bedeutet, sich immer neu für Jesus und sein Kraftfeld zu entscheiden. Das Wort „entscheiden" beinhaltet „scheiden", also trennen, abgrenzen. An Jesus scheiden sich buchstäblich die Geister. Unverständnis, Drangsalierung, öffentliche Bloßstellung, körperliche Misshandlung: Das „Schwert" (V.34) kann sich praktisch sehr unterschiedlich zeigen. „Entschieden für Christus": In welchen Bereichen vollziehst du diese Ent-Scheidung immer wieder neu?

Das merke ich mir: _____

_____

TUT EINANDER GUTES!

Matthäus 10,40-42

Nach so viel schwerer Kost eröffnet Jesus nun ein hoffnungsvolles Bild: Gott wird für seine Jünger sorgen und dazu andere Menschen gebrauchen, die ihnen eine Unterkunft, Schutz und Verpflegung bieten. Ob diese Menschen selbst Christen sind, spielt keine Rolle. Wenn sie anderen Christen, weil sie Christen sind, etwas Gutes tun, dienen sie damit Jesus selbst. Denn als Nachfolger Jesu sind wir seine Botschafter, seine sichtbaren Vertreter in dieser Welt. Ein krasser Anspruch an uns und gleichzeitig eine Auszeichnung und eine Adelung! Wir spiegeln Jesu Wesen wider, wir sind in seinem Auftrag unterwegs. In uns sollen die Menschen erkennen können, wie Jesus ist. Beispielsweise hat Jesus einen Blick für den einzelnen Mann, die einzelne Frau, das einzelne Kind. Er ist aufmerksam und schaut genau hin, nimmt wahr, wie ein einzelner Mensch mit einem Christen umgeht. Was relativ unspektakulär wirkt (jemanden aufnehmen oder etwas zu trinken geben), kann in den turbulenten Zeiten, die Jesus in den Abschnitten zuvor umrissen hat, für die handelnden Personen durchaus mit nicht unerheblichen Gefahren verbunden sein. Jesus wertschätzt diese Zeichen von Liebe und Fürsorge. Wo kannst du ganz bewusst einem anderen Christen Gutes tun?

Das merke ich mir: _____

_____

18 DER ZWEITE BLICK LOHNT SICH

Freitag

Matthäus 11,1-19

Der heutige Textabschnitt zeigt zwei Muster auf, wie Menschen mit ihren persönlichen Wahrnehmungen und Interpretationen umgehen. Zum einen die Menschen aus dem Volk (V.18.19a): Sie haben ihr Weltbild, und das steht fest. Weder Johannes noch Jesus passen dort hinein. Sie geben den Beiden keine Chance und werten ihr Verhalten jeweils so, dass sie die unbequemen Botschaften der Beiden nicht weiter an sich heranzulassen brauchen. Zum anderen Johannes der Täufer (V.2ff.): Matthäus 3 beschreibt die Leidenschaft, mit der er auf den kommenden Messias hinweist, und die Begegnung mit Jesus, die ihm klarmachen, dass er der ist, auf den Generationen warten. Sein ganzes Leben ordnet Johannes dieser Mission unter. Doch nun packen ihn Zweifel. Statt sich seine eigene Sichtweise zurechtzulegen und damit abzuschließen, spricht er seine Zweifel aus und fragt ganz offen. Jesus macht deutlich: Ob jemand wahr und verlässlich auftritt, zeigt sich in dem, was er an Veränderung und Neuem bewirkt (V.4f.19b). Gesprochene Worte erweisen sich als tragfähig, wenn sie wirksame Taten nach sich ziehen. Dadurch werden sie glaubwürdig: würdig, geglaubt zu werden. Wo hast du ein verzerrtes Bild von Jesus? Wo solltest du neue Blickwinkel zulassen?

Das merke ich mir: _____

_____

19 WER NICHT HÖREN WILL, MUSS FÜHLEN

Samstag

Matthäus 11,20-24

Jesus zieht eine Zwischenbilanz seiner Tätigkeit und ist erschüttert: Die Menschen lehnen ihn ab, obwohl sie zahlreiche Wunder erleben. Obwohl sie ihn oft predigen hören. Obwohl so viel von Gottes Macht mitten unter ihnen sichtbar wird. Chorazin, Betsaida und Kapernaum genießen das Vorrecht, dass Jesus dort besonders häufig und intensiv wirkt. In Kapernaum wohnt er sogar (Mt 9,1). Die Einwohner sind näher am Geschehen als alle anderen Zeitgenossen Jesu. Dennoch: Das Erlebte stößt auf taube Ohren, blinde Augen und abwehrende Herzen. Die Städte, die Jesus als Vergleich heranzieht, verkörpern unterschiedliche Extreme. Mit ihnen verglichen zu werden und schlechter dazustehen, stellt eine Provokation dar. Tyros und Sidon haben zu Jesu Lebzeiten einen großen nicht-jüdischen Bevölkerungsanteil, mit dem heidnisches Gedankengut einhergeht. Die Stadt Sodom ist gemeinsam mit Gomorra der Inbegriff für ein gottloses, lasterhaftes Leben (1. Mose 18 f.). Wenn ein Mensch Jesus ablehnt, bleibt er das, was er bis dahin auch schon ist: verloren. Verloren ist all das, was nicht an dem Ort ist, wo es von seiner Bestimmung her hingehört. Und unsere Bestimmung ist, dass wir als Kinder Gottes zum Vater gehören. Hast du diese Bestimmung gefunden?

Das merke ich mir: _____

_____

KW 34 bearbeitet von Michael Adler,
Mitarbeiter beim Deutschen EC-Verband,
34134 Kassel
E-Mail: michael.adler@ec.de

WOCHENSPRUCH
Gott widersteht den Hochmütigen,
aber den Demütigen gibt er Gnade.
1. Petrus 5,5b

Sonntag 20

Lied: FJ5! Nr. 93

GLAUBEN ÜBER GENERATIONEN HINWEG
Psalm 78,32-55

Psalm 78 handelt davon, die Glaubenserlebnisse an die nächste Generation (Kinder) weiterzugeben. Asaf erinnert mit diesem Psalm an Gottes Geschichte mit den Israeliten. Er will die Geschichten, die das Volk erlebt hat, nicht in Vergessenheit geraten lassen, sondern sie sollen von Generation zu Generation weitergegeben werden (V.4). Wie in einer Wellenbewegung erlebten die Israeliten, wie ihre Sünde und ihr Betrug sie von Gott wegbrachten und das Gericht Gottes hervorriefen. Aber sie erlebten auch, wie durch ihre Umkehr Gottes Vergebung und Barmherzigkeit hervortraten und Gottes Zorn verrauchte.

Als nächstes berichtet der Psalmist von den Plagen in Ägypten und davon, wie Gott sein Volk durch die Wüste führte und ihnen das Land Kanaan gab. Gottes Geschichte mit seinen Leuten, erzählt für die nächste Generation.

Wann hast du das letzte Mal eine Geschichte gehört, wo jemand aus seinem Leben erzählt hat, was er/sie mit Gott erlebt hat? Versuche diese Woche mit einem „Glaubens-Opa" oder einer „Glaubens-Oma" darüber ins Gespräch zu kommen, was Gott in seinem/ihrem Leben getan hat. Du wirst staunen, was Gott in deinem Leben noch alles tun wird.

Das merke ich mir: _____

_____

_____

Du bist ein Gott, der mich sieht.
Gen 16,13

Es kommt nicht darauf an,
was andere von mir
denken, sondern es
kommt darauf an,
wie Gott mich (an)sieht.
Michael Adler

21 JESUS FÜR ALLE
Montag — Matthäus 11,25-30

Mit wissenschaftlichen Studien kann man Gott nicht erforschen. Selbst mehrere Doktortitel helfen nicht, wenn ich wissen will, wie Gott ist. Es ist ein Geschenk, dass der Schöpfer des Universums den Menschen macht. Eine Beziehung zu Jesus bedeutet, ein Kind Gottes zu sein; erfahrbar, erlebbar und real. Jedes Kind versteht Zuwendung. Alle Menschen haben die gleichen Chancen, die Einfachen und die Akademiker. Ich spüre einen Hauch von Kommunismus bei diesen Sätzen. Alle Menschen sind Brüder usw. Aber eben nicht, weil sie so gut sind und das Himmelreich auf Erden selbst erschaffen, sondern weil Gott auf den niedrigsten Level runterkommt, damit jeder die Chance hat, es zu verstehen. In Vers 10 lesen wir den bekannten Satz von den Mühseligen und Beladenen. Die Worte im Urtext bedeuten „die Erschöpften" (von schwerer körperlicher Arbeit) und „die Beladenen" (beladen mit Verantwortung); also die Arbeiter und die Manager können bei Jesus gleichermaßen zur Ruhe kommen. Das letzte Bild vom Joch macht deutlich: Christsein hat auch was mit Arbeit zu tun. Arbeit, die wir nicht allein tun müssen. Schau mal, wer neben dir mitzieht in der Gemeinde, im Jugendkreis, im Teenkreis. Danke Jesus dafür, dass du dich nicht allein abmühen musst.

Das merke ich mir: _____

_____

22 GESETZ IST GESETZ – ODER?
Dienstag — Matthäus 12,1-14

Kann sich Jesus mit seinen Jüngern denn nicht einmal an die (Spiel-)Regeln halten? Die Arbeit des Ährenausklopfens ist in den Augen der Pharisäer eine Sünde, die normalerweise mit dem Tod bestraft wird (2. Mose 31,14f.). Jesus macht an zwei Beispielen klar, dass es auch immer Ausnahmen vom Buchstaben des Gesetzes gibt. Aber wer definiert die Ausnahmen?

In Vers 6 sagt Jesus: Die Situation jetzt und hier ist wichtiger als das Sabbatgebot. Noch deutlicher wird das in der Synagoge. Auf der einen Seite ein Mensch, der seit Jahren verkrüppelt ist und den Jesus heilen kann und heilen will. Auf der anderen Seite die Pharisäer, die nur darauf warten, Jesus beim Arbeiten (Heilen) zu erwischen. Doch Jesus stellt klar: Gutes tun und anderen helfen kann man immer.

Das Sabbatgebot hat sich Gott als Geschenk an uns gedacht. Einen Tag in der Woche hast du frei. Gott sei Dank. Ich kann mal „runterkommen" und ausspannen. Erholung und was mit der Familie unternehmen sind angesagt. Ausgerechnet dieses „Zurechtrücken" von Gottes Sabbatgebot macht die Pharisäer so zornig, dass sie Jesu Tod planen. Was für ein Irrsinn.

Das merke ich mir: _____

_____

IN DER RUHE LIEGT DIE KRAFT

Matthäus 12,15-21

Mittwoch 23

Jesus zieht sich zurück. Seine Aufgabe hat er aber weiter fest im Fokus. Menschen Heilung bringen an Leib, Seele und Geist und außerdem das Evangelium verkündigen. Die Konfrontation mit den Pharisäern lässt Jesus „außen vor". In der Stille arbeitet er fröhlich weiter, wie es bei Jesaja beschrieben ist. Von Gott geliebt und mit seinem Geist erfüllt, verkündet er den Menschen das Recht (Gesetz Gottes). Nicht im lauten Streitgespräch mit den Gesetzeslehrern, sondern ohne Geschrei, indem er den Einzelnen sieht. Die Angefochtenen (geknicktes Schilfrohr und glimmender Docht) baut er auf, um so Gottes Gerechtigkeit zu den Menschen zu bringen. In Vers 20 geht es um den endgültigen Sieg, wo Jesus am Kreuz die Rechtfertigung für alle Menschen erringt. Dieser Sieg ist des Gesetzes Erfüllung. Und was heißt das alles für mich heute?

Manchmal erfüllt sich mein Christsein in der Stille ohne viel Tamtam. Das aufbauende Wort für jemanden, dessen Christsein gerade etwas strauchelt. Oder der Trost, den ich jemandem geben kann, oder eine einfache Hilfe, wo mein Nächster spürt, da ist ein Engel, der hilft. Du hast es drauf.

Das merke ich mir: _____

_____

WAHRE STÄRKE

Matthäus 12,22-37

Donnerstag 24

Ein Mensch kann nichts sehen und wird zu Jesus gebracht. Er kann auch nicht sagen, was ihm fehlt, weil eine teuflische Macht (Dämon) ihn blind und stumm gemacht hat. Als Jesus ihn heilt, spüren die Menschen, die dabei sind, etwas von der göttlichen Macht Jesu. Sohn Davids ist die Bezeichnung für den Messias, auf den alle Juden warten. Das reizt die Pharisäer derart, dass sie Jesus bezichtigen, er würde selbst dämonische Kräfte anzapfen. Aber Jesus macht klar: Das Reich Gottes ist schon hier (V.28). Gottes Geist befreit Menschen von Dämonen und ist stärker als alle Kräfte des Teufels (Satan). Im Bild vom Einbrecher, der gefesselt wird, unterstreicht Jesus das. Am Ende des Lebens wird sichtbar werden, wes Geistes Kind die Menschen sind. Die Früchte, die aus diesem Leben hervorgehen, werden zeigen, ob der Lebensbaum gut ist oder schlecht.

Was lasse ich aus der inneren Schatzkammer meines Herzens raus? Gutes, das aufbaut, befreit, tröstet oder weiterhilft? Oder ist mein Reden eher destruktiv? Wovon ist mein Herz so erfüllt, dass es nach außen überquillt? Lass das Gute raus und überlege, wem du heute mit deinen Worten helfen kannst.

Das merke ich mir: _____

_____

25 EIN WUNDER – UND DANN?

Freitag — Matthäus 12,38-45

Welche Folgen hat es, wenn wir ein Wunder bzw. Zeichen erleben? Bei manchen Menschen stärkt es den Glauben: „Boah, was war das denn, unglaublich!" Da hat Gott eingegriffen und ich war dabei. Bei den anderen, die genau das Gleiche erlebt haben: „Das kann doch gar nicht sein; was für ein Trick war das denn? Da komme ich auch noch dahinter!" Die Pharisäer damals gehörten sicherlich zu der zweiten Gruppe von Menschen. Sie waren dabei, als Jesus Kranke heilte. Sie waren dabei, als Jesus, von Gott beauftragt, Wunder tat. Und doch wollen sie noch ein Zeichen sehen. Sie wollen die Show, das Außergewöhnliche, den Kick. Aber sie wollen Jesus nicht als den Messias anerkennen. Jesus vergleicht die Situation mit den Menschen in Ninive. Jona hatte eine Predigt gehalten, keine Wunder vollbracht, aber die Menschen kehrten um zu Gott und wurden gerettet (Jona 3). Die Pharisäer haben so viel mit Jesus erlebt und sind nicht bereit, ihren Frömmigkeitsstil infrage stellen zu lassen und sich ganz auf Jesus, den Messias, einzulassen. Darum werden die Menschen von Ninive am Ende besser dran sein. Wie sieht es bei dir aus? Vielleicht hast du noch nie ein „richtiges" Wunder erlebt; zum Glauben benötigst du kein Wunder, sondern ein Herz, das Gott vertraut.

Das merke ich mir: _____

26 FAMILIENBANDE

Samstag — Matthäus 12,46-50

Jesus ist mitten am Predigen. Draußen stehen seine Mutter und seine Brüder, die mit ihm sprechen wollen. Vermutlich haben sie vor, Jesus mit nach Hause zu nehmen und ihn damit von der Verkündigung der frohen Botschaft abzubringen (vgl. Mk 3,21). Jesus verweist auf die Menschen um ihn herum und sagt: „Wer den Willen des Vaters tut, das sind meine Mutter und meine Brüder." Dabei spielt Jesus bewusst nicht die Familie gegen die Jünger aus, sondern er lädt dazu ein, den Willen des Vaters zu tun, um zur Familie Gottes zu gehören. Nicht aus der Abstammung (als Blutsbande), sondern aus dem Willen Gottes definiert Jesus Familie. Von seiner wichtigsten Aufgabe, das Reich Gottes zu verkündigen, lässt sich Jesus von seinen leiblichen Brüdern nicht abhalten, aber er lädt sie ein, dabei zu sein.

Wo finde ich mich in der Geschichte wieder? Bei den Brüdern, die bei Jesus sitzen, auf ihn hören und den Willen des Vaters tun? Oder bei den anderen Brüdern, die viele gute, logische und theologische Gründe haben, dass das so nicht geht? Ich möchte in meinem Leben immer wieder diese einladende Weite Jesu haben, die allen Menschen die Chance gibt, zu Gottes Familie zu gehören.

Das merke ich mir: _____

KW 35 bearbeitet von Björn Steinhilber,
Leiter EC-Freizeitdorf Flensunger Hof,
35325 Mücke
E-Mail: b.steinhilber@flensungerhof.de

ICH BIN EIN DANKBARER ZURÜCKBLICKER
Psalm 78,56-72

Man könnte meinen, das ist doch zum Verrücktwerden! Irgendwie scheint es uns Menschen nahezuliegen schnell zu vergessen, dass uns geholfen wurde, und nicht wir diejenigen waren, die den Sieg durch eigene Kraft errungen haben. In diesem Psalm wird dargelegt, wie Gott wiederholt eingegriffen hat, um seinen Leuten aus der Patsche zu helfen. Wie oft hat er ihnen geholfen, sie befreit, versorgt, beschützt, verteidigt?! Zu schnell vergaßen die Menschen Gottes wundervolle Taten der Vergangenheit. Sie haben seine Anweisungen ignoriert, sind abgefallen, haben versagt wie ein schlaffer Bogen. Misstrauen gegenüber Gott und eigene Wege folgten. Am Ende des Textes wird König David als positives Beispiel gezeigt, der sich für die Menschen, die Gott ihm anvertraut hat, mit aller Treue und mit aufrichtigem Herzen engagiert und sie mit kluger Hand geführt hat.

Ich möchte meine Hoffnung ebenfalls auf Gott setzen und aus Dankbarkeit seine Gebote halten, weil sie das Beste sind, was mir passieren kann. Israel hat dies leider oft versäumt. Mein Herz möchte ich an Gott verlieren und ihm treu sein! Ich will mich erinnern an seine guten Taten in meinem Leben und sie nicht als selbstverständlich nehmen. Welche waren das bei dir? Erinnere dich!

Das merke ich mir: _____

_____

_____

**MONATSSPRUCH
SEPTEMBER**

JESUS CHRISTUS SPRICHT: WER SAGT DENN IHR, DASS ICH SEI?
Matthäus 16,15

Du bist ein Gott, der mich sieht.
Gen 16,13

Für mich ist das eine der wunderbarsten Eigenschaften Gottes, die ich kenne:
Aus Liebe sucht, entdeckt und findet er mich! Da ist ein Gott, der mich sieht! Punkt!

Björn Steinhilber

WOCHENSPRUCH
Das geknickte Rohr wird er nicht zerbrechen, und den glimmenden Docht wird er nicht auslöschen.
Jesaja 42,3

28 ICH BIN EIN GUTER BODEN

Montag

Matthäus 13,1-9.18-23

Mit diesen Gleichnissen offenbart uns Jesus Prophetisches über das Wesen seines Reiches, von Israel über die Zeit der Gemeinde bis hin zu seiner Wiederkunft. Jesus und alle, die sein Evangelium verkündigen, säen auf das vierfache Feld der Nationen. Bis Jesus wiederkommt, wird die gute Nachricht verkündigt! Ich denke, die ersten drei Gruppen sind nicht wiedergeborene Menschen. Zuerst geht es um Personen, die sich weigern, das Wort Gottes anzunehmen und ein verstocktes Herz haben. Sie sind völlig festgefahren in ihrem Denken und ihrer Haltung. Dann gibt es Menschen, die oberflächlich begeistert sind, aber keine Wurzel und somit keine Frucht haben. Die Dritten scheinen dabei zu sein, aber sie dulden andere Maßstäbe neben Gottes Wort. Deshalb wachsen Dornen, die keine Frucht zulassen. Die vierte Gruppe beweist durch ihre Frucht, dass sie göttliches Leben in sich hat (Mt 7,17). Frucht schenkt allein Gott (1. Kor 3,6)! Früchte sind kein Ergebnis unserer Mühen oder unseres Einsatzes für Jesus. Bemerkenswert ist die abnehmende Frucht: 100-60-30. Je weiter wir in der Endzeit fortschreiten, desto weniger Frucht ist vorhanden. Sei heute für jemanden ein Segen. Vielleicht kannst du irgendwann sehen, wie Gott durch dich Frucht geschenkt hat!

Das merke ich mir: _____

_____

29 ICH BIN EIN GEHEIMNISTRÄGER

Dienstag

Matthäus 13,10-17

Warum kann Jesus nicht einfach klar und direkt sagen, um was es ihm geht und wie sich was verhält? Das wollten die Jünger von ihm wissen. In den Kapiteln 1-12 hat Jesus klar gesprochen, z. B. in der Bergpredigt. Es gibt wenigstens zwei Gründe, warum sich das ab jetzt ändert und er in geheimnisvollen und für viele in unverständlichen Bildern spricht: einmal, weil das Volk Israel ihn abgelehnt hat. Die Pharisäer wollten ihn umbringen. Sie sehen, hören und verstehen nicht! Auch wenn seine Jünger glaubensmäßig noch auf wackeligen Beinen standen, sie vertrauten und setzten auf Jesus als den von Gott versprochenen Retter. Israel war verstockt, aber nur so gelang schließlich das Evangelium auch zu den Nationen (Röm 11,11). Zum anderen offenbart uns Jesus durch die Gleichnisse, was heilsgeschichtlich von der Zeit seiner Ablehnung bis zu seiner Wiederkunft geschehen wird. Zwischen Jesu Leiden und Herrlichkeit liegt ein längerer Zeitraum von nunmehr 2000 Jahren: die Gnadenzeit, die Zeit der Gemeinde, deine Zeit! Das ist neu! Das ist eines von wenigstens 12 Geheimnissen, die uns das NT lehrt. Viel Freude und Segen beim Lüften weiterer Geheimnisse in den Texten dieser Woche! Und denke daran: Jetzt ist die Zeit der Gnade!

Das merke ich mir: _____

_____

ICH BIN EIN UNKRAUTSPEZIALIST
Matthäus 13,24-30.36-43

Mittwoch 30

Jesus selbst legt seinen Nachfolgern das Gleichnis aus und sagt, wer hier wer ist. Er wird wiederkommen, Israel wiederherstellen und Gericht über diese Welt halten. Aktuell äfft Satan Gott nach und streut Lolch aus. Das ist eine Unkrautart, die echtem Weizen anfangs sehr ähnlich sieht und sich erst später, kurz vor der Ernte, als unnützes, giftiges Gras entlarvt. Der Teufel sät eine fast perfekte Kopie im Vergleich zum Original aus. Aber es ist eben nicht das Original und führt zum Tod. Auch der Antichrist wird einer sein, der gut ausschaut und verspricht, der große Friedensbringer zu sein. Aber er ist nicht Christus! Ausgesät wurde das Unkraut als die Leute schliefen! Davor warnt Jesus wiederholt! Wo fehlen mir das Wachsein, die Gabe der Geisterunterscheidung, der Gebetseifer? Wie ernsthaft folge ich Jesus nach? Entferne ich das Böse aus meinem Leben? Lasse ich mich ermahnen, damit ich das Ziel erreiche? Es wird bis zur Wiederkunft Menschen geben, die zum Glauben kommen. Auch in der großen Trübsal (Offb 6-18). Aber die Gnadenzeit wird enden! Jesus selbst wird der Auslöser des Gerichts sein! Lasst uns heute Menschen einladen, klare Sache mit Jesus zu machen! Noch ist Zeit! Lasst euch in Jesus versöhnen mit Gott! Sei heute Licht!

Das merke ich mir: _____

_____

ICH BIN EIN IRRLEHRENERKENNER
Matthäus 13,31-35

Donnerstag 31

Jesus enthüllt hier, wie sich seine Gemeinde vom Anfang bis zu seiner Wiederkunft leider negativ entwickeln wird. Mit dem Senfkorn wird deutlich, dass die Gemeinde Jesu zu Beginn klein und völlig überschaubar ist. Sie soll zu einem Strauch werden und Frucht zu bringen. Wahrer Senfkornglaube vertraut unserem mächtigen Gott, dem alle Dinge möglich sind. Wir brauchen keinen großen Glauben, nur einen Glauben an einen großen Gott! Der Senfkornglaube sieht auf die Größe Gottes! Das Gleichnis vom Sämann ist ein Schlüssel für die folgenden. Als negative Entwicklung wird die Gemeinde als großer Baum beschrieben, in dem sich die Vögel (die Komplizen des Bösen) mit falschen Lehren einnisten. Dem mächtigen Baum liegt alles zu Füßen, was vom Wesen her nicht zu Gottes Reich passt. Er verkörpert eine monströse Weltmacht und ist ein endzeitliches Bild für das religiöse Babylon (Dan 4,7ff; Offb 17f). Auch der Sauerteig ist stets ein Bild für die Sünde, die rausgehalten und ausgerottet werden soll (1. Kor 5,6f.)! Hüte dich vor dem Sauerteig der Pharisäer, vor falscher Lehre und einer leeren Frömmigkeit, die nur äußerliche Show ist. Gewähre der Irrlehre keinen Einzug, sonst zersetzen sich die Gemeinde und dein Glaube daran und dein Glaube geht letztlich ein.

Das merke ich mir: _____

_____

August

1 ICH BIN EINE KOSTBARE PERLE!

Matthäus 13,44-46

Freitag

In diesen zwei Gleichnissen geht es Jesus nicht um den Preis der Nachfolge (wie z. B. in Mt 16,24ff.). Denn: Wir Menschen suchen Gott nicht (Röm 3,11)! Zudem: Was könnten wir schon geben als Lösegeld für unser Leben? Nichts! Ich denke, hier offenbart uns die Bibel, wie Gott uns Menschen sieht und was er für uns tut, um uns bei sich zu haben. Israel wird in der Bibel immer als Land bezeichnet. Die Nationen dagegen als das (Völker-)Meer. Darum sendet uns Jesus auch als Menschenfischer in die Welt. Israel ist der Schatz im Acker, den Jesus mit seinem Blut teuer erkauft hat. Israels zukünftige Erlösung ist jetzt noch nicht sichtbar! Diese hebt sich Jesus für einen zukünftigen Tag auf. Zuvor ist noch die Zeit seiner Gemeinde. Das war bis dahin noch verborgen! Ein Geheimnis! Als Kaufmann legt Gott alles auf den Tisch, was er hat (Röm 8,32), um diese Perle aus dem Meer (die Gemeinde) sein Eigen zu nennen. Wow! Du bist in Gottes Augen kostbar wie eine Perle! Für Heiden waren Perlen ein Zeichen der Reinheit und des Sieges, Juden hingegen achteten sie wenig. Letztlich merken wir durch diese beiden Parabeln: Jesus hat uns teuer erkauft (1. Kor 6,20)! Alle, die ihn als Christus anerkennen und im Glauben persönlich annehmen.

Das merke ich mir: _____

_____

2 ICH BIN EIN LEHRENDER MENSCHENFISCHER

Matthäus 13,47-52

Samstag

Das Gleichnis des Fischernetzes lässt erkennen, dass unser jetziges Zeitalter mit Gericht enden wird, ähnlich wie beim Gleichnis vom Unkraut unter dem Weizen. Dieses betraf die Welt, das Schleppnetzgleichnis nun die Kirche. Das Beschriebene ist noch nicht das Endgericht. Es geht in erster Linie um uns Nichtjuden, weil das Netz in das Meer geworfen wird (ein Bild für die Nationen). Die endzeitliche messianische Gemeinde muss das Böse ertragen. Bis zur Wiederkunft Jesu stellt sie nur einen Teilerfolg und eine Mischexistenz dar. Es gibt Faules an ihr, was Jesus selbst aufdecken, verurteilen und verbannen wird. In dem abschließenden Gleichnis (V.52) unterstreicht Jesus, dass seine Nachfolger wie Schriftgelehrte sind. Die Jünger werden Lehrer und haben somit den Auftrag, dass sie den empfangenen Schatz wie ein gastfreundlicher Hausherr mit anderen teilen sollen. Dieser Hausvater ist Jesus. Er ist der wahre Hohepriester über das Haus Gottes. Er wird den Vorhang des Allerheiligsten öffnen und vor den Augen der ganzen Welt wird beides hervortreten: Alter und Neuer Bund, Schatz und Perle, Israel und die Gemeinde. Eine Perle entsteht durch Hinzufügung. Noch ist die Zeit der Gnade, dass zur Gemeinde hinzugefügt wird. Wen lädst du dazu ein?

Das merke ich mir: _____

_____

KW 36 bearbeitet von Simon Schuh,
EC-Bundesgeschäftsführer, 34134 Kassel
E-Mail: simon.schuh@ec.de

EIN TRAUM?
Psalm 112

Psalm 112 buchstabiert die Charakterzüge eines Menschen, der es ernst mit Gott meint. Schon der erste Vers fordert mich heraus. Glücklich ist, wer die Gebote Gottes voller Freude befolgt. Da ist nicht von einem verbissenen und auf Verbote fixierten Christsein die Rede. Trotzdem sind die Gebote als gute Leitplanken einzuhalten. Gerne und ohne zu meckern. Daraus ergeben sich die dann genannten Eigenschaften eines solchen Menschen. Die enge Bindung an Gott hat Auswirkungen. Andere haben etwas davon, dass sich ein Mensch eng an Gott hält. Der Psalm strömt Großzügigkeit und Lebensfreude aus. Eigentum wird geteilt. Geschenke machen die Runde. Die Armen erhalten Spenden. In mir wächst die Ahnung, was es bedeutet, wenn viele solche Menschen in einer Gesellschaft leben. Das schafft Veränderung, weil immer mehr von Gottes Großzügigkeit erfahren. Vielleicht ist das die beste Methode, um die Frohe Botschaft zu verbreiten: offen und großzügig seinen Glauben leben. Es anderen Menschen leichtmachen, auch zu glauben.

Die Wochen-Challenge:
Nimm dir täglich eine konkrete Aufgabe aus dem Psalm vor. Erstelle dir eine Liste und notiere deine Erfahrung damit. Sprich im Jugendkreis/Hauskreis oder mit einem guten Freund darüber.

Das merke ich mir: _____

_____

_____

WOCHENSPRUCH
Christus spricht:
Was ihr getan habt einem von diesen meinen geringsten Brüdern, das habt ihr mir getan.
Matthäus 25,40b

Du bist ein Gott, der mich sieht.
Gen 16,13

Gott übersieht keinen. Er kümmert sich um mich. Ich kann mit meinen ganz eigenen Spezialanliegen zu ihm kommen. Genial!
Simon Schuh

4 DAS WAR SCHON IMMER SO?

Montag

Matthäus 13,53-58

Jesus tut, was er immer tut: Er predigt leidenschaftlich, geht in die Synagoge, diskutiert, tritt als Lehrer auf und heilt Menschen. Die Leute sind hellauf begeistert. Das Auftreten von Jesus hat etwas von Reality-TV. Immer ist was los. Hin und wieder mal eine Sensation. Unterhaltsam, lehrreich und emotional. Das zieht — NUR nicht in seinem Heimatort. Wie kann das denn sein? Sehen die Leute nicht, was er drauf hat? Für die Nachbarn bleibt Jesus der junge Zimmermann, der Kumpel von früher, einer aus der Zimmermannsfamilie, einer von ihnen. Wunderheiler, kraftvolle Prediger, kluge Lehrer mag es woanders geben. Nicht jedoch in Nazareth. Und schon gar nicht dieser Jesus mit den vielen Brüdern und Schwestern. Beim Lesen ärgere ich mich über diese Menschen von damals. Warum um alles in der Welt haben sie die Chancen nicht genutzt? Weder für das Städtchen noch für die Leute wird Jesus zum Gewinn. Jesus ist Gentleman. Er zieht ohne weiteres Aufsehen weiter. Ohne Glaube keine Wunder. So einfach ist das. Zum Nachdenken: Glaubst du, dass es heute noch Wunder gibt? Besprich das mit Jesus im Gebet und lass ihn ruhig mal aus der Rolle fallen!

Das merke ich mir: _____
_____

5 RÜCKSCHLAG

Dienstag

Matthäus 14,1-12

Anders als bei seinen Dorfgenossen sorgt Jesus bei Herrscher Herodes für Aufsehen. Allerdings verwechselt dieser Jesus mit Johannes dem Täufer. Herodes plagt nämlich sein schlechtes Gewissen. Im Rausch einer schillernden Geburtstagsparty versprach er, der Stieftochter jeden Wunsch zu erfüllen. Was als gönnerhafte Geste gemeint war, entpuppte sich als Fiasko. Angestachelt von ihrer Mutter, forderte die junge Schönheit den Kopf des Erzfeindes. Alles vorige Taktieren von Herodes war mit einem Mal zunichte. Um bei der Partygesellschaft nicht das Gesicht zu verlieren, musste er liefern. Und das tat er dann prompt auf einem silbernen Tablett. Dieser fiese Mord lässt Herodes nicht mehr ruhig schlafen. Jesus erfährt von der sinnlosen Hinrichtung erst, als der kopflose Leichnam schon beerdigt ist. Neben dem unfassbaren menschlichen Verlust ist für ihn klar, dass sich nun alles auf seine Person fokussiert. Der Wegbereiter Johannes hat den Weg freigemacht. Dieser Weg wird für Jesus hart und endet am Kreuz. Er nimmt ihn auf sich — für mich! Zum Weiterdenken: Lies Johannes 3,16 als Erinnerung. Welche Auswirkungen hat Jesu Leben und Sterben für dich? Wem möchtest du davon weitersagen?

Das merke ich mir: _____
_____

WUNDER AUS MITLEID?

Matthäus 14,13-21

Mittwoch

Jesus nimmt die Hinrichtung von Johannes dem Täufer ganz schön mit. Er möchte alleine sein. Keine Menschen. Kein Gedränge. Kein weiteres Leid. Einfach Stille zum Beten und Trauern. Doch das hält nicht lange an. Die Menschen kommen aus allen Himmelsrichtungen. Jesus hat Mitleid. Er sieht ihre körperliche Not. Und er sieht ihre Sehnsucht nach dem Messias. Der, der wieder alles gut macht. Endlich. Nach all dem Warten. Jesus stellt sein Bedürfnis nach Ruhe zurück und tritt auf die Menschen zu. Er heilt, was das Zeug hält, bis es Nacht wird. Selbst, als seine Jünger ihn zur Vernunft bringen wollen, ist er noch für die Leute da. Auf Krankenheilungen und Predigt gibt es noch ein Picknick im weichen Gras obendrauf. Interessant, dass Jesus die Jünger an dem Wunder beteiligt. Erst durch ihre Mithilfe weitet sich das Wunder aus. Die 12 kleinen Stücke Brot und Fisch werden zu tausenden von Portionen, die sattmachen. Die Jünger kommen beim Wundervermehren richtig ins Schwitzen und können am Ende nur staunend auf die 12 Körbe mit Resten schauen. Persönliche Frage: Wunder brauchen Anlässe und machen ganz schön viel Arbeit. Wo gibt es solche Anlässe in deinem Leben? Bis du bereit, an einem Wunder mitzuwirken?

Das merke ich mir: _____

_____

ALLES ANDERE ALS NORMAL

Matthäus 14,22-36

Donnerstag

Nachdem die Meute satt ist, werden zuerst die Mitarbeiter in den Feierabend geschickt. Wie es sich als guter Gastgeber gehört, verabschiedet Jesus die Leute noch. Dann, endlich, hat er die Ruhe, um alleine zu beten. Kraft tanken bei Gott. Ohne die ständige Verbindung zu seinem Vater im Himmel, wären die ganzen Heilungen und sonstigen Wunder nicht möglich. Die Einsamkeit verschafft ihm die Ruhe, um sich im Trubel ganz auf den einzelnen Menschen zu konzentrieren. Von der Ruhe des Berges taucht Jesus wieder ein ins muntere Treiben auf dem See. Die Jünger kämpfen mit den Wellen, aber erst Jesus auf dem Wasser lässt sie Angst bekommen. Petrus stellt Jesus auf die Probe. Jesus lässt sich auf das Spiel ein und erwidert nur ein „KOMM". Im Vertrauen auf Jesus konnte er Fisch und Brot vermehren und auf dem Wasser gehen. Unglaublich. Dann überkommt ihn die Angst und er beginnt, unterzugehen. Jesus rettet ihn und die Story geht für alle gut aus. Was für ein emotionales Auf und Ab. Die Nacht endet mit einem auf Knien gesprochenen Bekenntnis: Du bist wirklich der Sohn Gottes. Frage: Wo ist bei dir ein Schritt ins Ungewisse dran? Eins ist sicher: Jesus ist da. Er passt auf dich auf — komme, was wolle!

Das merke ich mir: _____

_____

8 WAS WIRKLICH ZÄHLT

Matthäus 15,1-20

Freitag

Die religiösen Gelehrten verlassen die Heilige Stadt Jerusalem und folgen Jesus aufs Land. Der Grund ist einfach und gewichtig: „Deine Jünger waschen ihre Hände nicht vor dem Essen." Diese aus heutiger Sicht so offensichtliche Lappalie musste geklärt werden. Jesus kontert und nimmt dabei ein aktuelles Beispiel der damaligen Zeit. Mit einer Spende konnte man sich ganz offiziell der Versorgungspflicht den alten Eltern gegenüber entledigen. Soziale Ungerechtigkeit wurde fromm kaschiert. Jesus bringt das zur Weißglut. Sein Fazit ist deutlich: „Euch ist völlig egal, was Gott will!" Gottes Gebote dienen dem Menschen und sorgen für ein gelingendes Zusammenleben. Jesus räumt noch mit einem weiteren Irrtum auf (V.10-20). Das Halten von Speisegeboten verändert noch lange nicht das eigene Herz. Das kann nur Gott selbst. Ohne diese Veränderung entsteht jede Menge Schlechtes (V.19). Ein von Gott durchdrungenes Herz hat den anderen im Blick und sehnt sich nach Gerechtigkeit. Aus dieser Haltung heraus findet eine positive Veränderung statt – bei der Person selbst und in deren Umfeld. Gebet (Ps 51,12): Erschaffe in mir, Gott, ein reines Herz und gib mir einen neuen, festen Geist!

Das merke ich mir: _____

_____

9 UNVERSCHÄMT!

Matthäus 15,21-28

Samstag

Der heutige Text kommt mir wie eine Flucht vor. Jesus haut ab aus dem Einflussbereich der Pharisäer und Schriftgelehrten. Keine unnützen Diskussionen mehr mit Leuten, die ihm nur an den Karren fahren wollten. Einfach mal etwas Urlaub machen. Den Jüngern hin und wieder das Reich Gottes erklären, Zeit für Gebet und Stille – BIS da plötzlich diese Frau auftaucht. Sie schreit, ist unverschämt und passt so gar nicht in das Urlaubsfeeling. Jesus reagiert zunächst überhaupt nicht. Die Jünger wollen die Frau einfach loswerden. Davon unbeirrt lässt sich die Frau nicht abschütteln. Sie bleibt an Jesus dran. Die Frau ist fest davon überzeugt, dass Jesus heilen kann. Schon ein paar Krümel reichen ihr. Jesus sieht den enormen Glauben der Frau und hilft. So einen großen Glauben hat er in Israel nicht gefunden. Der Text macht mich nachdenklich. Kann ich, so wie die Frau, einfach glauben, dass Jesus hilft? Oder verliere ich schon den Mut, wenn meine Gebete nicht gleich erhört werden? Bin ich bereit, vor Jesus auf die Knie zu gehen? Ich möchte von der Frau lernen, ganz neu zu glauben und zu vertrauen.

Für den Tag: Wo benötigst du heute ganz besonders Gottes Hilfe?

Das merke ich mir: _____

_____

KW 37 bearbeitet von Harald Dürr,
Vorsitzender des Deutschen EC-Verbandes,
34134 Kassel
E-Mail: harald.duerr@ec.de

DAVIDS ZUVERSICHT
Psalm 16

David teilt in diesem Psalm sein Glaubensleben mit uns. Sein Glaube und seine Hoffnung sind lebendig und drücken sich in diesem Psalmgebet aus. Bis zum Psalm 24 wiederholt sich dies: Davids Glaube mit einer unbändigen Freude am Herrn und einer Gewissheit, dass Gott sein persönlicher Herr ist. Ganz authentisch gehört auch dazu, dass David hadert. Er bemerkt die Scheinheiligkeit anderer im Land und tritt mit Gott dazu in einen Dialog. Dieser verworrene Scheinglaube ekelt ihn an und stinkt ihm gewaltig. Und ist es nicht auch heute noch so, dass viele um uns herum sich ihren eigenen Glauben zusammenschustern? Dabei werden der Herr und worum es eigentlich geht, vollkommen vergessen. Das Besondere an diesem und den nachfolgenden Psalmen ist der Blick auf Jesus Christus. Die Verse 10 und 11 beschreiben einen Blick, den David nur durch Jesus haben kann. Hierin werden das Überwinden des Todes und der Weg zu einem ewigen Leben beschrieben. Das sind echte, prophetische Worte. Worte, die voller Vertrauen und Zuversicht auf den Höchsten formuliert sind, auf der Basis eines ganz aktiven Lebens mit diesem Herrn.

Wo suchst und findest du dein Glück? Wann warst du zum letzten Mal „gottfroh", dass der Herr dir ewiges Leben schenkt?

Das merke ich mir: _____

_____

_____

WOCHENSPRUCH
Lobe den Herrn,
meine Seele, und
vergiss nicht, was er
dir Gutes getan hat.
Psalm 103,2

Lied: FJ5! Nr. 7 — Sonntag 10

Du bist ein Gott,
der mich sieht.
Gen 16,13

Wenn Gott mich sieht,
dann heißt das nicht:
Big Boss is watching you.
Harald Dürr

September

11 WUNDER FÜR ALLE

Matthäus 15,29-39

Montag

Was für Szenen! Wie ein Lauffeuer muss es sich herumgesprochen haben: Jesus ist da und er heilt! Der kranke Vater wird den Berg zu Jesus hinaufgeschleppt, der blinden Schwiegermutter der Weg zu Jesus gezeigt. Auch die hoffnungslosen Fälle werden zu Jesus gebracht – es gab außer den Aufwand nichts zu verlieren. Und Jesus enttäuscht nicht. Er enttäuscht nie. Er heilt alle, die zu ihm kommen. Was für eine Freude und welcher Jubel müssen geherrscht haben! Menschen, die sich mit Freudentränen in den Armen liegen. Herumliegende Krücken und Tragen – Jesus macht sie durch seine Heilungskraft überflüssig. Jesus überwindet die Gesetze der Medizin, er liebt und heilt. Er sieht die Kranken und die Hungrigen. Unser Herr versorgt. Es ist so schön, diese Blüte des Wirkens von Jesus zu lesen. Manchmal fühlt sich mein Alltag mit ihm nicht so euphorisch an. Dennoch ist er derselbe. Ich bin überzeugt, dass er heute noch derselbe ist. Und manchmal ertappe ich mich dabei, dass ich nicht all meine Last und meine Sorgen zu ihm bringe. Er wartet auf mich, dich und unsere Themen. Komm zu ihm. Wir haben nichts zu verlieren. Er versorgt dich heute von Herzen gerne.

Das merke ich mir: _____

_____

12 NACHHILFE BEI JESUS

Matthäus 16,1-12

Dienstag

Die österreichische Straßenverkehrsordnung sagt: „Vorschriftszeichen sind vor der Stelle anzubringen, für die sie gelten. Wenn es die Verkehrssicherheit erfordert, sind sie zu wiederholen." Klar, besondere Gefahren müssen gekennzeichnet sein und Schilder müssen darauf hinweisen. Wenn es besonders wichtig ist, muss diese Warnung wiederholt werden. Zum Glück ist Jesus so geduldig und wiederholt auch seine Warnung an die Jünger. Ich finde sie ja grundsympathisch und ehrlich, weil sie ans Essen denken und sich Sorgen machen. Jesus lenkt ihren Blick auf das Wesentliche. Es geht um mehr als Essen, Brot und Hunger. Es geht Jesus um Anfechtung und um Dinge, die uns den Glauben schwermachen. Davor warnt er seine engsten Mitarbeiter eindringlich. Die Jünger haben so viele Dinge direkt mit Jesus erlebt und dennoch rechnen sie nicht immer mit der Macht von Jesus. Wie geht es dir damit? Wo machst du dir Sorgen? Was hast du mit Gott in deinem Leben erlebt, was dir Sicherheit auf deinem Weg geben kann? Sei auf jeden Fall vorsichtig und achte darauf, was dich vom Weg mit Jesus abbringen will. Sei heute konsequent und fokussiere dich auf Jesus, der dir beisteht.

Das merke ich mir: _____

_____

DIE HÖHEN UND TIEFEN DES PETRUS

Matthäus 16,13-23 — Mittwoch 13

Ein Wechselbad der Gefühle für Petrus! Zuerst bekommt Petrus eine entscheidende Rolle zugesprochen. Kurz danach (V.23) wird er von Jesus als Feind bezeichnet, weil er sich Sorgen um Jesus macht. Doch der Reihe nach: Was für eine Zusage, die Petrus in Vers 18 und 19 erhält. Ein echter Auftrag, eine Verheißung und unglaubliche Wertschätzung vom Herrn der Welt. Petrus hatte die richtige Antwort auf eine sehr wichtige Frage gegeben: Wer ist Jesus für dich? Als Antwort bekennt er mit der Hilfe des dreieinigen Gottes seinen Glauben. Als direkte Reaktion erhält er von Jesus seinen weiteren Lebensauftrag. Quasi: instant Karma! Auch mit dieser Beauftragung ist Petrus alles andere als fehlerfrei. Er hat nicht denselben (Weit-)Blick wie Jesus und begibt sich mit seinen Sorgen um Jesus auf dünnes Eis. Ich finde schön, wie sehr dieser starke Petrus Jesus liebt und dessen Leben erhalten möchte. Dennoch ein falscher Weg, den Jesus deutlich korrigiert. Wie ist deine Antwort auf die Frage: Wer ist Jesus für dich? Nimm dir etwas Zeit und schreib das auf. Es ist eine so unglaublich wichtige Antwort. Sei gespannt, wie Jesus darauf reagiert.

Das merke ich mir: _____

ROT ODER SCHWARZ?

Matthäus 16,24-28 — Donnerstag 14

Was für eine krasse Ansage von Jesus. Er spricht zu seinen Jüngern, allesamt Männer im besten Alter, die sicher Pläne und Träume für ihr Leben hatten. Er fordert sie auf, nicht an diesem Leben auf der Erde zu hängen, sondern dieses Leben für Jesus einzusetzen. Einsetzen, es aufs Spiel setzen und es dabei verlieren können. Das klingt wie beim Roulette im Casino: Man setzt auf Schwarz, es kommt aber Rot. Verloren. Vorbei. Aus. Bei Jesus ist das aber anders: Wer verliert, gewinnt. Wer sein Leben für Jesus gibt, bekommt das ewige Leben. Wer Jesus nachfolgt, wird eine Belohnung erhalten, die noch um Etliches größer ist als der gebrachte Einsatz. Die Jünger damals konnten das vermutlich nur glauben, aber nicht verstehen. Sie haben es aber später bei der Auferstehung live erlebt. Im Jahr 2023 können wir zurückschauen, nachlesen, wie die Story weitergeht: Jesus schenkt wirklich das ewige Leben. Er macht am Kreuz den Weg dafür frei. Bist du bereit für den Einsatz deines Lebens? Hast du Jesus dein Leben anvertraut und nimmst an dem Spiel deines Lebens teil? Wenn du schon mit Jesus unterwegs bist, sag ihm das heute neu, dass du dein Leben als Einsatz gibst. Jesus wird sich ganz sicher nicht lumpen lassen!

Das merke ich mir: _____

Freitag 15 — SHOWDOWN AUF DEM BERG
Matthäus 17,1-13

Vermutlich auf dem Berg Hermon (2814 m) kommt es zu einer bemerkenswerten Begegnung des Trios Petrus, Jakobus und Johannes mit dem Trio Jesus, Elia und Mose. Sowohl Elia als auch Mose hatten jeweils auf Bergen sehr besondere Erlebnisse: Mose hatte auf dem Berg Sinai die Gesetzestafeln empfangen, Elia hatte auf dem Berg Horeb eine Begegnung mit Gott durch ein sanftes Sausen. Sicherlich war es kein Zufall, dass Jesus auf diesen Berg ging. Er zog sich für wichtige Situationen oft zurück, um mit dem Vater zu sprechen und Weisung zu bekommen. Dass Jesus so strahlend aussah, lag nicht an einer eigenen Superpower, sondern an der Begegnung mit seinem Vater. Mit dieser Begegnung auf dem Berg schließt sich ein Kreis: Elias erneutes Auftreten hatte schon der Prophet Maleachi vorhergesehen. Zudem wiederholt der Vater die Sätze, die schon bei Jesu Taufe aus dem Himmel erschallten. Als Liebhaber von Bergen kann ich mich gut in diese Szene hineindenken. Mich überrascht dabei immer wieder Gottes Perfektion: Nichts ist zufällig. Jedes einzelne Wort, jede Person hat einen Sinn. Wo spricht Gott zu dir? Wo ist dein Ort der Stille, an dem Gott einmal ausführlich mit dir reden kann?

Das merke ich mir: _____

_____

Samstag 16 — IMPOSSIBLE IS NOTHING
Matthäus 17,14-21

Kennst Du diese „medizinischen" Wunder? Wenn alles ausweglos erscheint und die Mediziner mit ihrem Latein am Ende sind — und die kranke Person dennoch geheilt wird. Wenn Christen gebetet haben und dieses Gebet erhört wird. Ein Wunder außerhalb der Medizin. So erfährt es der kranke und belastete Junge. Er braucht den Glauben seines leiblichen Vaters und das Handeln von Jesus Christus.

In dieser Kombination geschieht das Unglaubliche: Der Junge wird augenblicklich geheilt und wird befreit von seiner Last. Die Familie und die Jünger erleben: Bei Jesus ist nichts unmöglich.

Ein großer Sportartikelkonzern hat dieses Motto für seine globale Werbekampagne verwendet: „impossible is nothing". Die drei Streifen der Marke möchten dich daran erinnern: 1. Du brauchst nur glauben, auch wenn dein Glaube klein sein mag. 2. Jesus kann unfassbare Wunder tun. 3. Wenn 1 und 2 zusammenkommen, dann kann dein Glaube Wunderbares vollbringen!

Übrigens: Ein Senfkorn ist ca. 1 mm groß. Daraus wächst innerhalb von 3 Monaten eine ca. 1 Meter hohe Senfpflanze.

Das merke ich mir: _____

_____

KW 38 bearbeitet von Frauke Westhäuser,
Sparkassenbetriebswirtin, 57078 Siegen
E-Mail: frauke.westhaeuser@gmx.de

EINE FRAGE DER EHRE
Psalm 79

Beim Lesen der ersten Verse haben wir Bilder aus heutigen Kriegs- und Krisengebieten vor Augen. Damals wie heute sind Menschen zu unfassbaren Gräueltaten fähig. Der Psalmist Asaf sieht in der Zerstörung Jerusalems und der grausamen Ermordung seiner Bewohner Gottes Strafe für Israel. Er streitet die Schuld seines Volkes nicht ab und erkennt das Gericht an, obwohl es (auch) die Knechte und Frommen trifft (V.2), also die, die ihr Leben auf Gott ausgerichtet, sich ihm unterstellt haben. Asaf bittet Gott aber auch, seinen Zorn zu beenden und dem Volk zu vergeben (V.5.9). Und er hofft, dass nun die Feinde Gottes gerechte Strafe erfahren (V.6.10ff.). Schließlich sind sie es, die in Gottes Eigentum, den heiligen Tempel, eingedrungen sind und ihn entweiht haben (V.1). Sie wollen Gott nicht anerkennen und ihn nicht anbeten (V.6). Es geht um seine Ehre, die die anderen Völker mit Füßen treten (V.9.12) und bei der Gott keine Abstriche macht. Zu allen Zeiten meinen Menschen, sich über Gott erheben zu können. Asaf weiß um Gottes Möglichkeiten, seinen kompromisslosen Herrschaftsanspruch durchzusetzen und Situationen zu ändern (V.11). Ist dir bewusst, dass Gott das letzte Wort hat und auch deine aussichtslos wirkende Lage zum Guten wenden kann?

Das merke ich mir: _____
_____
_____

WOCHENSPRUCH
Alle eure Sorge werft auf ihn; denn er sorgt für euch.
1. Petrus 5,7

Lied: FJ5! Nr. 73

Du bist ein Gott, der mich sieht.
Gen 16,13

Gott sieht und liebt mich, einen von acht Milliarden Menschen, mit meinen Freuden und Nöten, Sehnsüchten und Versäumnissen – unglaublich und dennoch glaube ich es.
Frauke Westhäuser

18 GENUG BEZAHLT

Matthäus 17,22-27

Montag

Ungewöhnlich gelassen geht Jesus mit der Frage nach der Tempelsteuer um. Als Sohn Gottes ist er von der Steuer, die Gott auferlegt hat, befreit. Doch er verzichtet auf sein Recht, obwohl es die Chance wäre, den Israeliten zu sagen, wer er ist. Anders als häufig sonst, will er keinen Ärger machen (V.27). Offensichtlich unterscheidet Jesus Situationen, in denen er Anstoß erregen muss, von solchen, in denen er darauf verzichten sollte. Die Tempelsteuer ist es ihm nicht wert, einen Aufruhr zu provozieren. Die Israeliten könnten vermutlich darin eine Beleidigung ihres Gottes sehen. Auch wir müssen abwägen, wo und wie wir reagieren, wo und wie wir etwas über unseren Glauben sagen. Dass Petrus auf der falschen Fährte ist und zu wissen meint, dass Jesus als Israelit gewiss die Tempelsteuer zahlt, überrascht zunächst. Hatte er doch in Matthäus 16,16 bekannt, dass Jesus der Sohn Gottes ist. Er müsste also wissen, dass Jesus keine Steuer zahlt. Doch Petrus kann diesen Zusammenhang nicht herstellen. Vielleicht geht es dir so wie Petrus. Du weißt, dass Jesus ein für alle Mal für deine Schuld am Kreuz starb. Doch manchmal kannst du dieses Wissen nicht in Beziehung mit deinem Leben bringen. Wann meintest du das letzte Mal, nicht zu genügen?

Das merke ich mir: _____

19 VOM GROßTUN UND KLEINMACHEN

Matthäus 18,1-9

Dienstag

Wer will nicht wahrgenommen werden, von Bedeutung sein, Einfluss haben? Und alle Eltern sind doch zu Recht stolz, wenn ihr Kind auf dem Weg zum Erwachsenen beginnt, selbstständig zu werden, eigene Entscheidungen zu treffen und etwas bewegen möchte in dieser Welt. Aber es gibt auch die andere Seite des Erwachsenseins. Wir setzen unseren Willen durch, sichern uns unsere Position, verschaffen uns Vorteile — und das häufig in der Konfrontation mit dem Nächsten. Wir halten uns für bedeutsamer als andere. Dagegen spricht sich Jesus aus, weil es alles infrage stellt, was Nachfolge ausmacht. Nachfolge heißt, nicht nach dem Großen zu streben, sondern das Kleine zu achten; zu geben, statt zu nehmen; sich nicht über andere zu erheben, sondern den anderen emporheben, aufrichten, ihm dienen. Dies beginnt nicht erst im Umgang mit Nichtchristen, sondern bereits in der Gemeinde. Jesus warnt davor, die vermeintliche Schwäche des anderen auszunutzen und ihn vom Glauben wegzubringen. Das Bild vom Mühlstein macht deutlich, dass das kein Kavaliersdelikt ist. Aber auch derjenige, dem die Verführung begegnet, trägt Verantwortung. Auch er ist gefordert, sein Handeln zu hinterfragen und zu ändern (V.8f.). Wo denkst du groß von dir und klein vom anderen?

Das merke ich mir: _____

UNGETEILTE AUFMERKSAMKEIT

Matthäus 18,10-14

20 Mittwoch

Noch einmal betont Jesus, welchen Stellenwert die Geringen haben. Ihnen gilt seine besondere Aufmerksamkeit. Ihre Engel stehen im permanenten und direkten Austausch mit Gott (V.10). Er ist auf sie ausgerichtet, sorgt sich, sieht und hört sie. Das Augenmerk auf die, die wir schnell aus dem Blick verlieren, verdeutlicht Jesus dann noch einmal mit dem Bild vom Hirten, der seine Schafe sucht. Es ist unter den Jüngern bekannt und stammt aus Hesekiel 34. Dort wird beschrieben, dass die anderen 99 Schafe auf dem Berg behütet sind, umgeben von saftigem Grün. Ihnen fehlt es an nichts. Aber das eine Schaf hat sich verlaufen. Trotz der großen Herde merkt Gott den Verlust, und es ist ihm ein Herzensanliegen, dass er es wiederfindet. Deshalb sucht er es, bis er es endlich findet. Seine Freude ist riesig – in dem Moment ist das eine Schaf der bzw. das Wichtigste im Himmelreich (vgl. V.1). Während Jesus in Vers 10 noch von „seinem" Vater spricht, wählt er in Vers 14 die Formulierung „euer Vater". Das Anliegen seines Vaters, sich denjenigen zuzuwenden, die drohen verlorenzugehen, gibt er damit an die Jünger weiter. Wo brauchst du oder wo brauchen andere heute den Zuspruch, dass Gott unendlich viel an jedem einzelnen liegt?

Das merke ich mir: _____

_____

WIEDERVEREINIGUNG

Matthäus 18,15-20

21 Donnerstag

Drei Stufen, drei Chancen. Wie im Gleichnis vom verlorenen Schaf weist Jesus die Jünger an, auch dann „nachgehende Liebe" zu üben, wenn jemand aus der Gemeinde schuldig an ihnen geworden ist. Das Ziel: Gewinnung statt Gericht. Nicht Recht bekommen, sondern Strafe erlassen. Dennoch hat das bewusste Festhalten an Schuld Folgen. In letzter Konsequenz kann die betreffende Person nicht mehr zur Gemeinde gehören. Auch wenn sie immer noch der allgemeinen Gemeinde angehört, werden ihr die Privilegien als Glied der Ortsgemeinde verwehrt. Während in den Versen 15ff. immer von „du" und „dein Bruder, deine Schwester" die Rede war, spricht Jesus ab Vers 18 die Gemeinde an. Die Macht, die er ihr dabei verleiht, hat sie nur in ihrer Gesamtheit. Nur wenn alle einmütig einen Beschluss fassen und ausführen, wird er mit geistlicher Autorität versehen und hat die entsprechende Wirkung. Es reichen zwei Gläubige, um eine solche Angelegenheit vor Gott zu bringen und gehört zu werden. Man kann die Verse 19f. als allgemeine Verheißung für Gebetserhörungen nehmen. Hier geht es jedoch um das Bestreben, zwei Christen zu versöhnen, die durch eine Sünde getrennt sind. Wo solltest du mit jemandem, statt über jemanden reden?

Das merke ich mir: _____

_____

September

22 GRENZENLOS ODER GNADENLOS

Matthäus 18,21-35

Freitag

Ihre Schwester hatte nicht überlebt und auch für Corrie ten Boom war die KZ-Zeit die schlimmste ihres Lebens. Als sie nach dem Krieg ihrem Peiniger erneut gegenübersteht und er sie um Vergebung bittet, ist sie trotz innerer Kämpfe dazu bereit. Das erlittene Unrecht wurde anerkannt, aber nicht mehr angerechnet. Wenn Jesus uns auffordert, zu vergeben, dann geht es nicht um eine Anzahl – nach rabbinischer Rechtsprechung durfte es beim vierten Mal zu einer Bestrafung kommen – sondern um die bedingungs- und grenzenlose Bereitschaft. Das drückt er mit den Siebenundsiebzigmal aus (V.22). Der Verwalter schuldet dem König 200.000 Jahresgehälter, einen riesigen Millionenbetrag, den er und seine Familie niemals würden zurückzahlen können. Umso unverständlicher ist es auf den ersten Blick, dass er trotz der gerade erst erfahrenen Vergebung so unbarmherzig mit seinem Mit-Verwalter umgeht, der ihm weniger als ein Jahresgehalt schuldet. Und doch wissen wir alle, wie schwer es uns oft fällt, dem/der anderen zu vergeben. Und das, obwohl wir wissen, dass diese Schuld in keinem Verhältnis steht zu der, die Gott uns erlassen hat (vgl. Eph 4,32). Wen solltest du von seiner Schuld und dich dadurch von Zorn, Bitterkeit oder sogar Hass entbinden?

Das merke ich mir: _____

_____

23 LEBENSLÄNGLICH?!

Matthäus 19,1-12

Samstag

Wie er es macht, macht er es verkehrt – so der erste Gedanke, wenn wir die Fangfrage der Pharisäer in Vers 4 lesen. Verneint Jesus die Frage, ob es eine Situation gibt, in der eine Ehescheidung rechtmäßig ist, so widerspricht er Mose, der von einem Scheidebrief spricht (5. Mose 24,1-4). Bejaht er sie, achtet er die Ehe nicht als göttliche, unauflösliche Gabe und Ordnung. Jesus lässt sich davon aber nicht provozieren, sondern erinnert zunächst daran, welchen guten Gedanken Gott mit der Ehe bereits bei der Schöpfung des Menschen hatte: eine lebenslange Einheit zwischen Mann und Frau. Dass eine Ehe aber auch in eine Schieflage geraten kann, kalkuliert Mose in seiner Erlaubnis einer Scheidung ein. Jesus weiß, dass das Miteinander recht kompliziert ist und ein Schwarz-Weiß-Denken nicht weiterhilft. Er war und ist ein den Menschen zugewandter Gott, der irreparable Beziehungen wahrnimmt und dem es immer um die Heilung des Einzelnen geht. Dafür ist manchmal die Trennung der letzte Ausweg. Der Hinweis auf den Ehebruch in Vers 9 zeigt aber, dass er nicht leichtfertig mit der Thematik umgeht. Und er beschreibt wertneutral, dass es neben der Ehe auch andere Lebensformen gibt. Was empfindest du, wenn du an deinen Beziehungsstatus denkst?

Das merke ich mir: _____

_____

KW 39 bearbeitet von Ingo Müller,
Referent für Teenagerarbeit und Team-EC
beim Deutschen EC-Verband, 34134 Kassel
E-Mail: ingo.mueller@ec.de

MAJESTÄTISCH
Psalm 114

Kaum vorstellbar, dass die massivsten und größten Berge beben, dass das Meer sich auch außerhalb von Ebbe und Flut zurückzieht. Unsere Erfahrung ist doch, dass Berge massiv und tragfähig sind, und dass Wasser immer einen Weg findet. Aber wenn sich Gott zeigt, passen diese Gesetzmäßigkeiten der Natur nicht mehr. Alle Mächte und Gewalten, die Gott eigentlich widerstreben, ziehen sich zurück, bröckeln und werden instabil, wenn Gott anwesend ist. Seine Anwesenheit wird hier übernatürlich und unfassbar majestätisch beschrieben. Egal was uns vorher als dauerhaft und unerschütterlich vorkam. Gott macht es zu Wackelpudding, der nicht lange haltbar ist. Er ist der Unerschütterliche, er ist konstant und von so langer Dauer, dass wir oft von Ewigkeit sprechen. Dieser mächtige Gott hat dich erwählt, ihm zu folgen. Im Psalm 114 erinnert sich der Schreiber an verschiedene Lebenssituationen, die Gott seriös und unkonventionell gemeistert hat. Erschrickst du auch manchmal vor Gottes Größe? Bist du überwältigt davon, wie er ist und was er alles kann? Erlebst du, was Gott in deinem Leben Unfassbares bewirken kann? Gott ist derjenige, der dich aus der Sackgasse führen kann. Er ist der, der dir Hoffnung geben kann, wenn es ausweglos ist. Er ist Gott.

Das merke ich mir: _____

_____

_____

Christus Jesus hat dem Tode die Macht genommen und das Leben und ein unvergängliches Wesen ans Licht gebracht durch das Evangelium.
2. Timotheus 1,10b

Du bist ein Gott, der mich sieht.
Gen 16,13

Gott sieht mich und kümmert sich um mich! So ist er. Großzügig und für mich!
Ingo Müller

25 KINDERKRAM!?
Montag — Matthäus 19,13-15

Was macht und will Jesus eigentlich? Jesus kann richtig zornig sein. Er fährt seine Jünger, die ja seine Freunde sind, richtig an! Jesus — und das ist das Schöne daran — bemerkt, dass die Kinder von den Jüngern zurückgeschickt werden und korrigiert das. Er hat den Wunsch, die Kinder zu sich kommen zu lassen. Jesus will sich die Zeit nehmen. Zeit, die er dir schenkt! Du bist ihm wichtig. Er übersieht dich nicht, wenn du zu ihm kommst. Er hat was für dich. Sein Segen ist ein besonderes Geschenk, das uns Kraft geben und dazu beitragen soll, dass es uns gut geht. Eine Frage noch: Was haben die Kinder, was wir Älteren nicht haben? Vermutlich meint er nicht, dass wir laut, quengelig, klein oder unschuldig sein sollen, wie die Kinder meist noch sind! Was Jesus sich wünscht, ist, dass wir genauso angewiesen sind auf das Beschenktwerden wie die Kinder.

Allen gehört das Himmelreich, die sich wie ein Kind von Jesus in die Arme schließen und segnen lassen. Ohne selbst etwas dafür tun zu wollen. Das wünscht sich Jesus, und was gibt es Schöneres, als dieser Bitte nachzukommen? Mach dich auf den Weg, Jesus wartet schon mit offenen Armen auf dich!

Das merke ich mir: _____

26 HANDBREMSE LÖSEN
Dienstag — Matthäus 19,16-26

Jesus ist mit seinen Jüngern auf dem Weg nach Judäa und kurz davor, in Jerusalem einzuziehen. Er spricht von seinem bevorstehenden Tod und man spürt förmlich, wie wichtig es ihm ist, seinen Nachfolgern deutlich zu machen, was sein Anliegen ist. Anders als bei den Kindern, hängt der Mann sehr an seinem Besitz im Hier und Jetzt. Der himmlische Lohn, den Jesus ihm verspricht, ist für ihn wohl nicht greifbar, nicht lohnenswert genug. Daher ist er nicht bereit, all seine irdischen Reichtümer aufzugeben. Das macht Jesus, aber auch ihn selbst, zutiefst traurig. Kennen wir, oder? Wir wissen, was Gott von uns möchte und schaffen es doch nicht, danach zu handeln? Weil wir die Perspektive des ewigen Lebens aus dem Blick verlieren oder mit unserem Herzen zu sehr an Dingen und Verhaltensweisen im Hier und Jetzt hängen? Worauf könntest du locker verzichten? Worauf auf keinen Fall? Bist du schon mal Achterbahn gefahren? Ich habe oft das Gefühl, dass ich Achterbahn mit angezogener Handbremse fahre. Mein Leben ist meistens wie eine Achterbahn. Jesus sitzt neben mir, reißt im Looping die Arme hoch und ich bin der Typ mit der angezogenen Handbremse. Ganze Sachen machen mit Jesus bedeutet, sich ganz beschenken zu lassen! Was hältst du zurück?

Das merke ich mir: _____

DIE LETZTEN WERDEN DIE ERSTEN SEIN

Matthäus 19,27-30

Bayern München wird seit Jahren Meister. Absteigen werden die auch in den nächsten Jahren nicht. Das muss sogar ich als BVB-Fan akzeptieren und anerkennen. Dass ein Aufsteiger zur Überraschung wird, ist nicht wahrscheinlich, aber potenziell möglich. Grundsätzlich leben wir aber in einer Gesellschaft, wo die Letzten auch die Letzten bleiben, oder? Die Ersten bekommen Ruhm, Anerkennung und oft auch Reichtum und Macht. Menschen schauen auf zu den Rockstars, Modeikonen, Schauspielerinnen und Sportlegenden. Früher ist man davon ausgegangen, dass die Menschen, die besonders erfolgreich waren, von Gott besonders gesegnet wurden. Sie waren quasi Gottes Lieblinge. So war es natürlich nicht. Aber wer für Gott einsteht, ihm folgt und vermutlich sogar unangenehme Konsequenzen in Kauf nimmt, geht nicht leer aus. Ihm entsteht dadurch kein Nachteil. Alles, auf das wir vielleicht verzichten, wird sich hundertmal auszahlen. Ich stelle es mir so vor, dass in der Ewigkeit all der Vergleich und die Kategorie von Erfolg und „Was habe ich davon" keine Rolle mehr spielen. Die Perspektive der Ewigkeit ist eine ohne Mangel und Verlust. Mit dieser Perspektive gewinnen wir auch im Hier und Jetzt schon jede Menge. Mindestens eine ordentliche Portion „Jesus".

Das merke ich mir: _____

PRINZIP DER GROSSZÜGIGKEIT

Matthäus 20,1-16

Leistungen können ja gar nicht unfairer honoriert werden. Sowas geht gar nicht. Fair sieht anders aus, oder? Doch diese Textstelle ist kein Text über soziale Gerechtigkeit oder Fairness. Es gab da Leute, die man wohl lieber nicht anstellen möchte. Der Landbesitzer machte genau das. Menschen, die niemand wollte, sah er an, half ihnen etwas Sinnvolles zu tun und gab ihnen exakt das Gleiche wie allen anderen. Die Jünger und auch wir, wenn wir schon lange mit Jesus unterwegs sind, sind nicht die ewig Bevorzugten. Gottes Gnade, den Anteil am Himmelreich, können wir uns nicht verdienen, nicht aufsparen und schon gar nicht in einem gerechten Maße, jeder wie er es verdient, aufteilen. Klar hat jeder eine andere Biografie mit Jesus: Zeitlich, aber auch in vielen anderen Bereichen ist Leben mit Jesus sehr biografisch. Die Gnade gibt es aber nicht halb oder dreiviertel. Ich kann nicht viel oder weniger Gnade habe. Ich kann es für mich so empfinden, aber die Gnade ist für alle gleich groß. Es gibt keinen guten Deal oder Vertragsverhandlungen. Es ist ein Bund, ein Geschenk, kein Lohn für unsere Anstrengung. Gott ist großzügig zu dir, zu den Jüngern in der Bibel, zu dem auf dem Marktplatz, den alle ignorieren. So ist und bleibt er.

Das merke ich mir: _____

29 HALTUNG VS. POSITION
Freitag   Matthäus 20,17-28

Anders als bei Markus werden die Jünger hier im Matthäusevangelium etwas geschont. Die Mutter kommt zu Jesus und wünscht sich, dass ihre zwei Jungs direkt neben Jesus sitzen werden. Die Brüder sind wohl davon ausgegangen, dass Jesus bald auf einem Thron sitzt, an der Macht ist und sie dann die rechte und linke Hand sein könnten. Die anderen ärgern sich vermutlich nicht, weil sie ganz andere Motive haben, sondern eher, weil sie gerade in der Schlange stehen und sich da zwei vordrängeln. In dem ganzen Kapitel geht es schon um Konflikte zwischen Jesus und seinen Jüngern. Jesus versucht immer wieder deutlich zu machen, worum es ihm wirklich geht. Es geht nicht um Macht, Reichtum, Positionen oder Prestige. Jesus zeigt es uns und den Jüngern. In vielen Geschichten der Bibel können wir nachlesen, wie Jesus zu den Menschen war. Von einem Kollegen durfte ich die Haltung mitbekommen, dass ein guter Freizeitleiter bei der Abreise die Toiletten saubermacht und nicht nur den Überblick behält. Jesus geht es ums Dienen. Es geht ihm darum, für andere da zu sein und für jeden Sklaven das Lösegeld zu bezahlen. Denn nur so konnte ein Sklave freigekauft werden. Uns hat er ebenso freigekauft. Wir dürfen ebenso dienen wie er.

Das merke ich mir: _____
_____

30 DA GEHT NOCH WAS!
Samstag   Matthäus 20,29-34

Wenn es in deinem Leben mal nicht so läuft, darfst du Gott nicht vergessen. Selbst wenn du ihn nicht mehr siehst, weil du wie blind bist. Er ist die Person, an der du dich festhalten kannst. Du weißt wie die Blinden, dass er hier irgendwo rumlaufen muss. Schrei nach ihm. Schrei, so laut du kannst: „Jesus, kümmere dich um mich!" Egal, wenn dich die Leute für dumm verkaufen. Manchmal stehen dir die anderen dabei nur im Weg, warum auch immer. Dann leg noch einen nach und schrei noch lauter: „Jesus, kümmere dich um mich!" Jesus ist jemand, der nicht weitergeht, wenn es dir schlecht geht. Jesus wird dich hören, stehenbleiben und dir helfen. Das ist meine Hoffnung, auch wenn ich persönlich nicht immer das große Wunder erlebt habe. Was ich erlebt habe, ist, dass Jesus stehengeblieben ist und sich mir zugewandt hat. Er hat sich um mich gekümmert. Jesus hat mich nicht allein gelassen. Selbst wenn du aussiehst wie ein Bettler, schlecht von dir denkst und glaubst, du bist es nicht wert. Ergreife deine Chance. Verlieren kannst du nichts und schrei: „Jesus, kümmere dich um mich!" Und wenn du das Gefühl hast, Jesus hört dich gerade nicht: schrei noch lauter.

Das merke ich mir: _____
_____

KW 40 bearbeitet von Ronald Seidel,
Jugendpastor, 08371 Glauchau
E-Mail: ronald.seidel@ec-sachsen.de

GUT – BESSER – AM BESTEN – SCHÖPFER
Psalm 104

Hast du den Psalm gelesen? Mach es noch einmal laut und überrede „Spotify", dich mit einem prächtigen Sinfonieorchester dabei zu begleiten. Wenn die Herrlichkeit Gottes ein bis zum Rand gefüllter Eimer Honig wäre, dann würde ihn Psalm 104 zum Überlaufen bringen. Edler, süßer Honig trieft und tropft aus jedem Vers dieses Textes. Der Beter beschreibt immer wieder vom ganz Großen hin zum ganz Kleinen. Vom Himmel hin zum einzelnen Vogel. Vom Erdreich hin zum Grashalm. Vom Berg hin zum Klippdachs. Von den Fluten zum Gewimmel der Fische. In Vers 26 lesen wir vom Leviathan. Es soll ein für Menschen furchteinflößendes, kosmisches Seeungeheuer aus der jüdischen Mythologie sein. Der Psalmist sagt schlicht: Gott hat den Leviathan gemacht und wird mit ihm spielen.

Wenn man dieses Bild als göttliche Arroganz bezeichnen möchte, dann nur zu. Meine Jugendlichen würden sagen: „Weil er´s kann!" Der Psalmist bestaunt die Werke des Herrn und kommt als Fazit seines Staunens in Vers 34 zu zweierlei Erkenntnis. Zum einen: „Ich freue mich des Herrn", weil er ansatzweise begriffen hat, wie genial der Schöpfergott ist. Zum anderen wünscht er sich, dass die gottlosen Menschen nicht mehr wären. Er will nicht akzeptieren, dass es Menschen gibt, die das anders sehen.

Das merke ich mir: _____

_____

_____

MONATSSPRUCH OKTOBER

SEID TÄTER DES WORTS UND NICHT HÖRER ALLEIN; SONST BETRÜGT IHR EUCH SELBST.

Jakobus 1,22

Du bist ein Gott, der mich sieht.
Gen 16,13

Wer einen anderen ansieht, verleiht ihm Ansehen!
Ronald Seidel

WOCHENSPRUCH
Aller Augen warten auf dich, und du gibst ihnen ihre Speise zur rechten Zeit.
Psalm 145,15

2 BUCKET LIST
Matthäus 21,1-11

Montag

Bucket List nennt man eine Aufstellung von den Dingen, die man vor seinem Tod noch erledigen möchte. Die Geschichte vom Einzug in Jerusalem habe ich viel zu lange als geschichtliches Ereignis gelesen. Es ist aber viel mehr als das. Es ist eine, mit dem Alten Testament verwobene, Bucket List. Jesus setzt ein Häkchen nach dem anderen, was Prophezeiungen angeht. „Betfage" (V.1) kommt nur an dieser Stelle in der Bibel vor. Es liegt östlich von Jerusalem am Ölberg. Sacharja 14,4 schreibt, dass der Herr vom Osten, vom Ölberg kommen wird. Der Weg in die Stadt war mit Gräbern gesäumt, dass, sollte er wirklich von dort kommen, er sich vielleicht über sie erbarmt. Erster Check auf der Liste. „Esel" (V.2). Sacharja 9,9 sagt: „... dein König kommt zu dir ... auf einem Esel, dem Füllen der Eselin." Check. Die Kleidergeste (V.7f.) machte deutlich, dass hier ein König gekrönt wird. 2. Könige 9,13 beschreibt, wie König Jehu gekrönt wird und sie zuvor ihre Kleider ihm zu Füßen legen. Check. „Zweige" (V.8): Zum Laubhüttenfest wurden Zweige zum Refrain von Psalm 118 geschüttelt als Symbol der Anwesenheit Gottes. Also der Auszug aus Ägypten und der Einzug ins gelobte Land. Das Gleiche bereitet Jesus hier gerade vor. Check. Findest du noch mehr Checks?

Das merke ich mir: _____

_____

3 FRÜHJAHRSPUTZ
Matthäus 21,12-17

Tag der Deutschen Einheit | Dienstag

Damit man wieder erkennt, welche Farbe mein Auto mal hatte, fahre ich manchmal in die Waschanlage. Als Jesus den Tempel betritt, ist ihm klar, dass der Ist-Zustand der eigentlichen Bestimmung des Hauses widerspricht. Aber was war das Problem? Die Taubenhändler boten den weit gereisten Pilgern die Möglichkeit, ein Opfertier zu erwerben. Sie konnten ja auf ihrer Reise keine Tiere transportieren. Um diese zu erwerben, mussten sie jedoch Geld wechseln, da nur eine bestimmte Währung akzeptiert wurde. Beim Tausch fiel eine Gebühr von 4,3 Prozent an. Es wird deutlich, dass es hier um Profitgeschäfte ging. Gerade die Taube war das Opfertier der Armen. Wenn Jesus den Tempel „Bethaus" nennt, macht er klar, dass der Tempel mehr als eine Opferstätte ist. Das Opfern ist nur eine Auswirkung der Tatsache, dass Gottes Söhne und Töchter ihm dienen. Im Grunde soll es aber um Gemeinschaft mit Gott gehen. „Räuber" wird in Jeremia 7 als Begriff für das abtrünnige Israel verwendet. Somit kann der Begriff „Räuberhöhle" eine prophetische Anklage an Israels abtrünniges Treiben auf dem Tempelgelände sein. Noch ein Check auf der Liste von gestern: Sacharja 14,21: „Es wird keine Händler mehr geben im Hause des Herrn."

Das merke ich mir: _____

_____

AUSSEN HUI, INNEN PFUI

Matthäus 21,18-22

Mittwoch 4

Auch Jesus hatte Kohldampf! Das beschreibt ganz wunderbar, dass er auch ganz Mensch war. Das Blätterkleid des Baumes ließ Jesus vermuten, Früchte an ihm zu finden. Es war erst April. Jedoch findet die Haupternte ab August bis in den Dezember hinein statt. Von Markus 11,13 erfahren wir sogar, dass es gerade nicht die Zeit von Feigen war. Der Feigenbaum hat die Eigenart, dass er mehrmals im Jahr Früchte bringen kann. Somit hätte Jesus die unreifen und doch leckeren Frühfeigen aufgrund der Blätterpracht erwartet. Wann das Ereignis mit dem Feigenbaum direkt stattgefunden hat, berichten die Evangelisten sehr unterschiedlich. Es scheint nicht besonders wichtig zu sein. Hier in Matthäus steht es direkt im Zusammenhang mit der Tempelreinigung und so wollen wir es auch verstehen. Sowohl der Tempel als auch der Feigenbaum waren prächtig anzusehen. Aber eben leider: außen hui, innen pfui. Berufung soll also nicht nur dem Anschein nach gelebt werden. Das macht mich nachdenklich. Doch was im Text nun folgt, macht mich hoffnungsvoll und neugierig. Glaube kann Berge versetzen! Das nicht als Metapher verstehen, sondern als direkte Auswirkung von einem Leben in der Berufung für den, der glaubt und nicht zweifelt. Gott kann! Bist du Feige?

Das merke ich mir: _____

ÄTSCH BÄTSCH

Matthäus 21,23-27

Donnerstag 5

Hmm? Was ist denn hier eigentlich los mit Jesus? Drei Geschichten in Folge erleben wir ihn in recht ungewöhnlicher Form. Erst der Ausraster im Tempel, dann die Strafe für den Feigenbaum, weil die Obstpause ausfällt, und jetzt: „Ich sag es dir nicht, wenn du es mir nicht sagst." Natürlich entdecken wir darin auch zutiefst menschliche Züge, jedoch scheint das nicht alles zu sein. Durch seine Reaktionen unterstreicht er eigentlich nur die Wichtigkeit seines Auftrags. Die Frage nach der Vollmacht ist der Dreh- und Angelpunkt, ob Jesus der Sohn Gottes ist oder nur ein begabter Wanderprediger. Würde er zu diesem Zeitpunkt offen sagen: „Ich bin der Messias!", hätten seine Gegner eine klare Anklageschrift. Er weiß, dass seine Zeit noch nicht gekommen ist. Somit löst er die Situation strategisch clever. Er verweigert die Antwort auf die Frage eigentlich gar nicht. Durch seine Gegenfrage beantwortet er sie vielmehr. Die Schriftgelehrten verweigern, da sie merken, dass sie Johannes eigentlich als von Gott her anerkennen müssten. Damit wäre dann auch klar, aus welcher Vollmacht Jesus handelt, weil Johannes das klar benannt hat. Also keine Zickerei von Jesus, sondern ein cleverer, rhetorischer „Ätsch-Bätsch-Schachzug".

Das merke ich mir: _____

6 BIN DABEI! (NICHT)   Matthäus 21,28-32

Freitag

„Was meint ihr?", ist eine tolle Eingangsfrage, die wie schon zuvor zum Mitdenken aufruft. Wer wird gefragt? Es sind dieselben Schriftgelehrten wie im gestrigen Text. Die Verse 27 und 28 haben einen nahtlosen Übergang, Vers 32 stellt zweifellos den Bezug zum Text davor her. Jetzt skizziert Jesus ein sehr eindeutiges Bild in den Köpfen der Zuhörer. Der „Vater" ist Gott, der „Weinberg" ist Israel, der „Ja-Sager" steht für die Israeliten und der „Nein-Sager" steht für die Sünder oder Heiden. Die gesetzestreuen Rabbinen nennen sich selbst gern Gottes (Mit-)Arbeiter. Im Gleichnis antworten sie förmlich mit „Ja Herr" was nochmal unterstreicht, dass es wohl die religiösen Führer sind. Das „Ja Herr" endet mit „... und ging nicht". Hier wird den Hörern ein Spiegel vor Augen gehalten, dass sie nicht das tun, wozu sie berufen sind. Der zweite Sohn sagt gleich: „Ich will nicht" und steht für die Sünder, die klar gegen Gottes Gebot handeln. „Danach reute es ihn und er ging hin" meint, dass er gläubig wurde und nachfolgte. Jesus spielt auf die Taufe des Johannes an. Die Zöllner und Huren haben geglaubt, aber Israels Elite hat sich nicht taufen lassen. Die Abstammung und Herkunft schenken also niemandem ein Ticket für den Himmel, sondern der Glaube!

Das merke ich mir: _____

_____

7 DU WIRST INS TEAM GEWÄHLT   Matthäus 21,33-46

Samstag

Ein anderes Bild, jedoch dieselbe Aussage für dieselben Zuhörer. Der Weinberg ist Israel, der Hausherr ist Gott, die Weingärtner sind die jüdische Elite, die Knechte zum Einholen der Ernte sind die Propheten, der Sohn ist Jesus. Leicht zu verstehen und wir sind fein raus, da wir nicht vorkommen. Oder? Als Jesus das Gleichnis beendet, fragt er, was der Herr des Weinbergs wohl mit den Weingärtnern tun wird. Die Zuhörer fällen ein hartes Urteil. Für sie wird es ein böses Ende geben und der Weinberg wird an andere Weingärtner übergeben. In Vers 43 greift Jesus die Antwort auf und definiert die neuen Weingärtner: „einem Volk, das seine Früchte bringt ..." Dieses Volk besteht aus denen, die ihm glauben und ihm nachfolgen. Das sind wir! Da stecken Zuspruch und Anspruch drin, da der Eckstein vorgibt, wie gebaut wird. Den Ecksteinverweis holt Jesus aus Psalm 118. Am Montag beim Einzug in Jerusalem spielte der Psalm 118 auch schon eine Rolle, als er an das Laubhüttenfest erinnerte. Man erinnert sich an den Auszug aus Ägypten, die eingeholte Ernte und beides im Zusammenhang mit dem „Stein, den die Bauleute verworfen haben", also Jesus. Du kommst eindeutig in diesem Gleichnis vor! Wir sind ins Team gewählt, also auf zum Punktspiel!

Das merke ich mir: _____

_____

KW 41 bearbeitet von Sebastian Stattaus,
Leiter EC-FSZ Dobel, 75335 Dobel
E-Mail: sebastianstattaus@swdec.de

WORAUF ES ANKOMMT
Psalm 119,1-8

Herzlichen Glückwunsch zu diesem gelungenen Meisterwerk. Wahrscheinlich warst du es mal wieder, David, denn dieser Psalm ist sprachstilistisch ganz ähnlich wie dein Psalm 23, du weißt schon, der vom guten Hirten mit den Schafen und so. Ich bin begeistert darüber, was du da im Stande warst zu formulieren. Ganze 17 Minuten brauche ich, um die 176 Verse komplett zu lesen. Viel Auslegungszeit in meiner Predigt bleibt da übrigens nicht. Mich faszinieren diese 22 Strophen, auch wenn du die Messlatte mit den ersten acht Versen schon ziemlich hochlegst. Du schreibst, dass diejenigen glücklich sind, die Gottes Vorschriften einhalten und ihn von ganzem Herzen suchen (V.2). Hier bin ich hängengeblieben, denn es stimmt: Das größte Glück besteht darin, auf seinen Wegen zu gehen. Es kommt nicht auf die Lebensumstände, sondern auf den Lebenswandel an. Auch ich möchte, wie du, in diesem Punkt unbeirrbar bleiben — auch wenn ich da ein großes Lernfeld habe. Noch eins: Im Vers 176 landest du wieder ganz bei Gott, dem guten Hirten, der sich um sein verirrtes und verlorenes Schaf kümmert. Um mich also — hat zwar nix mit dem Tagestext zu tun — aber mit mir! Chapeau, lieber David. Ich bin schon gespannt auf dein nächstes Werk. Dein Sebastian vom Dobel.

Das merke ich mir: _____

_____

_____

WOCHENSPRUCH
Dies Gebot haben wir von ihm, dass, wer Gott liebt, dass der auch seinen Bruder liebe.
1. Johannes 4,21

Sonntag **8**

Lied: FJ5! Nr. 101

Du bist ein Gott, der mich sieht.
Gen 16,13

Irgendwie erschreckend und Mut machend zugleich! Und das Verrückte daran ist, dass Gott mich trotz meiner Fehler gern ansieht!
Sebastian Stattaus

9 DAS FEST FINDET STATT

Montag

Matthäus 22,1-14

Eine Geschichte in zwei Teilen, die an Absurdität kaum zu überbieten ist: Da ist ein König, der zur Hochzeit seines Sohnes einlädt. Und völlig unbegreiflich: Die Gäste wollen nicht kommen, sondern haben banale Ausreden: Alltag und Arbeit. Dass der König das als persönlichen Affront versteht, ist ja noch nachvollziehbar, aber dass er dann die Stadt in Schutt und Asche legt, ist eindeutig überzogen. Im zweiten Teil des Gleichnisses stehen die Gäste unter Beobachtung. Und weil einer mit seiner Kleidung gegen die Etikette verstößt, gibt's eine unüberhörbare Mahnung. Der Flegel fliegt, weil er auf diese Weise weder König noch Fest wertschätzt. Er hat seinen Sitzplatz verspielt. Klare Worte! Und trotzdem findet das Fest am Ende einer absurden Geschichte statt. Bis heute lädt uns Gott zu seinem Fest ein. Und manche unserer Reaktionen sind vergleichbar mit denen aus dieser Geschichte. Der Alltag hält uns gefangen: Arbeit und Vergnügen, Geld und Besitz – und Gott ist oft weit weg. Ausreden gibt es genug, und wenn wir uns darauf einlassen, dann nur halbherzig. Ich kenne das von mir. Die gute Nachricht: Gott gibt nicht auf und lädt dich und mich auch heute zu diesem Fest ein. Bist du dazu bereit? Wäre doch schön, wir würden uns dort sehen!

Das merke ich mir: _____

_____

10 JOGHURTS ODER JOGHURTE

Dienstag

Matthäus 22,15-22

Kennst du das? Egal, wie viele Joghurts auf dem Tisch stehen, Erdbeere ist immer die umkämpfte Sorte. Stachelbeer-Kiwi oder Blaubeere-Maracuja landen meistens bei der kleinen Schwester oder bei Oma. In unserem heutigen Text geht es um weit mehr als um die Verteilfrage von Joghurt – vielmehr um die Verweilfrage von Jesus. Für die Pharisäer steht fest: Jesus soll mit einer ausgetüftelten Fangfrage aus dem Weg geräumt werden. Ist die Abgabe von Steuern rechtens oder nicht? Bejaht er dies, werden sich alle fragen, was das für ein Erlöser ist, der dem verhassten Staat Steuern zahlen will! Sagt er aber nein, so hat man einen Grund, ihn als Gesetzesbrecher der römischen Justiz auszuliefern. Aber Jesus durchschaut das Theater und antwortet: „Gebt dem Kaiser, was des Kaisers ist, und Gott, was Gottes ist." Jedem das Seine! Die Herrschaft des Kaisers und die von Gott stehen außer Konkurrenz. Jesus ist kein politischer Erlöser, der das jüdische Volk aus der Tyrannei der Römer befreien will. Er ist ein anderer König. Sein Reich ist nicht von dieser Welt. Man mag den jeweiligen Machthabern das geben, was sie wollen – das Reich Gottes wird davon nicht berührt. Denn da zählen weder Erdbeerjoghurt noch Steuermünzen, sondern allein dein Glaube.

Das merke ich mir: _____

_____

UND JETZT?

Matthäus 22,23-33

Mittwoch 11

Zugegeben: Der Text fordert mich heraus. Gern würde ich mir über anderes Gedanken machen. Vielleicht hast du kürzlich einen lieben Menschen verloren und fragst dich, ob du ihn bei Gott wiedertreffen wirst. Die Sadduzäer halten jeglichen Gedanken und jegliche Vorstellung darüber, was nach dem Tod ist, für gänzlich abwegig. Eigentlich ist es kindisch, was sie da vollführen. Sie basteln eine grobe Geschichte um eine Frau, die nacheinander sieben Brüder als Ehemänner hatte, und die alle nacheinander weggestorben sind. Jetzt wollen sie wissen, mit wem die Frau dann im Himmel verheiratet sein wird. Oder doch nicht? Sie stellen die Frage eigentlich nur, um das logische Problem auf den Tisch zu legen: Nämlich, dass es nicht funktioniert, wenn wir versuchen, unsere gegenwärtigen Verhältnisse, unser Leben, unsere Beziehungen, einfach ins Jenseits hinüberzukopieren — und das dann als Leben in Gottes Reich zu bezeichnen. Und weil sie merken, dass das nicht geht, sehen sie es als erwiesen an, dass es keine Auferstehung der Toten geben kann. Jetzt rückt mir Psalm 90 in den Fokus: „HERR, lehre uns bedenken, dass wir sterben müssen, auf dass wir klug werden." Das ist es, worauf es ankommt. Wie gut, dass ich mir doch noch Gedanken gemacht habe.

Das merke ich mir: _____

SECHS BUCHSTABEN MINUS EINS

Matthäus 22,34-46

Donnerstag 12

Wer Vers 34 liest, könnte auf die Idee kommen, Schadenfreude bei den Pharisäern zu vermuten. Sie stellen nämlich fest, dass Jesus die Sadduzäer zum Schweigen gebracht hat. Punktsieg im Rededuell. Nun versammeln sie sich, um Jesus mit der Frage nach dem höchsten Gebot aufs Glatteis zu führen. Auf den ersten Blick eine harmlose Frage, die auch jeder andere hätte stellen könnte. Das kommt dir vielleicht bekannt vor. Mit einer harmlosen Frage den Gegner in die Enge treiben, um das Gesagte gegen ihn zu verwenden. Ich habe den Eindruck, dass wir es uns in öffentlichen Debatten immer mehr angewöhnt haben, nicht ehrliche Fragen zu stellen, sondern den anderen rhetorisch zu Fall zu bringen. Nicht umsonst sprechen wir heute von „Konfrontation" und „Duell", wo es früher „Gespräch" und „Diskussion" hieß. Es geht nicht mehr um einen Diskurs, in dem man gemeinsam zu klareren Erkenntnissen gelangen will, sondern darum, unbeschadet die eigene Position durchzusetzen. Jesus ist sich der hinterhältigen Absicht bewusst und antwortet entwaffnend auf die Frage, ohne auf die offensichtliche Provokation einzugehen. Das Wichtigste ist die Liebe, die sich nicht in Gottes- und Nächstenliebe aufspalten lässt, sondern sich in beidem konkretisieren muss.

Das merke ich mir: _____

Oktober

Freitag 13 — DRECKSGESCHÄFT

Matthäus 23,1-22

Vers 11 tut weh. Dir auch? Ich bin doch hier der Boss in Dobel. Ich sag, wo´s langgeht. Ich war lange genug in der untersten Kaste. Warum soll ich als Chef, Führungskraft, Jungschar- oder Teenkreisleiter auf einmal den Diener spielen? Beim Blick in den griechischen Urtext mache ich eine erstaunliche Entdeckung. Wörtlich übersetzt steht da für diakonos: durch den Staub, durch den Schmutz, durch den Dreck. Jesus durchwandert die staubigen Wege dieser Welt. Warum? Weil genau dort die Menschen wohnen, die ihm wichtig sind. Jesus erledigt die Drecksarbeit der Vergebung für mich auf Golgatha, der Müllhalde von Jerusalem. Warum? Weil er Leute mit Dreck am Stecken mit sich im Paradies haben will. Jesus wäscht seinen Freunden nicht den Kopf, sondern die schmutzigen Füße. Warum? Weil er mir ein Beispiel geben will, wie Miteinander gelingt. Mein Kopf bejaht das. Mein Herz tut sich aber weiterhin schwer damit. Denn Dienersein heißt ja nicht nur anpacken, Verantwortung übernehmen und schaffen. Das heißt auch, andere Herr sein lassen. Einsehen: Es geht auch anders, als ich denke. Es geht auch ohne meine guten Ideen. Ich ordne mich unter. Ich ordne mich ein. Ich trete einen Schritt zurück. Das ist oft schwerer als Ärmel hochkrempeln und loslegen.

Das merke ich mir: _____

_____

Samstag 14 — KRITIK AN DIE ELITE

Matthäus 23,23-39

Jesus spricht im Kapitel 23 ein großes Problem an: Menschen, die fromm tun — für die Nachfolge aber ein Fremdwort ist. Sie verlieren aus dem Blick, was vor Gott wirklich zählt, nämlich, ihn zu lieben und ihre Mitmenschen wie sich selbst (Mt 22,37ff.). Erstaunlicherweise kritisiert Jesus nicht Zöllner oder Prostituierte, Menschen, die am Rand der Gesellschaft stehen. Seine Kritik richtet sich an die religiöse Elite. Da sind die Schriftgelehrten, die sich mit Gottes Wort auskennen, aber auch die Pharisäer, die akribisch auf die Einhaltung der kleinsten Gebote achten. Interessanterweise kritisiert Jesus nicht die Lehre der Schriftgelehrten, er fordert sogar dazu auf, ihnen zu gehorchen (V.3). Aber er sieht ihnen auch ins Herz — und da sieht es anders aus: Viele waren mehr an ihrer Außenwirkung interessiert als an der Verbreitung von Gottes Wort. Nach außen fromm, aber ihr Inneres weit von Gott entfernt. Irgendwie kommt mir das bekannt vor und ich frage mich beim Schreiben dieser Auslegung ganz bewusst: Sebastian, tu ich das hier, um mich selbst gut darzustellen, oder um Gott die Ehre zu geben? Kurz stolpere ich, weil beides mit reinspielt. Schlimm? Nein! Weil ich Jesus habe, den ich darum bitten darf, mein Denken zu korrigieren.

Das merke ich mir: _____

_____

BIBLISCHES BUCH
JAKOBUS

ÜBERBLICK

Der Jakobusbrief liest sich wie eine Predigt, in der das, was in den Evangelien gesagt wird, praktisch werden soll. Am Anfang steht dabei die Bitte um Weisheit (1,5), ohne die ein gottgefälliges Leben nicht gelingen kann. Hierzu ist aufseiten des Menschen Glaube nötig. Den definiert Jakobus als ein beständiges Vertrauen auf Gott (1,6-8), wozu auch das Aushalten von Versuchungen (1,13-18) gehört sowie die Umsetzung dessen, was man als Wort Gottes gehört hat (1,19-27): Jeder Mensch soll mit Gottes Augen gesehen werden, nicht unter dem Gesichtspunkt seines „materiellen Wertes" (2,1-9).

Hierin zeigt es sich, ob der Glaube als Gottvertrauen „lebendig" ist oder nur ein Lippenbekenntnis, das auch die Dämonen ablegen können (2,19). Diese Ausführungen sollte man freilich nicht als Gesetz missverstehen, als etwas, das einer leisten muss, um damit vor Gott besser dazustehen. Nicht von ungefähr folgt wieder ein Abschnitt über die Weisheit „von oben her" (3,17), von Gott. Denn nur wer von oben her weise ist, wird „zuerst lauter, dann friedfertig, gütig, lässt sich etwas sagen, ist reich an Barmherzigkeit und guten Früchten, unparteiisch, ohne Heuchelei" (3,17). Die folgenden Verse rechnen mit dem ab, was dieser Offenheit im Wege steht, was Menschen daran hindert, allein Gott zu vertrauen. Es fängt an mit den „Gelüsten", mit dem, was uns nach Status, Ruhm und Reichtum streben lässt. Jakobus nennt ein davon bestimmtes Leben „Freundschaft mit der Welt" und unvereinbar mit einer vertrauensvollen Gottesbeziehung (4,1-10). Eng damit verbunden ist das gegenseitige Verurteilen, mit dem Menschen sich an die Stelle Gottes setzen (4,11 f.). Weitere Hindernisse sind Selbstsicherheit (4,13-17) und Reichtum, der nicht nur trügerisch ist (5,2 f.), sondern oft genug auch auf ungerechten Verhältnissen beruht (5,4-6). Der Brief schließt mit verschiedenen Beispielen für eine vertrauensvolle Gottesbeziehung.

GESETZLICHE AUSLEGUNG?

Wie sehr Jakobus eine gesetzliche Auslegung missversteht, machen seine letzten Worte deutlich: Sie sind ein eindringlicher Appell, den Sünder nicht zu vergessen, sondern jeden nur erdenklichen Schritt zu tun, damit er zur Wahrheit findet. Denn nicht die Menge der Sünden sagt etwas über einen Menschen aus, sondern die Antwort auf die Frage, ob er sich auf dem richtigen Weg befindet (5,19 f.).

Dr. theol. Thomas Weißenborn,
Stellvertretender Direktor am Marburger Bibelseminar (MBS)
E-Mail: thomas.weissenborn@m-b-s.org

BIBLISCHES BUCH
HIOB

AUFBAU

Das Buch ist unterteilt in eine rahmende Erzählung (Kap. 1 – 2; 42,7-17) und einen poetischen Mittelteil, die Hiob jeweils unterschiedlich schildern. In der Erzählung ist er ein „stiller Dulder" (1,20).

Ab Kapitel 3 äußert Hiob dagegen schwerste Vorwürfe gegen Gott. Danach diskutiert er mit seinen Freuden Elifas, Bildad und Zofar. Jeweils auf eine Rede Hiobs folgt die Rede eines Freundes, insgesamt drei Mal. Die Freunde wollen Hiob einer Schuld überführen, ihn zur Einsicht bringen. Für sie ist klar: Wer leidet, muss gesündigt haben.

Die Diskussion schließt in den Kapiteln 29 – 31 mit einer erneuten Klage Hiobs und einem „Reinigungseid". Darin beteuert er noch einmal seine Unschuld und fordert Gott zu einer Antwort heraus.

In den Kapiteln 32 – 37 taucht mit Elihu überraschend ein vierter Freund auf. Er greift zum einen Gedanken der Freunde auf (34,10-12), zum anderen nimmt er bereits Motive aus der Antwort Gottes vorweg (36,22-33).

In den Kapiteln 38 – 41 folgt schließlich Gottes Antwort an Hiob. Er stellt Hiob eine Frage nach der anderen, die sich alle auf die Schöpfung beziehen. In Kapitel 40,3-5 gibt Hiob eine kurze Antwort: Von nun an will er schweigen.

In einer weiteren Rede (Kap. 40 – 41) wird noch einmal Gottes Allmacht beschrieben.

In Hiob 42,1-6 folgt eine zweite kurze Antwort Hiobs. Jetzt, wo er Gott begegnet ist, unterwirft er sich Gottes Allmacht. In der abschließenden Erzählung (42,7-17) tadelt Gott die drei Freunde – Elihu wird nicht mehr erwähnt. Anschließend erhält Hiob Gesundheit und Besitz im Übermaß zurück.

RELEVANZ

Der Aufbau zeigt bereits, dass es keine einfache Antwort auf das Problem des leidenden Gerechten gibt. Hiob erhält auch keine ausdrückliche Antwort auf seine vielen Fragen. Stattdessen verweigert Gott ihm die Einsicht in seine Geheimnisse und verweist ihn zurück auf seinen Platz. Hiob kann das akzeptieren, denn er ist Gott begegnet – das hat ihn überzeugt. Auch wenn das Hiobbuch bis heute aktuell ist, stellt sich neutestamentlich die Frage nach dem Leid noch einmal aus einer anderen Perspektive. Denn nun hat Gott in seinem Sohn Jesus Christus selbst teil am Leid dieser Welt und trägt es für uns.

Dr. Christoph Rösel, Generalsekretär der Deutschen Bibelgesellschaft, Stuttgart
E-Mail: roesel@dbg.de

KW 42 bearbeitet von Uli Limpf,
Stadtmissionar, 75180 Pforzheim
E-Mail: uli.limpf@pforzheimer-stadtmission.de

BIBELLESEN DÜRFEN
Psalm 119,9-16

Ich war 16 Jahre alt und auf einer Jugendfreizeit in Österreich. In dem Liederheft, aus dem wir gesungen haben, gab es ein Lied: „Wie kann man jung sein und den Weg unsträflich gehn"? Und der Refrain lautetet: „Wenn man sich hält an Gottes Wort ..."
Das sind genau die Worte aus dieser Strophe des 119. Psalms. Jung sein ist schön und schwer zugleich. Schön, weil man in seinem Leben wie in einem Buch noch viele unbeschriebene Seiten hat. Schwer, weil es so viele Wege gibt. Nicht nur gute, sondern auch falsche (vgl. Pred 11,9). Die Orientierung am Wort Gottes hilft, die Seiten des Buches gut zu füllen. Dazu — so sagt der Psalmbeter — ist es notwendig, Gottes Wort zu kennen. Er sagt, wie er das macht: Er prägt sich das Wort Gottes ein (V.11), er sagt es sich immer wieder vor (V.13) und er denkt darüber nach (V.15). Das Endergebnis heißt: „Deine Gesetze machen mich glücklich; nie werde ich dein Wort vergessen" (V.16). Ich habe vor kurzem die Lebensgeschichte von Christa von Viebahn, der Gründerin der Aidlinger Diakonissen, gelesen. Als sie acht war, bekam sie ihre erste Bibel. Sie schreibt: „Wie habe ich mich gefreut, dass ich nun die Bibel lesen durfte ...". Dürfen, nicht müssen:
Tipp für heute: Lerne eine Bibelstelle auswendig.

Das merke ich mir: _____

_____

_____

WOCHENSPRUCH
Heile du mich, Herr,
so werde ich heil;
hilf du mir,
so ist mir geholfen.
Jeremia 17,14

Du bist ein Gott, der mich sieht.
Gen 16,13

„Niemand sieht, was ich tue ...". Ich kenne Menschen, die so fühlen. Wie wohltuend ist es, dass einer mich sieht. Mindestens einer!
Das ganze Jahr über.
Uli Limpf

16 EIN STEILER EINSTIEG

Montag

Jakobus 1,1-12

Mit einem unerwartet steilen, einem fast schockierenden Einstieg beginnt Jakobus seinen Rundbrief an christliche Gemeinden in der Diaspora. Als Bruder von Jesus und Leiter der Gemeinde in Jerusalem galt Jakobus als eine Autorität. „Freuet euch, wenn ihr in mancherlei Anfechtung geratet." Wir halten die Luft an und fragen: Wie bitte? Das Wort, das Luther mit „Anfechtung" übersetzt, hat ein breites Bedeutungsspektrum. Man könnte auch mit „Prüfungen" oder „Versuchungen" übersetzen. Gemeint ist etwas, das mich in meinen Überzeugungen, in meinem Glauben erschüttern kann. Die ganze Palette von beruflichen, gesundheitlichen oder familiären Alltagsproblemen kann gemeint sein, aber auch Glaubensanfechtungen von innen (V.5ff.) oder außen (Spannungsfeld von Armen und Reichen, V.9ff.). Nicht die Anfechtung an sich ist Grund zur Freude, aber die Chance zur Bewährung des Glaubens will Jakobus positiv nutzen. Es ist wie auf einer Treppe mit drei Stufen: Anfechtung auszuhalten führt zur Geduld (V.3), diese stärkt unser Leben und lässt es gelingen. Mit geprüftem Vertrauen erreichen wir schließlich das Ziel, ewiges Leben (V.12). Frage zum Nachdenken: Welche schwierige Situation in deinem Leben hat dich in deinem Glauben am meisten weitergebracht?

Das merke ich mir: _____

_____

17 WER IST SCHULD?

Dienstag

Jakobus 1,13-18

Ich erinnere mich an die Flutkatastrophe im Sommer 2021 in Teilen Deutschlands. Gleich nachdem sich die Medien vom „ersten Schreck" erholt hatten, kam die Frage auf: Wer ist schuld, dass so etwas passieren konnte? Der Klimawandel? Der Krisenstab? Oder gar Gott? Zu allen Zeiten haben Menschen Gott für alles Geschehen in einer Weise verantwortlich gemacht, die den Menschen von Verantwortung entlastet. Jakobus sagt: Jeder ist da für sich selbst verantwortlich. Von Gott kommt nichts Böses. Das Böse ist ihm wesensfremd (V.13). Die Verse 14f. sind die deutlichste biblische Beschreibung, wie es zur Sünde kommt. Am Anfang steht die eigene Begierde. Sie kann man noch ablehnen oder ihr nachgeben. Die Begierde lockt mich – wörtlich meint Jakobus: Sie ködert mich. Wie ein Fisch werde ich zum Genießen verlockt. Doch wenn ich zugebissen habe, wird sich daraus Sünde entwickeln und aus ihr der Tod. Jakobus nennt in dieser Kette bewusst nicht den Teufel (vgl. Jak 4,7), weil er nicht will, dass man die Schuld auf ihn abwälzt. In diese tödliche Kette kann nur einer eingreifen und retten: Jesus (vgl. 2. Tim 1,10). Für uns aber ist wichtig, dass wir uns unserer Verantwortung stellen, wachsam und eng an Jesus bleiben. Wo könnte ich heute gefährdet sein?

Das merke ich mir: _____

_____

NACH DEM HÖREN KOMMT DAS HANDELN

Jakobus 1,19-27

Mittwoch 18

Die Pforzheimer Stadtmission, in der ich arbeite, hatte von 1897 bis 1941 Woche für Woche die Zeitschrift „Sonntagsgruß" herausgebracht und in 4000 Haushalte verteilt. Im Logo auf der Titelseite das Wort aus Jakobus 1,22: „Seid Täter des Wortes, nicht Hörer allein". Ist so etwas überhaupt evangelisch? Martin Luther hatte aufgrund seiner Lebensgeschichte mit diesem Jakobuswort gehadert. Aber Jesus selbst legt auf das Tun ein entscheidendes Gewicht (vgl. Mt 7,21ff.; Mt 13,23). Doch der Reihe nach: Vor dem Handeln kommt das Hören (V.19). Da geht es um das Hören des Wortes Gottes. Es gilt immer, dieses Wort für mich selbst zu hören und nicht für den anderen. Dieses Gehörte sollten wir dann auch nicht zerreden. Nach dem Hören kommt dann das Handeln. In seinem Spiegelgleichnis (V.23ff.) erklärt Jakobus: Wer nur hört, betrügt sich selbst. Hören vermittelt ein Bild. Aber wenn man dann nicht handelt, verschwindet das Bild wieder. Wir werden nicht durch unser Tun gerettet. Aber das Handeln ist im NT die logische Konsequenz aus dem Hören (vgl. 2. Kor 5,10; 1. Joh 3,18). In Vers 27 nennt Jakobus zwei konkrete Beispiele. Es geht um tätige Nächstenliebe und konzentrierte Gottesliebe. Welchen kleinen, konkreten Schritt will ich heute gehen?

Das merke ich mir: _____

KLEIDER MACHEN LEUTE

Jakobus 2,1-13

Donnerstag 19

Das Spannungsfeld zwischen Armen und Reichen in den Gemeinden wurde bereits in Jakobus 1,9-11 angedeutet und wird jetzt ausführlich von Jakobus behandelt. Auch in Jakobus 5,1ff. wird es noch einmal thematisiert. Anscheinend war das damals kein Randproblem. In den Gemeindeversammlungen wurden den Wohlhabenden wohl Sessel angeboten, während die vielen armen Gemeindeglieder auf dem Fußboden Platz nehmen mussten (V.3). In außergewöhnlicher Schärfe kritisiert Jakobus dieses Verhalten. Erneut ist er dabei ganz in der Linie von Jesus (Lk 6,20) und Paulus (1. Kor 1,26f.) und des ganzen AT (2. Mose 20,22f.). Gottes besondere Fürsorge gilt den Armen und Elenden. Aber es geht Jakobus nicht nur um Arm und Reich, sondern darum, dass es in der Gemeinde keinerlei Parteilichkeit geben soll. Weder zwischen Jung und Alt, noch zwischen Männern und Frauen, noch zwischen Einheimischen und Migranten. Das Gebot der Nächstenliebe (V.8) bleibt der entscheidende Maßstab. Die Übertretung dieses Gebots ist keine Lappalie (V.10f.). Frage zum Nachdenken: Wo ist mein Jugendkreis, meine Gemeinde, in der Gefahr, Menschen zu bevorzugen? Persönlicher: Wie begegne ich Menschen, die zu einer schwächeren sozialen Schicht gehören?

Das merke ich mir: _____

Oktober

20 Freitag — ZWEI SEITEN EINER MEDAILLE
Jakobus 2,14-26

Ohne Frage: Dieser Bibeltext provoziert und ist doch das Herzstück des Jakobusbriefs. Wie lässt sich diese starke Betonung der „guten Werke" in Einklang bringen mit dem, was Paulus sagt: „... dass der Mensch gerecht wird ohne des Gesetzes Werke, allein durch den Glauben" (Röm 3,28)? Jakobus 2 und Römer 3 dürfen wir nicht gegeneinander ausspielen. Paulus redet davon, wie man zum Glauben an Gott kommt (Röm 3,21-28). Jakobus beschreibt, was aus dem Glauben als Frucht zu erwarten ist. Jakobus hatte offensichtlich Christen vor Augen, die sich darauf berufen, den „richtigen Glauben" zu haben, im Blick auf ihr soziales Miteinander jedoch Defizite vorweisen. Jakobus widerspricht dieser scheinbar frommen Haltung, die sich selbst genug ist und nach dem Motto lebt: „Hauptsache, ich bin vor Gott gerechtfertigt, was geht mich mein Nächster an?" (vgl. V.15f.). Bei allem, was Jakobus schreibt, geht es nicht um Glaube oder Werke, sondern um Glaube und Werke. Es ist wie mit zwei Seiten einer Medaille. Paulus betont: Wir müssen nichts leisten, an Gottes Gnade ist alles gelegen. Jakobus schreibt: Der Glaube an Gott kann nicht ohne Folgen bleiben. Frage zum Nachdenken: Sagen mir eher die Gedanken von Paulus oder die von Jakobus zu? Warum?

Das merke ich mir: _____

21 Samstag — GEWALTFREIE KOMMUNIKATION
Jakobus 3,1-12

Der amerikanische Psychologe Marshall Rosenberg entwickelte die Schule der „Gewaltfreien Kommunikation", die in den vergangenen Jahren auch bei uns eine weite Verbreitung fand. Fast könnte man meinen, Rosenberg habe bei Jakobus gelernt, denn auch Jakobus legt in seinem Brief einen Schwerpunkt darauf, dass wir mit unseren Worten viel Heil, aber auch viel Unheil anrichten können. In den Versen 3-8 beschreibt Jakobus in eindrücklichen Beispielen, welche Macht die Zunge hat. Das Pferd, das im Zaum gehalten werden will (V.3), das große Schiff, das von einem kleinen Ruder gesteuert wird (V.4) oder auch das kleine Feuer, das jedoch einen verheerenden Waldbrand entfachen kann. Das sind Vergleiche, die auch heute jeder versteht. In allem ist auch hier Jakobus ganz in der Linie seines Bruders Jesus, der deutlich macht, dass wir im Blick auf unsere Worte eine große Verantwortung haben (Mt 12, 36f.). Mit aller Schärfe weist Jakobus auch — speziell bei Christen — auf die Gefahr der Doppelzüngigkeit hin. Man kann nicht über seine Mitmenschen lästern und gleichzeitig Gott loben (V.9). Erneut unterstreicht er das mit einigen Bildern (Quelle, Feigenbaum, Weinstock). Es ist gut, wenn wir uns für heute bewusstmachen: Es gibt keine leeren Worte!

Das merke ich mir: _____

KW 43 bearbeitet von Stephan Münch,
Leitung von Lebenstraum — Persönlichkeit,
Glaube, Beruf
97215 Uffenheim
E-Mail: stephan.muench@dein-lebenstraum.com

176-MAL GOTTES WORT
Psalm 119,17-24

Psalm 119 ist ein literarisches Kunstwerk. Jeder der 176 Verse beginnt mit einem Buchstaben des hebräischen Alphabets. Verse 1-8 mit Alef, 9-16 mit Bet, 17-24 mit Gimel (das ist unser Abschnitt). In allen Versen geht es um das Wort Gottes. Außerdem ist der Psalm 119 eine Durchgangstür zwischen dem ersten Teil der Psalmen (1-118 „Gebetbuch" der Juden) und dem zweiten Teil (120-150: Wallfahrtslieder u. a.). Psalm 119 ist wie eine Tür, durch die der Beter vom innigen Gebet mit Gott aufbricht auf den Pilger-Weg zum Heiligtum. Drei Verse sind mir wichtig geworden. Vers 19: Unsere unsichere Erde ist nicht unser Zuhause — mit aller Not, aller Herausforderung. Wir haben ein himmlisches Ziel. Das Wort Gottes gibt uns Kraft, bis dahin durchzuhalten. Vers 20: Vor einigen Jahren kam ich in eine neue Gemeinde — einfach so als Zuhörer — nachdem ich einige anstrengende Jahre als Pastor hinter mir hatte. Und in den ersten Gottesdiensten habe ich jede Predigt in mich aufgesaugt. Da spürte ich etwas von dieser Sehnsucht, die in Vers 20 beschrieben ist. Vers 22 und 23: Spott, Verachtung, Mobbing — viele von uns kennen das. Aber wenn du dich in Gottes Wort vertiefst, bekommst du neue Kraft für das Leben — und kannst gegen Spötter und Feinde bestehen.

Das merke ich mir: _____

_____

_____

Sonntag 22

WOCHENSPRUCH
Es ist dir gesagt, Mensch, was gut ist und was der Herr von dir fordert, nämlich Gottes Wort halten und Liebe üben und demütig sein vor deinem Gott.
Micha 6,8

Lied: FJ5! Nr. 45

Du bist ein Gott, der mich sieht.
Gen 16,13

Ich genieße es, an einem stillen Tag auf einer Bank am See zu sitzen, in dem Wissen: Jetzt ist Gott da und schaut mich voller Liebe an.

Stephan Münch

23 NEID UND NERVIGE LEUTE

Montag

Jakobus 3,13-18

Die Gemeinde, an die Jakobus (wahrscheinlich der Halbbruder von Jesus) hier schreibt, hat mit ganz schönen Herausforderungen zu kämpfen. Es gibt einige Leute, die sehr fromm reden, aber in ihrem Leben ist es nicht sichtbar. Z. B. Reiche, die auf Arme herabschauen (Jak 2). Aber Jakobus sagt ganz deutlich: Echter Glaube wird im alltäglichen bescheidenen Lebensstil erkennbar (V.13). Und dann kommt er auf ein Thema zu sprechen, das heute in vielen Gemeinden zu finden ist: Neid und Streit. Wenn ein Gemeindemitglied auf das andere neidisch ist (z. B. auf die Begabungen) und gar einen Streit anfängt — das nennt Jakobus „teuflisch" bzw. „dämonisch" (V.15). Das ist starker Tobak. Ich kenne das auch aus meiner Gemeinde und auch von mir selbst: Neid oder Streit kommen leider immer wieder vor. Wie sollen wir mit solchen Spannungen umgehen? Jakobus ist hier sehr pragmatisch. Er sagt (V.17): Sei ehrlich, suche den Frieden, bleibe liebevoll und korrekturfähig. Sei barmherzig, ehrlich und bleibe unparteiisch. Stell dir einmal die Person vor, die dich in der Gemeinde oder im Jugendkreis besonders nervt. Bete jetzt für sie. Und begegne ihr diese oder nächste Woche voller Liebe, Barmherzigkeit, Verständnis. Mal schauen, was passiert?

Das merke ich mir: _____

_____

24 UNTREU

Dienstag

Jakobus 4,1-12

Ein Mann schlendert nach Feierabend durch die Straßen der Stadt. In Gedanken ist er schon zu Hause bei Frau und Kindern, er freut sich richtig drauf. Da entdeckt er ein Pärchen auf der anderen Seite im Schatten eines Hauseingangs. Sie küssen sich und können nicht voneinander lassen. Als er näher hinschaut, gefrieren seine wärmenden Gedanken zu einem Eisklumpen im Magen. Es ist seine Frau mit einem Arbeitskollegen. Ein treuloser Ehepartner — damit vergleicht Jakobus die Beziehung zwischen uns und Gott (V.4): Wir sind treulos (wörtl. Ehebrecher). Deshalb kann man verstehen, warum er so krass schreibt: „Freundschaft mit der Welt ist Feindschaft gegen Gott" (V.4b). Denn: Wenn wir streiten, unsere Leidenschaften ausleben, voller Hass und Neid sind, wenn wir nur aus Selbstsucht beten (V.1ff.), brauchen wir uns nicht wundern, wenn Gott sich enttäuscht und verärgert von uns abwendet. Unglaublich: Trotz unserer Untreue schenkt Gott Gnade (V.6). Aber wir müssen zugeben, dass wir es allein nicht schaffen. Es ist notwendig, dass wir uns vor ihm beugen (V.10) und den Verführungen des Teufels widerstehen (V.7). Gott wünscht sich Hingabe (V.8). Such dir ein Hingabe-Lied und nimm es mit in den Tag, z. B. das Lied „Mittelpunkt".

Das merke ich mir: _____

_____

SPRÜCHE MEINER MUTTER

Jakobus 4,13-17

25 Mittwoch

Meine Mutter ist eine erstaunliche Frau. Sie hat nicht nur fünf Kinder großgezogen — und inzwischen zehn Enkel — sondern sie hat auch ein großes Gottvertrauen. In aller Bescheidenheit lebt sie ihr Leben und glaubt einfach daran, dass Gott es gut machen wird. Einer ihrer Lieblingssprüche ist: „Immer den nächsten Schritt mit Gottes Hilfe". Damit sagt sie: Es liegt in Gottes Hand, was passieren wird (V.15). Wie anders ist da unsere Gesellschaft heute geprägt: von Gewinnmaximierung, Geschäftsstrategien (V.13) und großen Plänen für die Karriere (V.16). Aber gerade in der Corona-Zeit haben wir gesehen, wie großartige Pläne manchmal zwischen den Fingern zerrinnen. Wie ein flüchtiger Hauch ist so vieles, was wir tun (V.14). Ich muss aber auch sagen: Geld zu verdienen und erfolgreich zu sein — dagegen spricht die Bibel nicht. Aber wenn wir darauf fixiert sind — das ist sehr gefährlich. Außerdem übersieht man leicht den Nächsten, der Hilfe braucht (V.17).

Von daher: Nimm diesen Spruch in den heutigen Tag mit — mir ist er ein wertvoller Begleiter geworden: „Immer den nächsten Schritt mit Gottes Hilfe."

Das merke ich mir: _____

_____

IM REICHSTEN TEIL DER ERDE

Jakobus 5,1-6

26 Donnerstag

Kaum ein Thema des täglichen Lebens wird in der Bibel häufiger angesprochen als der Umgang mit Geld. In der Bibel gibt es über 2000 Verse, die vom Umgang mit Geld und Reichtum sprechen. Und oft kommen Menschen in der Bibel, die viel Geld haben, schlecht weg. Auch hier in diesem Text. Wir Deutschen leben aber in einem der reichsten Länder der Erde. Deshalb gelten diese Worte auch uns: Alles, was wir haben, wird eines Tages zerfallen, verrosten oder in Schutt und Asche liegen: Auto, Haus, Computer, Kleidung, usw. (V.2). Menschen, denen materielle Dinge sehr wichtig sind, werden genauso zerfallen und verrotten. Und Reichtum kann uns von innen her zerstören (V. 3). Das Schlimmste ist, dass durch das Verhalten der Reichen andere Menschen unterdrückt und versklavt werden. Schon vor 2000 Jahren war das üblich (V.4ff.). Ich verstehe unseren Reichtum als einen Auftrag. Wir sollen mit dem, was Gott uns anvertraut hat, Gutes tun. Spenden, fair einkaufen, einem Patenkind eine Schulausbildung ermöglichen, Hilfstransporte unterstützen, usw. Paulus schreibt in 1. Timotheus 6,17-19, dass Gott Reichtum schenkt, damit wir „Gutes tun und reich werden an guten Werken". Wen legt dir Gott heute aufs Herz, dem du finanziell etwas Gutes tun kannst?

Das merke ich mir: _____

_____

Oktober

Freitag 27 — WARTEN – WARUM EIGENTLICH?

Jakobus 5,7-12

Viermal werden in diesen sechs Versen direkt „Brüder und Schwestern" angesprochen (in der BasisBibel). Jakobus will direkt hineinsprechen in die Gemeinde, zu den Menschen, die ihm wichtig sind. Es geht ihm u. a. um Geduld (V.7.8.10). Sie sollen geduldig warten, bis Jesus wiederkommt. Auch wenn es verschiedene Vorzeichen gibt (wie der Frühregen und Spätregen, bevor man ernten kann), so sollen sie warten und standhaft bleiben (V.11). Wir Christen warten jetzt schon seit fast 2000 Jahren darauf, dass Jesus wiederkommt. Zig Generationen hofften und warteten bereits auf den wiederkommenden Messias. Und jede Generation (auch die Corona-Generation) hat ihre Weltuntergangspropheten. Jakobus sagt: Seid geduldig, ertragt Leid (v. a. in Verfolgung). Denn: Der Herr wird alles zu einem guten Ende führen (V.11). Und in dieser unsicheren Zeit sollen wir authentisch und echt unser Leben gestalten: Unser Ja soll ein Ja sein, unser Nein ein Nein, auch in der Schule und Geschäftswelt. Manchmal frage ich mich: Warum ist Jesus nicht schon eher wiedergekommen? Warum zögert er sein Kommen immer mehr hinaus? Hat er nicht gesagt: „Ich komme bald" (Offb 22,20)? Deine Gedanken dazu interessieren mich. Wenn du willst, schreib mir gerne eine Mail.

Das merke ich mir: _____

Samstag 28 — BETEN – HEILEN – ERMAHNEN

Jakobus 5,13-20

Gebet hat unglaubliche Macht (V.14ff.): Schon mehrmals durfte ich erleben, wie um Heilung gebetet wurde. Auch ich durfte für Menschen beten. Nicht immer hat Gott sofort geheilt, aber immer hat er eingegriffen und durch das Gebet veränderte sich etwas. Die Krankenheilung ist ein Geschenk Gottes, das wir viel zu wenig in Anspruch nehmen. 2. Heilung und Vergebung gehören zusammen (V.15f.): Zur äußeren Heilung gehört auch immer innere Heilung (Sündenerkenntnis). Psychologen haben es herausgefunden, die Bibel sagt es schon lange: Eine Schuld (fremd- oder eigenverschuldet) – auch über Generationen hinweg – hat zerstörende Wirkung. Auch körperlich ist das spürbar. Schon mancher, der Belastungen oder Schuld loswurde, hatte plötzlich keine Kopfschmerzen oder Rückenschmerzen mehr. Hier ist es wichtig, sensibel zu sein für die Ursachen und bewusst dafür zu beten. 3. Wer darf dich ermahnen (V.19f.)? Wir haben eine Verantwortung füreinander in unserer Gemeinde. Wer darf zu mir sagen: „Stephan, pass auf, dass du an der und der Stelle nicht abhebst!"? Oder: „Sei vorsichtig mit dieser oder jener Sache"? Oder: „Ich glaube, du bist neidisch!"? Wer darf das, wenn nicht Menschen in meiner Zweierschaft, meinem Haus- oder Freundeskreis?

Das merke ich mir: _____

KW 44 bearbeitet von Pierre Scherwing,
Referent für Junge Erwachsenen Arbeit und
Gemeindeentwicklung, 57072 Siegen
E-Mail: pierre.scherwing@gmx.de

DU KANNST ECHT WAS ERWARTEN
Psalm 19

Wann war das letzte Mal, dass du, mit dem Kopf nach hinten, in eine sternenklare Nacht geblickt hast, du einen Sonnenauf- oder -untergang bewundert oder du deinen Blick über die Landschaft hast schweifen lassen? Gott, als die wirklichste Wirklichkeit, ist so überwältigend, dass auch seine Schöpfung, Himmel und Sonne, ihn mit ihrem Dasein ehren. Gotteserkenntnis allein aus der Natur (natürliche Theologie) wirkt für die Menschen des Alten Testaments absurd. Es ist eher umgekehrt: Gott wurde den Betern dieses Psalms so lebendig, dass Gebete und Instrumente nicht mehr ausreichten. ALLE Schöpfung staunt und preist (vgl. Ps 148). Gott hat sich gezeigt. Er treibt keine Versteckspielchen. Vielmehr will er erkannt werden. Deshalb lässt er sich mit Namen ansprechen und gibt Gebote. Das ist der Grund, warum hier angebetet wird. Wir können heute ergänzen: Deshalb hat er Jesus, den Heiligen Geist und die Bibel geschenkt. Vielleicht erwartest du von Gott und vom Bibellesen gerade nicht mehr viel. Unser Psalm feiert Gottes Gesetze mit allem, was das Partybudget hergibt (V.8-11). Was ist, wenn's stimmt? Sei offen, dass Gott bei der nächsten Predigt oder beim Bibellesen mindestens EINEN guten Gedanken für dein Leben parat hat. Schreib ihn auf.

Das merke ich mir: _____
_____
_____

MONATSSPRUCH NOVEMBER

ER ALLEIN BREITET DEN HIMMEL AUS UND GEHT AUF DEN WOGEN DES MEERS. ER MACHT DEN GROSSEN WAGEN AM HIMMEL UND DEN ORION UND DAS SIEBENGESTIRN UND DIE STERNE DES SÜDENS.
Hiob 9,8-9

Du bist ein Gott, der mich sieht.
Gen 16,13

Unseren Gott kannst du nicht in große Worthülsen packen. Du beschreibst ihn am besten, wenn du davon erzählst, was er tut. Gott sieht hin, er kümmert sich um dich.
Pierre Scherwing

WOCHENSPRUCH
Lass dich nicht vom Bösen überwinden, sondern überwinde das Böse mit Gutem.
Römer 12,21

30 GOD OR GOOD

Hiob 1,1-12

Montag

Was für ein Mensch! Fromm, vorbildlich, ehrfürchtig, er meidet das Böse. Hiob ist in Ordnung, sein Leben auch. Er ist gut und ihm geht es gut. Darum geht´s. Von Hiobs Stammbaum und wann er lebte, erfahren wir nichts. Seine Geschichte soll eine Lerngeschichte für alle sein. Gibt es einen Zusammenhang zwischen Wohlverhalten und Wohlergehen? Zweifellos ist Hiob ein Mann nach Gottes Herzen. Nur ein hinterhältiger Verdacht zerstört diese heile Welt: Ist er nur so, weil es sich für ihn lohnt? Geht es ihm wirklich um Gott und um die Mitmenschen? Umsonst, also ohne Gegenleistung. Oder hat er nicht viel mehr seine eigenen Vorteile im Auge? Der Satan redet, wie die Schlange im Paradies, als Menschenfeind und Gegner Gottes. Der Fokus liegt aber nicht auf ihm, er steht ja unter Gott. Doch die Frage bleibt: Geht es mir um Gott oder eher um all das Gute, das er mir schenkt (Englisch: God or Good)? Das Gute kann trügerisch sein. Denn wenn irgendwas nicht läuft, will sich Unzufriedenheit über Gott bei mir einschleichen. Lass uns da nicht mitspielen! Was steht diese Woche an? Vertraue das Gott an. Er sieht das ganze Bild. Er sorgt für dich. Sage ihm Termin für Termin, was dich bewegt. An Gottes Ohr haben Gutes und Schlechtes den richtigen Platz.

Das merke ich mir: _____

_____

31 KNIEND IM STAUB

Hiob 1,13-22

Reformationstag | Dienstag

Wie unaufhörliche Faustschläge folgt eins aufs andere. Die sprichwörtlich gewordenen Hiobsbotschaften hauen Hiob unverhofft k.o. Allem beraubt, auch seiner Kinder. Verstehen kann man das nicht. Auch Hiob bleibt der Grund verborgen. Für ihn gibt es keine Erklärung. Hat denn Leiden einen erkennbaren Sinn? Leiden hat so viele Dimensionen. Wir sollten die Prüfungen Hiobs nicht auf uns und andere übertragen. Damit überheben wir uns. Wie würdest du Vers 21 schreiben, wenn du bis Vers 20 gelesen hast? Ich muss es mehrmals lesen: Hiob lässt tatsächlich nicht von Gott ab. In allem, was geschieht, hält er an Gott fest. Ich erspüre ein Dennoch, ein Trotzdem. Wie schafft er das? Spurensuche: Hiob lobt Gottes Namen. So hat Hiob Gott kennengelernt: Als einen, der mitgeht, wie ein Freund und Retter (vgl. 2. Mose 3,14). Als es ihm gut ging, hatte er gelernt, mit Gott zu leben. Jetzt im Leid vergisst er Gottes Gnade nicht, die es ihm bis dahin so gut gehen ließ. Hiobs Körperhaltung zeigt seine Herzenshaltung: demütig, als Mensch vor Gott. Bete doch heute mal bewusst kniend. Die bewusste Geste des Händefaltens hilft mir manchmal: Ich falte meine Hände, weil ich begriffen habe, dass ich nichts im Griff habe. Liedtipp: Mutig komm ich vor den Thron.

Das merke ich mir: _____

_____

LASS DICH STÖREN
Hiob 2,1-13

Hauptsache gesund! Selbst das gilt für Hiob nicht mehr. Sein Leiden übersteigt alle Vorstellungskraft. Mir bleibt nur noch Kopfschütteln angesichts dieser Szenen. Auch Hiobs Frau kann nicht mehr. Sie musste ansehen, was in der letzten Zeit über die Familie hineinbrach. Nun kann sie es nicht mehr ertragen. Mach dem ein Ende, Hiob! Und Hiob? Weder flucht noch verteidigt er Gott. Er redet nicht schön, was böse ist. Was ist, akzeptiert er. Gott bleibt für ihn Gott, in guten und in schlechten Zeiten. Was für eine Kraft. Wenn ich mitbekomme, wie manche leiden, kann ich es kaum aushalten. Unvorstellbar, ohne Worte. Ich bin dann versucht, „wegzuswipen" und umzuschalten. Hiobs Freunde weichen nicht aus. Sie lassen sich stören. Von entfernten Orten kommen sie angereist. Sie sind bereit, die Last mitzutragen. Trotz übelriechender Wunden lassen sie sich nicht abstoßen und halten mit ihrem geplagten Freund aus. Vor Erschütterung weinen sie. Aus Solidarität zerreißen sie ihre Kleider. Kein Erklären des Unerklärbaren. Sie schämen sich ihrer Hilflosigkeit nicht. Durch das Schweigen geben sie dem Schmerz Raum. Es ist schwer und leicht zugleich: Zeit zu schenken. Deine Präsenz ist das beste Präsent, das du schenken kannst. Wer braucht dich gerade?

Das merke ich mir: _____

_____

WO IST OBEN, WO IST UNTEN?
Hiob 3,1-26

Hiob bricht das Schweigen. Wie eine Sturzflut dringt sein Innenleben nach außen. Stilles Ertragen muss und sollte der Seele zuliebe nicht die einzige Antwort auf Leid sein. In das Schweigen der Freunde dringt Hiobs verzweifelte Klage. Redet Hiob zu ihnen? Schreit er sein Elend in Gottes Ohr? Hiob kennt kein Gegenüber mehr. Seine Gedanken kreisen wild. Das Unglück hat für Hiob alles verändert. Lebensfreude und Todesangst, Licht und Finsternis: alles verdreht. Nichts stimmt mehr. Wir können uns glücklich schätzen, wenn wir solche Gedanken noch nie selbst ertragen mussten. Selbst essen wird zur Qual. Gut scheint nur eins in diesem Dunkel von Verzweiflung: endlich sterben zu dürfen. Im Animationsfilm „Madagascar" wünscht sich die Giraffe Melman ein „Sterbeloch". Auch Hiob will nicht mehr. Er ist ganz in sich selbst und seine Schmerzen verkrümmt. Und sowas steht in der Bibel? Danke Gott, dass du uns gut kennst. Unsere Worte und unser Schweigen, beides hält Gott aus. Hiob fällt nicht ins Leere. Die Erlösungshoffnung leuchtet auch ohne Hiobs Zutun (V.17-19). Auch ohne den Wunsch nach einem Sterbeloch gilt es: Wenn ich Gott nicht sehe und gerade nichts tun kann, er hält mich. Durch Jesus halte ich mich an den, der Not kennt und mitträgt.

Das merke ich mir: _____

_____

3 GOTT FÜRCHTEN, OHNE IHN ZU FÜRCHTEN   Hiob 4,1-21

Freitag

Nach einer Woche kann auch Elifas den Mund nicht mehr halten. Er hat nachgedacht. Gott ist doch gerecht (V.2-11). Er lässt keinen Schuldlosen umkommen (V.12-21). Es muss also doch etwas in Hiobs Leben sein, was ihm seine Schmach eingebrockt hat. Hast du auch schon so gedacht? Ja, keiner hat an sich vor Gott eine reine Weste. Aber nein, wenn wir anfangen zu deuten, ob „Gott kleine Sünden sofort" bestraft, machen wir die freimachende Botschaft von Jesus Christus klein. Elifas appelliert an Hiobs großes Gottvertrauen aus alten Zeiten. Doch das ist das Problem. Denn Hiobs Glaube musste reifen. Der alte Hiob vertraute, aber er kannte keinen Schmerz. Gottvertrauen ohne Leid ist Hiob nun fragwürdig geworden. Hiob kann nicht mehr zurück zu einem Glauben, der an sich selbst glaubt. Diese Not ist eigentlich eine Befreiung. Nur Elifas erkennt das nicht. Hiob braucht einen Freund, der ihm Gott groß macht. Manchmal denke ich auch, genau zu wissen, was andere jetzt brauchen. Ratschläge sind besonders in Notsituationen Schläge. Aber Jesus befreit: Gott zu fürchten heißt, ihn zu fürchten, ohne ihn zu fürchten. Er legt kein Leid für geheime Sünden auf. Vielmehr ist er dabei, in Schuld und Unschuld. Er ist unsere Gerechtigkeit (vgl. 2. Kor 5,21).

Das merke ich mir: _____

_____

4 IST DAS ALLES?   Hiob 5,17-27

Samstag

Wie viel besser ist es, wenn uns Gott, der uns liebt, in der Stille zurechtweist, als wenn wir öffentlich durch andere auf unsere Schwächen und Versäumnisse hingewiesen werden. Gott kümmert sich um dich. Er will dein Heil und nicht deinen Untergang (vgl. Jer 29,11; Joh 3,17). Ein großer Grund zum Glücklichsein. Das liegt allein an Gott. Aber Moment: Weiß Elifas noch, wie es Hiob geht? In poetischer Weise gibt er alles, um Hiob aufzumuntern. Dieser große Frieden ist biblisch (vgl. Jes 11,5ff.), aber Leiden scheint fast vergessen. Es klingt zu schön, aber — ist das alles? Kurz ein warmes Gefühl, etwas Lebensglück geschnuppert und Bibel zu? Ob gedruckt oder auf Social Media: Manche Versprechen Gottes sind doch schnell nur nette Kalender- und Motivationssprüchlein. Ich und mein Glück. Gott: fast ein zahmer Löwe. Doch Gott ist größer. Gott hilft durch Leiden hindurch, anstatt fromm darüber hinwegzutrösten. Seine Macht ist unendlich, aber er benutzt sie nicht gegen uns. Da, wo wir gesegnet sind, ohne Gott dafür zu danken, da brauchen wir, trotz Wohlergehen, eine Kurskorrektur. Mit Gott leben eben — zusammen auf Arbeit oder im Haushalt, mit Stoßgebeten oder in Ruhe (vgl. 1. Kor 10,31).

Das merke ich mir: _____

_____

KW 45 bearbeitet von Andy Marek,
Gemeinschaftspastor im Sächsischen
Gemeinschaftsverband,
08209 Auerbach/ Vogtland
E-Mail: andymarek@lkgsachsen.de

VON GOTT VERLASSEN? NEVER!
Psalm 22,1-22

Dieser Psalm passt so richtig zu Hiob, mit dem wir uns auch noch in den kommenden zwei Wochen beschäftigen werden. Der Psalm ist von David; wir wissen allerdings nicht genau, in welcher Situation er war, als er ihn geschrieben hat — es scheint allerdings eine lebensbedrohliche gewesen zu sein (V.16). Auffällig sind die vielen Parallelen, die es zu Jesus und seiner Passion gibt (V.7ff.16.19). Jesus zitiert sogar den Anfang dieses Psalms am Kreuz, weil er ihn wohl als sehr treffend für seine Situation angesehen hat. Zurück zu David: Er schafft es trotz allem, an Gott festzuhalten. Er fragt ihn zwar, warum er ihn verlassen hat, spricht ihn aber immer noch mit „mein Gott" an (V.2). Die persönliche Beziehung ist also noch nicht verlorengegangen.

Außerdem macht er sich bewusst, dass die Generationen vor ihm ja auch gute Erfahrungen mit Gott gemacht haben (V.5f.), und dass er selbst eine Beziehung zu ihm hatte, seit er denken kann (V.10f.). Wenn du gerade in einer schwierigen Situation bist: Mach dir, wie David, bewusst, wo Gott im Leben anderer Menschen oder in deinem eigenen Leben gehandelt und geholfen hat. Und sei dir sicher: Gott wird dich nie verlassen, weil uns nichts von seiner Liebe zu uns trennen kann (Röm 8,38f.).

Das merke ich mir: _____

_____

_____

WOCHENSPRUCH
Bei dir ist die Vergebung,
dass man dich fürchte.
Psalm 130,4

Du bist ein Gott, der mich siezt? Nein, du bist ein Gott, der mich duzt! ;-)
Andy Marek

6 IM LEID ÜBER GOTT REDEN

Montag

Hiob 6,1-10.24-30

Hiob geht hier ganz schön hart mit Gott ins Gericht (V.4) und wünscht sich sogar, von ihm umgebracht zu werden (V.9). Das ist erstmal nicht so leicht zu verdauen, allerdings verständlich, wenn man sich das Ausmaß seines Leidens vor Augen führt (V.2f.). In so einer Extremsituation ist man meistens auch nicht empfänglich für schlaue Reden anderer Menschen, die die Ursache des Leides zu kennen scheinen (V.24f.) und nicht vertrauenswürdig sind (V.27). Auffällig ist, dass wir bis jetzt immer noch kein Gebet im klassischen Sinne von Hiob überliefert haben. Er redet zwar über Gott („Er hat ..."), aber nicht direkt mit ihm („Du hast ..."). Hiobs Beziehung zu Gott scheint durch das Leid also unpersönlicher geworden zu sein, ein Gebet zu seinem Schöpfer oder eine Anrede Gottes kommt ihm erst mal nicht über die Lippen. Aber auch das ist in Ordnung. Es kann sein, dass wir auch manchmal kein Gebet im klassischen Sinne formulieren können, weil wir uns von Gott entfremdet haben oder es den Anschein macht, dass er unendlich fern ist und unser Gebet nicht hört. Wenn du gerade nicht mit Gott reden kannst oder magst, dann rede doch einfach über ihn — entweder allein oder mit einem Freund, dem du vertraust.

Das merke ich mir: _____

_____

7 IM LEID MIT GOTT REDEN

Dienstag

Hiob 7,7-21

Nun wird es persönlicher: Hier ist uns Hiobs erstes Gebet im klassischen Sinne überliefert, ein Reden mit Gott und eine Anrede Gottes. Er ist sehr verzweifelt und findet nirgendwo Trost (V.13f.), doch sprudelt es jetzt förmlich aus ihm heraus (V.11). Wir haben hier die Worte eines Menschen vor uns, der wirklich vom Leid gezeichnet ist — und doch den Mut hat, Gott persönlich anzusprechen und mit allen Fragen, die ihn bewegen (V.12.17.19ff.), zu ihm zu kommen. Und was beredet er mit Gott? Er beklagt vor allem, dass das Leben so kurz und vergänglich ist (V.7ff.) und bittet ihn deshalb, doch eine Weile von ihm abzulassen und ihm noch eine kleine Zeit ohne Leid zu gönnen (V.16.19). Oft können wir heute mit der Vergänglichkeit des Lebens nicht mehr besonders viel anfangen — gefühlt haben wir noch unser ganzes Leben vor uns. Aber wir sollten uns vielleicht hin und wieder bewusstmachen, dass keiner von uns weiß, wie viel Zeit uns tatsächlich noch bleibt. Kennst du jemanden, der sich gerade in einer leidvollen Situation befindet? Das Leben ist kurz und kostbar: Schieb es nicht auf die lange Bank und unterstütze diesen Menschen heute ganz konkret! Damit schenkst du ihm deine Aufmerksamkeit und bringst ihm Achtung entgegen (V.17).

Das merke ich mir: _____

_____

ALLES GEKLÄRT!?

Hiob 8,1-22

Mittwoch

Das steckt tief in uns Menschen drin: eine schlaue Erklärung für alles finden zu wollen — eben auch für das Leid, das Menschen durchmachen müssen. Bildad und seine Freunde erklären sich Hiobs Lage so: Er hat sich irgendetwas zuschulden kommen lassen, und sein Leid ist nun die gerechte Strafe dafür. Würde er bereuen und Buße tun, würde sich seine Situation wieder verbessern (V.3-7). Eine naheliegende Erklärung, aber eben auch eine sehr einfache. Bildad behauptet gewissermaßen: Wer fromm ist, dem geht es gut; wer gottlos ist, dem geht es schlecht (V.13-20). So simpel ist es aber leider nicht immer, da dürfte ja keinem Christen ein Leid widerfahren, und allen Nichtchristen müsste es pausenlos schlecht gehen. Wegen dieser Erklärungen werden die Freunde Hiobs von Gott am Ende des Buchs zurechtgewiesen (Hiob 42,7), und auch der Anfang des Buchs macht ja deutlich, dass Hiobs Leid eben nichts mit seiner persönlichen Schuld zu tun hat (Hiob 1,1.8.22). Meine Eltern haben mir als Kind manchmal gesagt: „Der liebe Gott bestraft die kleinen Sünden sofort!" Damals habe ich das geglaubt, heute halte ich diesen Satz für ziemlichen Blödsinn. Neigst auch du dazu, zu denken, dass Leid im Leben eines Menschen eine Strafe Gottes ist?

Das merke ich mir: _____
_____

ZU HOCH FÜR HIOB

Hiob 9,1-15.32-35

Donnerstag

Der heutige Text ist eigentlich fast ausschließlich eine Beschreibung der Allmacht Gottes durch Hiob (V.4-13). Man könnte das so deuten: Warum es so viel Leid in seinem Leben gibt, ist ihm „zu hoch", weil Gott ihm zu hoch ist. Mit Gott ins Gericht zu gehen und nach menschlichen Maßstäben über seine Handlungen zu urteilen, funktioniert nicht, weil Gott Gott ist und wir Menschen nun mal Menschen sind (V.2f.14f.32f.). Sich Gottes Allmacht und Überlegenheit vor Augen zu halten, lässt das Leid auch nicht plötzlich verschwinden, rückt aber vielleicht die Rollen ein wenig zurecht: Wir Menschen haben immer viele Anfragen an Gott, so als ob er auf der Anklagebank sitzt und unsere kritischen Fragen zu beantworten hat. So als ob wir auf dem Richterstuhl sitzen und sich Gott uns gegenüber zu rechtfertigen hat. Das stimmt aber nicht, es ist vielmehr genau andersherum! Aber das Schöne ist: Seid Jesus gibt es eine Art „Schiedsrichter" (V.33) zwischen Gott und uns Menschen, von dem Hiob noch träumt. Weil Jesus die Strafe für unsere Schuld auf sich genommen hat, müssen wir keine Angst mehr vor dem Gericht haben (V.34f.). Was macht es mit dir, wenn du dir Gottes Allmacht vor Augen hältst? Kommst du ins Staunen oder eher ins Fragen?

Das merke ich mir: _____
_____

Freitag 10 — HIOB, DER ESEL?
Hiob 11,1-20

Nicht nur Bildad, sondern auch Zofar hält den Gedanken nicht aus, dass Hiobs Leid nichts mit seiner Schuld zu tun hat. Auch er versucht Hiob einzureden: Bekehre dich, dann wird es dir wieder bessergehen (V.11-20). Dabei wird der Ton langsam rauer: Zofar bezeichnet Hiob indirekt als Spötter (V.2f.), Sünder (V.6), Unverständigen (V.8), Hohlkopf und Esel (V.12). Prinzipiell ist es ja gut, dass Hiobs Freunde ihn besuchen und mit ihm reden, aber Unterstellungen oder sogar Beleidigungen machen Hiobs Situation auch nicht besser. Gerade im Leid ist es wichtig, einfühlsam mit Menschen umzugehen, d. h., sich in sie hineinzuversetzen. Wenn du einen Menschen besuchst, der Schweres durchmacht, ist es gut, das Leid auszuhalten und nicht, wie die Freunde Hiobs, ständig zu verbessern und zu beurteilen. Mit jemandem, der sich direkt im Leid befindet, ist es sowieso nicht besonders sinnvoll, Argumente auszutauschen. Vielmehr sollte ihm Verständnis für seine Situation entgegengebracht werden. Wo hast du schon mal erlebt, dass dich andere auch noch schlechtgemacht haben, obwohl es dir schon nicht gut ging? Wie hast du dich in dieser Situation gefühlt? Was wäre eine angemessenere Form, mit jemandem zu reden, der sich im Leid befindet?

Das merke ich mir: _____

Samstag 11 — WAS HIOB MIT FUSSBALL ZU TUN HAT
Hiob 12,1-6; 14,1-12

Wieder beklagt Hiob die Vergänglichkeit des menschlichen Lebens (14,1f.5-12), wieder zweifelt er die Sichtweise seiner Freunde an, dass es guten Menschen gut geht und bösen Menschen schlecht (12,5f.). Außerdem formuliert er eine alte Weisheit, die auch heute noch gilt: Wer gerade kein Leid durchmacht, hat leicht reden; aber, wenn man selbst betroffen ist, sieht alles schon ganz anders aus (12,2-5). Das ist ganz menschlich: „Hab dich doch mal nicht so!", sagen wir vielleicht schnell zu einem anderen; sind wir in derselben Situation wie er, werden wir plötzlich ganz kleinlaut. Die Fußballfans auf der Tribüne oder vor den Bildschirmen wissen genau, wie man zu spielen hat; ist man selbst Spieler, hat man nochmal eine ganz andere Perspektive. Die Freunde Hiobs sitzen quasi auf der Tribüne und geben viele kluge Ratschläge, weil sie das Leid nicht selbst betrifft; auf dem Spielfeld zu bewähren hat sich aber Hiob – und so hat er allen Grund dazu, sie zurechtzuweisen. Deswegen kann es hilfreich sein, selbst einmal in eine schwierige Situation zu geraten, weil man dann andere Menschen oft besser verstehen kann. Falls es dir gerade so geht: Wie kann dir die Situation, die du gerade durchmachst, helfen, um barmherziger mit anderen zu werden?

Das merke ich mir: _____

KW 46 bearbeitet von Lydia Wüst,
Diakonin, 47803 Krefeld
E-Mail: lydiawuest@online.de

WOCHENSPRUCH
Selig sind, die Frieden stiften; denn sie werden Gottes Kinder heißen.
Matthäus 5,9

Lied: FJ5! Nr. 43 Sonntag **12**

ANSTECKENDES LOB
Psalm 22,23-32

Psalm 22 gehört zu den sogenannten „messianischen" Psalmen. Er weist sowohl auf Jesu erstes Kommen als Mensch als auch auf sein noch ausstehendes zukünftiges Kommen hin. Die Verse 1-22 handeln vom Leiden des Messias. In den Kreuzigungsberichten der vier Evangelien finden wir viele Beschreibungen, die diese Verse teils wörtlich aufgreifen. Jesus selbst betete Verse dieses Psalms, als er am Kreuz starb. Der zweite Teil des Psalms beschreibt die Zeit nach Jesu Auferstehung bis hin zu seinem zweiten Kommen. Er wird sein Königreich aufrichten und alle werden ihn als ihren Gott anerkennen (V.27-32).

In dieser vertrauensvollen Hoffnung dürfen auch wir heute leben. Die Verse 23-26 geben auch uns viel Grund, Gott zu loben und zu preisen: für seine Treue und sein eingreifendes Handeln in der Welt und in unserem ganz persönlichen Leben. ER schenkt den Grund unserer Freude (V.26) und ER hört auch heute noch auf unser betendes Schreien (V.25).

Was hat Gott schon alles in deinem Leben wunderbar geführt? Wem kannst du vielleicht heute davon erzählen (V.23)? Sagen wir die gute Nachricht weiter: „ER hat es getan/vollbracht" (V.32; vgl. Joh 19,30).

Das merke ich mir: _____
_____
_____

Du bist ein Gott, der mich sieht.
Gen 16,13

Ich glaube, dass Gottes liebevoller Blick auf mir liegt. Sich diesen Blick bewusst zu machen und erwartungsvoll zu erwidern, ist ein tägliches Geschenk und Abenteuer.
Lydia Wüst

November 219

Montag 13 — MEIN „ER-LÖSER" LEBT!   Hiob 19,21-29

Was in Vers 25 als „Anwalt" oder „Erlöser" übersetzt wird, ist das hebräische Wort: go'el = Löser. Zur Zeit des Alten Testaments übernahm der nächste Blutsverwandte diese Funktion, um z. B. den Mord an dem Verstorbenen zu rächen (4. Mose 35,9-34), den Erbbesitz in der Sippe zu erhalten und für Erben und die Versorgung der Witwe zu sorgen (vgl. Rut 3.4). Kam ein Israelit in eine existentielle Notlage, musste er ggf. sein Land oder sogar seine Kinder und sich selbst als „Schuldsklaven" an einen Fremden verkaufen. Ein „go`el", der als nächster Verwandter auch wirtschaftlich in der Lage war, konnte das Land oder seinen Verwandten aus dieser Notlage „freikaufen", „lösen", „er-lösen" (Lev 25,25.47ff.). Darauf spielt Hiob hier an und geht noch einen Schritt weiter — er weiß (!), dass sein „Löser" Gott selbst sein wird. Seine Verwandten sind ihm fremd geworden (V.13-19), aber Gott wird ihn als sein „go`el" aus dieser Notlage „er-lösen". Wir kennen ebenso Notlagen und Sackgassen, aus denen wir allein nicht herauskommen. In Jesus wurde Gott zu unserem Blutsverwandten, unserem „Er-Löser". Am Kreuz hat ER das höchste Lösegeld bezahlt (1. Petr. 1,18f.; 1. Kor 7,23). Du darfst wissen: „Dein Er-Löser lebt".

Das merke ich mir: _____

Dienstag 14 — NICHT – SCHULDIG!   Hiob 31,16-40

Das Kapitel 31 wirkt wie eine abschließende Verteidigungsrede vor Gericht. Hiob versucht, seine Unschuld in den verschiedenen Lebensbereichen zu belegen: Treue in der Ehe (V.1-12), als fairer Arbeitgeber (V.13-ff.), im sozialen Bereich (V.16-23). Seine Prioritätensetzung mit Besitz und Spiritualität (V.24-28), Verhältnis zu Feinden (V.29f.), vorbildhafte Gastfreundschaft und Umgang mit Fremden (V.31f.). Sein geradliniger Charakter (V.33f.) und sein Umgang mit der Natur (V.38f.). Überall kann er reinen Gewissens punkten. Allerdings leitet Hiob daraus den Anspruch ab, dass Gott seine Unschuld bestätigen muss (V.35). Doch vielleicht sieht er sich in seiner Selbsteinschätzung etwas zu perfekt? Ohne Makel, wie ein Fürst — auf Augenhöhe mit dem Allmächtigen? Hiobs Begegnung mit Gott wird daher anders ausfallen, als er es sich vorgestellt hat (V.37; Hiob 42,6). Was erwarten wir von Gott? Kann Gott nicht froh sein, dass er uns in seinem „Team" hat? Sollten unsere „guten Taten" und unser sauberer Lebensstil von ihm nicht „belohnt" werden? Z. B. mit einem gesegneten und behüteten Leben? Bitte Gott doch heute darum, dass er dir die „blinden Flecken" deines Herzens aufzeigt und nimm seine wunderbare Vergebung bewusst in Anspruch.

Das merke ich mir: _____

OHNE WORTE?!

Hiob 40,1-5 — Mittwoch 15

Wie schon in Hiob 38,1 beginnt dieses Kapitel mit der Verwendung des Eigennamens Gottes „HERR" = „JHWH" — der ewig Seiende. Mit diesem Beziehungsnamen hatte sich Gott dem Mose im Dornbusch vorgestellt (2. Mose 3,13f.). Dieser Name ist sowohl das Versprechen von Gottes Gegenwart als auch von Gottes Zuwendung in unserem Leben. So auch hier. Gott stellt sich den Ausführungen Hiobs, weil ihm die Beziehung zu ihm wichtig ist. Hiob scheint dadurch deutlich bewusst zu werden, wie die tatsächlichen Rollen verteilt sind. Nicht mehr wie ein Fürst begegnet er Gott (Hiob 31,37). Nicht auf Augenhöhe. Nicht lautstark. Ganz im Gegenteil: In der direkten Begegnung mit dem Allmächtigen wirkt er eher kleinlaut (V.4) und vielleicht auch etwas eingeschnappt. Er sagt lieber gar nichts mehr, als dass er sich für seine Großspurigkeit entschuldigt. Auch wenn wir wie Hiob in Gottes Gegenwart sprachlos werden, müssen wir keine Angst vor ihm haben. Er liebt uns und sucht die Beziehung zu uns. Er ist unser himmlischer Vater, dem wir wie ein Kind begegnen dürfen. Auch wenn wir vielleicht den Mund zu voll genommen haben. Bitte Gott doch darum, heute die tiefe Bedeutung seines heiligen Namens „erleben" zu dürfen und IHM ganz persönlich zu begegnen.

Das merke ich mir: _____

URMÄCHTE – GOTTES „SCHOBHÜNDCHEN"?

Hiob 40,6-32 — Donnerstag 16

Wie Elihu in Hiob 36,22ff. erwähnt Gott seine unvergleichliche Größe und Macht (siehe V.8-14). Vers 9 bringt es dann auf den Punkt: Dachte Hiob wirklich, er könnte sich mit Gott vergleichen? Die Verse 15-24 beschreiben den „Behemot" (Mehrzahl des hebräischen „Behema" = Vieh, bedeutet so viel wie „Urvieh/Riesen-Vieh"). Die Beschreibung passt wohl eher auf einen Riesensaurier, wie z. B. Diplodokus als auf ein oft übersetztes Nilpferd. So ist der kleine Stummelschwanz des Nilpferdes kaum mit dem starken Stamm einer Zeder zu vergleichen (V.17). Auch der „Leviatan" in Vers 25-32 (hebr: „der Gewundene") scheint hier eher auf einen Wassersaurier hinzuweisen, als auf ein bezwingbares Krokodil. Beide „Tiere" stehen aber auch für Riesenmächte, die der Mensch nicht besiegen oder zähmen kann. Nur Gott als deren Schöpfer (V.15) ist dazu in der Lage. Er kann sogar mit ihnen „spielen" (Ps 104,26). Dort, wo wir uns von Leid und Chaos überrollt fühlen, dürfen wir auf den vertrauen, der alles in seiner Hand hält. Für ihn gibt es keine unlösbaren Probleme. Wie Hiob erkennen wir als moderne Menschen, dass wir eigentlich gar nichts in der Hand haben. Macht dir dieser Gedanke Angst oder entlastet er dich und lässt dich Gottes Nähe suchen?

Das merke ich mir: _____

November

Freitag 17 — KLARE SICHT

Hiob 42,1-6

Jetzt sieht Hiob klar. Er bekennt, dass er eigentlich nichts weiß. Gottes Gedanken und Gottes Handeln sind so viel größer als unser Verstand (Jes 55,8f.). In Hiob 1 wird uns ein gottesfürchtiger, frommer Mann vorgestellt. Seine persönliche Beziehung zu Gott war jedoch von Vorsicht und dem „Ursache-Wirkung-Prinzip" seiner Zeit geprägt. Um seine Kinder abzusichern, opferte er vorsichtshalber, um auf „Nummer sicher zu gehen" (Hiob 1,5). Keiner konnte ihm etwas nachsagen (Hiob 31). Vor Gott hatte er eine „reine Weste". Doch sein Prinzip ging nicht auf. Obwohl er alles „richtig" gemacht hatte, traf ihn das tiefste Leid. Auch seine Freunde haben dies fälschlicherweise als Strafgericht Gottes interpretiert. Erst nach der persönlichen Begegnung mit seinem HERRN konnte Hiob sagen, dass er Gott wirklich „gesehen" hat. Erst als er Gott als den erkannt hatte, der er ist, bereute er seine Worte mitten im Staub (V.6). Gotteserkenntnis führt zur Selbsterkenntnis unserer „gottfernen Natur". So erging es später auch Petrus, als er Jesus als seinen HERRN erkannte (Lk 5,8). Für Hiob und Petrus war dies der erste Schritt in ein neues Leben. Bitte Gott um eine „klare" Sicht auf dich, deine Motive und auf Gott und seine guten Gedanken für dich.

Das merke ich mir: _____

Samstag 18 — ENDE GUT – ALLES GUT?!

Hiob 42,7-17

Wie gegen Satan in Hiob 1,8 und 2,3, verteidigt Gott Hiob nun vor seinen Freunden und nennt ihn „seinen Knecht". Gott steht zu Hiob. Dabei übersieht Gott das selbstgefällige Reden der Freunde nicht einfach. Denn es ist ihm nicht egal, wie wir miteinander umgehen und welches Gottesbild wir unserem Nächsten vermitteln. Als „Tröster" sollten wir uns daher mit Zurechtweisung und guten Ratschlägen zurückhalten. Stattdessen können wir als Vermittler und Fürbitter den Leidenden vor Gott bringen: stellvertretend für den Leidenden einstehen und beten, wenn dieser es gerade selbst nicht mehr kann. Hiob zeigt mit seiner Fürbitte, dass er sowohl mit Gott als auch mit seinen Freunden versöhnt ist. Erst dann wendet Gott sein Leben und segnet ihn mehr als zuvor (V.12). Wie bei Hiob nach dem Leid der Segen kam, so wird es auch bei uns sein, wenn es in Ewigkeit keine Tränen mehr geben und alles neu sein wird (Röm 8,18ff.; Offb 21,4). Hiobs Gottesbegegnung hat Auswirkungen auch auf seine Freunde und seine Familie – seine Töchter sind gleichberechtigte Erben mit seinen Söhnen (V.15). Einmalig im AT. Welches Gottesbild vermittelst du anderen? Bewusst oder unbewusst? Für wen kannst du heute stellvertretend vor Gott eintreten?

Das merke ich mir: _____

Freiwilligendienste im Deutschen EC-Verband

Die EC-Freiwilligendienste sind seit 1983 ein Arbeitsbereich des Deutschen EC-Verbandes. Waren es in den Anfangsjahren ausschließlich junge Frauen, die ein „Diakonisches Jahr" beim EC absolvierten, so sind es heute rund 100 junge Menschen, die einen Freiwilligendienst in den Formaten „Freiwilliges Soziales Jahr (FSJ)" oder „Bundesfreiwilligendienst (BFD)" leisten. Ca. 1/3 unserer Freiwilligen haben keinen christlich Background und so haben hier das Erleben und Kennenlernen gelebten christlichen Glaubens eine besondere Bedeutung. Aber auch für die jungen Menschen mit zum Teil sehr unterschiedlichen christlichen Prägungen stellt das Kennenlernen anderer christlicher Traditionen eine spannende Herausforderung dar.

Diversität findet sich aber auch in unserem Angebot an Einsatzstellen wieder. Grob 2/3 der Einsatzplätze haben etwas mit Kinder- und Jugendarbeit zu tun. Ob dies nun „klassische" EC-Arbeit in einer Landeskirchlichen Gemeinschaft oder in einer staatlichen Grundschule ist, kann variieren. Dazwischen gibt es noch Evangelische Kirchengemeinden, Offene Kinder- und Jugendarbeit in christlichen Initiativen wie der „Arche", Kitas und Schulen in freier christlicher Trägerschaft oder kleine christliche Projekte wie der Leuchtturm in Güstrow.
Ein weiteres knappes 1/3 unserer Einsatzplätze findet sich in christlichen Gästehäusern. Hier können sich Freiwillige in Haustechnik, Geländepflege oder in der Hauswirtschaft ausprobieren. Ein paar einzelne Plätze in der Pflege haben wir dann im Krankenhaus in Woltersdorf anzubieten. So hat man auch die Möglichkeit neue Regionen Deutschlands kennenzulernen.

In unserer Rolle als „Träger", d.h. als verantwortlicher Organisator der Freiwilligendienste gegenüber staatlichen Stellen, sind wir Teil eines großen Netzwerkes. Auf diese Weise versuchen wir an vielen verschiedenen Stellen deutlich zu machen, was es heißt „EC" zu sein: im Miteinander mit Einsatzstellen, in der Begleitung der Freiwilligen, aber auch in der Kommunikation und dem Miteinander mit staatlichen Behörden.

Folge uns gerne auf Instagram unter ec_freiwilligendienste oder informiere dich auf ec-freiwlligendienste.de.

Christian Petersen, Leiter EC-Freiwilligendienste beim Deutschen EC-Verband, Kassel
E-Mail: christian.petersen@ec.de

BIBLISCHES BUCH

JUDAS

Sieht man einmal davon ab, dass nur im Judasbrief ein Erzengel mit Namen genannt wird (vgl. Jud 9), was in der späteren Zeit Anstoß für die „Identifizierung" weiterer Erzengel gab, scheint der Judasbrief theologisch wenig herzumachen. Doch dieser Eindruck täuscht. Neben der Offenbarung gibt es wahrscheinlich kein anderes neutestamentliches Buch, das mit solchem Nachdruck die Ernsthaftigkeit Gottes und seines Gerichtes betont. Tut man so etwas nicht nur als Beschimpfung des theologischen Gegners ab, wird der Judasbrief zu einem Dokument, das einen herausfordert, die eigene Nachfolge und Praxis in der Gemeinde zu überdenken.

So nachdrücklich wie Gott rettet, richtet er auch. An verschiedenen Beispielen aus der Geschichte macht Judas dies deutlich. Ihm geht es dabei vor allem um das Verhalten der Christen, also derer, die sich schon „auf der richtigen Seite" wähnen und deshalb meinen, sie seien von jedem Gericht ausgenommen. Doch Gott lässt sich nicht spotten. Dass er dem Volk Israel aus Ägypten geholfen hat, bedeutet nicht, dass er ihm alles durchgehen ließ (5). Städte wie Sodom und Gomorra wurden vernichtet, und selbst Engel, die sich verfehlt haben, werden gerichtet (6 f.). Gottes Gericht kennt also in der Tat kein Ansehen der Person, es macht noch nicht einmal vor himmlischen Wesen Halt. Dass Gott einmal Sünde vergibt, darf man also nicht als Freibrief zu weiterem hemmungslosen Sündigen nehmen, sonst missbraucht man die Gnade Gottes (4).

Gericht ist jedoch nicht das letzte Wort des Herrenbruders. Der Brief ist kein Fluch über die Irrlehrer, sondern ein Aufruf an die Christen, sich derer anzunehmen, die in Sünde gefallen sind: „Erbarmt euch derer, die zweifeln; andere reißt aus dem Feuer und rettet sie; anderer erbarmt euch in Furcht" (22 f.). Erbarmen bedeutet freilich nicht, dass man über die Sünde ein Deckmäntelchen scheinbarer Nächstenliebe ausbreitet. Die Sünde wird nicht nur beim Namen genannt, Judas erwartet auch, dass man sie lässt: „hasst ... das Gewand, das befleckt ist vom Fleisch" (23). Und mit dieser Verbindung zwischen der Ehrfurcht vor der Heiligkeit Gottes und der Betonung seiner Gnade kommt Judas Paulus sehr nahe, der schrieb: „Weil wir nun wissen, dass der Herr zu fürchten ist, suchen wir Menschen zu gewinnen" (2. Kor 5,11). Trotz seiner Kürze ist der Judasbrief damit ein aktuelles Schreiben, gerade in einer Zeit, in der die Kirche die Balance zwischen der Furcht Gottes und seinem Erbarmen aufgrund einer falsch verstandenen Gnadenlehre zu verlieren droht.

Dr. theol. Thomas Weißenborn,
Dozent am mbs-Bibelseminar, Marburg
E-Mail: thomas.weissenborn@m-b-s.org

KW 47 bearbeitet von Samuel Haubner,
Pastor und 1. Vorsitzender des EC-Bayern,
85051 Ingolstadt
E-Mail: samuel.haubner@ec-bayern.de

WOCHENSPRUCH
Denn wir müssen alle offenbar werden vor dem Richterstuhl Christi.
2. Korinther 5,10a

BETEN IM CHAOS DER GEFÜHLE
Psalm 70

Stundenlang warteten wir am Bahnhof. Durch einen Lokführerstreik saßen wir in Berlin fest. Irgendwann fing ich an zu beten. Ich erlebte eine merkwürdige Mischung aus Ärger über die Situation und Dankbarkeit gegenüber Gott. Vielleicht geht es David so ähnlich. Er schreit um Hilfe, er betet „gegen" seine Feinde. Er ist dankbar für Gott. Beten im Chaos der Gefühle. Kennst du das auch? Wie kann Chaos in Worte gefasst werden? Psalm 70 liefert wertvolle Hilfen: In Vers 2 sagt David: „Gott, du kannst mich retten." Das steht am Anfang. Suche ich meine Rettung von Anfang an bei Gott? Oder lebe ich eher nach dem Motto: „Jetzt hilft nur noch beten." Gebet sollte nicht der letzte Ausweg sein, sondern das Erste, was ich tue! In Vers 3-4 wird Davids Wut über seine Feinde deutlich. Darf er das? Ja! Wir dürfen ehrlich sein vor Gott, unser Gefühlschaos vor ihm ausschütten. Wer sonst sollte uns so gut verstehen wie der Schöpfer der Welt? In Vers 6 heißt es: „Ich bin elend und arm. Gott, komm schnell zu mir!" Ja, wir sind elend und arm. Wir schaffen es nicht allein. Wir sind nämlich nicht dafür gemacht. Wir sind geschaffen, um Gemeinschaft mit Gott zu haben, mit ihm zusammen durchs Leben zu gehen. Wie wäre es, wenn du jetzt ehrlich mit Gott redest?

Das merke ich mir: _____

_____

Du bist ein Gott, der mich sieht.
Gen 16,13

Eine gute Nachricht, weil Gott gut ist und mich liebt!
Samuel Haubner

LICHT STRAHLEN 2024

Nicht vergessen! Bestell doch die neuen Lichtstrahlen gleich bei deiner Buchhandlung oder unter www.bornverlag.de!

20 „ES KANN NICHT SEIN!"

Montag

Judas 1-16

Aber sollten wir Spannungen in der Gemeinde oder in der Jugend nicht einfach aushalten? Ja und nein. Es gibt Dinge, über die müssen wir uns nicht zerstreiten: die Wandfarbe, die Liedauswahl und andere Stilfragen. Darüber kann und sollte man immer wieder sprechen. Allerdings gibt es wichtigere Themen. Judas sagt durch seinen Brief: „Es kann nicht sein!" Wir können vielleicht manche seiner Gedankengänge nicht ganz nachvollziehen.

An einigen Stellen könnte man auch denken: „Jetzt übertreibt er aber." Doch hier wird klar: Es gibt Dinge, die können und dürfen nicht sein. Judas schreibt von Menschen, die alles Mögliche tun, aber nicht entschieden für Christus leben. Sie schaden der Kirche. Sie spalten die Gemeinde. Das kann nicht sein! Denn es bedroht den Auftrag der Christen.

Wie ist das bei dir? In deiner Gemeinde? In deiner Kleingruppe? In deiner Jugend? Nehmt ihr es einfach hin, wenn Spaltung hereingebracht wird, wenn gelästert wird, wenn Neid und Geiz regieren (um nur ein paar Beispiele zu nennen)? Das kann nicht sein! Ich wünsche dir Mut und Weisheit, zu erkennen, wann du aufstehen und sagen solltest: „Es kann nicht sein!"

Das merke ich mir: _____

_____

21 FOKUS

Dienstag

Judas 17-25

Probleme, Konflikte, Spaltung. Judas ist davon nicht überrascht (V.17f.). Wie aber sollen wir darauf reagieren? Indem wir den Fokus auf bestimmte Dinge richten: 1. Gebet um Leitung durch Gottes Geist (V.20): In der Stille vor Gott können wir Klarheit empfangen. Wir reden zu ihm und wir hören auf ihn. Wir erwarten, dass Gottes Geist uns leitet. 2. Festhalten an Gottes Liebe (V.21): Was hält uns in Unbeständigkeit? Die Liebe Gottes! Egal, was gegen uns und gegen andere spricht. Gottes Liebe spricht für uns und für andere. Immer. Gottes Liebe hält uns aus. Immer. Daran dürfen wir uns festhalten. 3. Barmherzigkeit mit Menschen in Zweifel (V.22): Zweifel sind normal. Lasst uns besonders viel Verständnis haben für Menschen, die zweifeln. Eine starke Gemeinschaft trägt und ermutigt sie. 4. Menschen aus dem Feuer reißen (V.23): Mit dieser Formulierung könnte Judas Menschen meinen, die in größte Gefahr geraten sind. Wer sind diese Menschen in unserem Umfeld? Lasst uns für sie beten und kämpfen. 5. Fokus auf Gott (V.24f.): Das ist das Entscheidende. Ohne ihn können und müssen wir nichts tun. Er allein kann uns bewahren. Die Abhängigkeit von ihm ist Freiheit. Lies nochmal Vers 24f. Diese Worte darfst du für dich in Anspruch nehmen.

Das merke ich mir: _____

_____

DURCHHALTEN

Matthäus 24,1-14

Buß- und Bettag | Mittwoch 22

Dieser Text kann Angst machen! Er beinhaltet den Auftakt der sogenannten „Endzeitrede". Jesus bereitet seine Jünger auf das Ende der Welt vor. Sie stehen im Tempel und staunen über die Schönheit dieses Bauwerks. Doch Jesus sagt: „Seht ihr nicht, dass alles hier einmal zerstört sein wird?" (V.2) Schon im AT wird die Zerstörung des Tempels vorhergesagt. Vieles in unserem Leben lässt uns staunen. Aber sehen wir auch, dass es nur vorläufig ist? Jesus macht die Jünger neugierig. Sie wollen mehr wissen über das Ende der Erde (V.3). Jesus nennt einige „Angstmacher", z. B. Menschen, die andere in die Irre führen (V.4f.), Kriege (V.6f.), Hungersnöte, Erdbeben (V.7), Unterdrückung von Menschen, die an Jesus glauben (V.9). Die Liebe wird erkalten (V.12). Das alles gibt es aktuell. Es kann ein Zeichen dafür sein, dass das Ende der Welt beginnt (V.8). Das alles überfordert mich. Wie soll ich damit umgehen? In Vers 13 wird das entscheidende Stichwort genannt: Durchhalten. Egal, was kommt, ich will entschieden für Jesus leben. Ich will mich an den halten, der mich hält. Das kann und muss ich nicht aus eigener Kraft schaffen. Ich kann es, weil Gott mir die Kraft dazu gibt. Und ich kann es, weil es andere Menschen gibt, die an meiner Seite stehen.

Das merke ich mir: _____

WACHSAMKEIT

Matthäus 24,15-28

Donnerstag 23

Wann kommt Jesus wieder? Hier werden konkrete Ereignisse genannt, nach denen er wieder auf diese Welt kommen wird. In Vers 15 ist vom „Götzenbild der Verwüstung" die Rede. Das ist der Inbegriff einer Aktion gegen Gott. Jesus deutet wohl etwas an, das tatsächlich passiert ist. Für uns ist das alles vielleicht schwer zu verstehen. Doch es gibt viele Christen, die für ihren Glauben benachteiligt werden, vielleicht sogar fliehen müssen. Für sie klingen diese Verse normaler als für uns. Was will Jesus eigentlich sagen? Will er uns Angst machen? Ich denke, es geht vor allem um Wachsamkeit. Es ist nicht unser Job, alles zu verstehen oder genau zu wissen, was wann warum geschieht. Unser Job heißt: wachsam sein. Nicht müde werden. Aufmerksam bleiben. Nicht überrascht sein (V.25). Wie geht das? Stell dir vor, du sitzt im Wartezimmer beim Arzt. Du rechnest damit, dass er jederzeit kommen kann. Vielleicht gibt es sogar kleine Hinweise darauf. Du hörst den Arzt nebenan sprechen. Er ist nahe. Der Sinn deiner Existenz im Wartezimmer ist, aufgerufen zu werden. Du bist aufmerksam und bereit für sein Kommen. Lasst uns wachsam sein. Lasst uns aufmerksam auf das achten, was um uns herum geschieht. Lasst uns auf Jesus schauen. Er ist der König!

Das merke ich mir: _____

24 JESUS IS KING!

Matthäus 24,29-31

Jesus is King. Das ist der Titel eines Albums von Kanye West. Der amerikanische Rapper bringt damit auf den Punkt, worum es geht: Jesus ist König! Allerdings sehe und spüre ich davon oft so wenig. Die Bibel geht aber davon aus, dass der Tag kommen wird, an dem für alle sichtbar wird: Jesus ist König. Dabei ist von übernatürlichen Ereignissen die Rede. Sonnenfinsternis. Der Mond scheint nicht mehr. Sterne fallen vom Himmel. Klingt nach Fantasy. Doch genau das kündigt Jesus an (V.29). Damit zeigt er: „Ich bin stärker als Mächte und Naturgewalten. Ich bin der König. Alles muss sich mir unterordnen!" Die ganze Welt wird sich vor Jesus verbeugen. Jesus ist König. Warum aber werden alle Völker jammern und klagen (V.30)? Weil sie erkennen, dass sie den Sohn Gottes, den König aller Könige, getötet haben. Dieser Menschensohn, also Jesus, kommt in Kraft und Herrlichkeit. Gottes Macht wird so klar zu sehen sein, dass alle es erkennen. Jesus ist König. Alle, die das glauben, werden gesammelt (V.31). Jesus is King! Was heißt das für deinen Alltag, wenn dieser Satz über deinem Leben steht? Was bedeutet es für unsere Zukunft, wenn wir wirklich daran glauben?

Das merke ich mir: _____

_____

25 BIST DU BEREIT?

Matthäus 24,32-44

In meiner Kindheit kamen in den Ferien manchmal meine Cousins zu Besuch. Leider ging das nicht so oft, denn sie wohnten weit weg. Doch wenn sie kamen, dann konnte ich es kaum erwarten. Ich war aufgeregt und voller Vorfreude. Oft bin ich ihnen sogar entgegengelaufen, um sie begeistert als Erster zu begrüßen. Ich war schon lange bereit, bevor sie da waren. Diese Begeisterung wünsche ich mir auch für Jesus. Er ruft uns zu einem Lebensstil der Bereitschaft auf. Wir sollen bereit sein, weil er wiederkommt. Das könnte sehr überraschend geschehen (V.44). Es gibt allerdings Anzeichen dafür. Die erklärt Jesus mit dem Beispiel des Feigenbaums. Wenn er im Frühjahr grüne Blätter bekommt, dann ist das ein klares Zeichen: Der Sommer ist bald da (V.32)! Genauso gilt: Jesus ist bald da, wenn alles geschieht, was vorher in Matthäus 24 angekündigt wurde. Die ersten Christen haben damit gerechnet, dass sie die Wiederkunft von Jesus noch erleben. Die Endzeit hat also damals schon begonnen. Seitdem gilt, dass Christen bereit sein sollten. Dabei ist es nicht unsere Aufgabe, den genauen Zeitpunkt zu berechnen (V.36). Unsere Aufgabe ist es, bereit zu sein. Wir sind für mehr gemacht, als für diese Welt. Wir sind gemacht für die Ewigkeit. Bis du bereit?

Das merke ich mir: _____

_____

BIBLISCHES BUCH
JESAJA

SETTING
Jesaja wirkte ca. zwischen 740 und 700 v. Chr. in Jerusalem. Mit einer außergewöhnlichen Vision wurde er von Gott zum Propheten berufen (6,1-13). Israel war in das Nord- und in das Südreich geteilt. Jerusalem wurde 733 vom Nordreich belagert (7,1-9), bevor dieses 722 von der Großmacht Assyrien erobert wurde. Die Assyrer besetzten auch große Teile des Südreichs, 701 belagerten sie Jerusalem (vgl. 1,8; 36-37).

ÜBERBLICK
In dieser Situation prangert Jesaja soziale Missstände, Unglaube und Sünde an (1,1-18; 3,1 ff.), ruft zum Glauben (7,9) und verkündet den Untergang des Südreiches (1,21-31, Weinberglied in 5,1-7). Gleichzeitig verkündet er aber auch durch das ganze Buch hindurch Gottes Trost und sein Heil (1,18; 4,2-6). Den von 587-538 v. Chr. nach Babylon verschleppten Juden kündigt er die Rückkehr an (44,21-28). Viele Abschnitte blicken auch über das Volk Israel hinaus und verheißen Gottes Heil für alle Völker (2,1-5; 11; 45,22 f.; 56,1-8; vgl. auch Mt 28,19; Apg 10).

AUF DEN PUNKT GEBRACHT
Das Jesajabuch hat keine einfache Gliederung: Gerichts- und Trostworte wechseln mit Verheißungen und Erzählungen ab. Es ist auch nicht immer sofort klar, welche Verheißung sich wann erfüllt (hat): Viele haben sich bereits in der Geschichte Israels, andere im Kommen Jesu erfüllt. Wir Christen erleben auch, wie sich viele Verheißungen Gottes immer wieder in unserem Leben erfüllen (z. B. 40,29-31; 41,10 oder 42,3). Manche Verheißungen stehen aber noch aus, wie z. B. der neue Himmel und die neue Erde (Jes 65).

WEITERGEDACHT
Gerade im Jesajabuch kannst du erkennen, wie mächtig Gott ist, dass er Verheißungen gibt und in der Geschichte erfüllt. Du kannst erleben, wie er dich durch sein Wort persönlich anspricht und seine Verheißungen in deinem eigenen Leben wahrmacht.
Für uns Christen ist das Buch vor allem wegen der Schilderungen des Messias (9; 11) und des Gottesknechts (42,1-7; 49,1-6; 50,4-9; 52,13-53,12) wertvoll, die ganz eindrücklich auf Jesus hinweisen. Jesaja ist nach den Psalmen das Buch des AT, das im NT am häufigsten zitiert wird (vgl. z. B. Lk 4,16-19 und Jes 61,1-2).

Johannes Bauer, München
E-Mail: Johannes@bauers.bayern

BIBLISCHES BUCH
LUKAS

Lukas war ein Arzt mit heidenchristlichem Hintergrund, dessen Name an drei Stellen des NT erwähnt wird (Kol 4,14; Phlm 24; 2.Tim 4,11). Nach der Apostelgeschichte, hinter dessen „Wir" Lukas sich wohl verbirgt, muss er in Troas zu Paulus gekommen sein, als dieser auf der zweiten Missionsreise durch die klein-asiatische Stadt kam (Apg 16,10).

Von dort aus begleitete er den Apostel nach Philippi, wo er zurückblieb, um auf der dritten Missionsreise wieder zu ihm zu stoßen (Apg 20,6). Von da an scheint Lukas den Apostel durch verschiedene Städte Kleinasiens bis nach Jerusalem begleitet zu haben, wo Paulus gefangen genommen wurde. Von Jerusalem aus wurde Paulus nach Cäsarea überführt, wo er rund zwei Jahre lang in Haft blieb (Apg 24,27). Währenddessen könnte Lukas im Haus des Philippus gewohnt haben. Philippus, der zum „Urgestein" der Jerusalemer Gemeinde gehörte, könnte Lukas mit wichtigen Informationen über Jesus und die erste Gemeinde versorgt haben. Von Cäsarea aus begleitete Lukas Paulus nach Rom, wo er mit Johannes Markus zusammengetroffen sein muss. Insofern ist es nicht verwunderlich, dass Lukas das Evangelium des Markus als Hauptquelle für sein eigenes Werk benutzt hat, wie die meisten Ausleger vermuten. Was Lukas wichtig ist, wird gleich zu Anfang seines Evangeliums deutlich, wenn der Engel den Hirten von Bethlehem sagt: „Euch ist heute der Heiland geboren, welcher ist Christus, der Herr" (2,11). Mit Jesus ist der Retter der Menschheit gekommen. Und es sind Außenseiter, Benachteiligte, Arme und Unterdrückte, auf die Lukas sein Augenmerk in besonderer Weise richtet. Nur dieser Evangelist überliefert das Gleichnis vom barmherzigen Samariter, in dem Jesus einen von frommen Juden als „unrein" Angesehenen ausdrücklich hervorhebt (10,25-37).

Lukas erwähnt zudem, dass Jesus nach der Berufung des Levi von diesem zu einem großen Festmahl eingeladen wurde, wozu auch viele seiner „Zöllner und Sünder"-Kollegen gekommen waren – was keinen geringen Aufruhr unter den Frommen auslöste (5,29 f.). Nicht zuletzt finden sich die Geschichte von der Bekehrung des Oberzöllners Zachäus (19,1-10) und das Gleichnis vom Pharisäer und Zöllner (18,9-14) nur hier. Andererseits finden sich in keinem anderen Evangelium so harte Worte gegen die Reichen wie in diesem (6,24-26). Das macht den Ernst dessen deutlich, was Lukas in seinem Evangelium beschreibt: Es geht um das ewige Heil, um die Rettung der Welt, eine Rettung, die nur durch Jesus möglich ist.

Dr. theol. Thomas Weißenborn,
Dozent am Marburger Bibelseminar, Marburg
E-Mail: thomas.weissenborn@m-b-s.org

KW 48 bearbeitet von Andy Müller,
Referent für Jugendevangelisation beim
Deutschen EC Verband, Kassel
E-Mail: andreas.mueller@ec.de

LEBENSVERÄNDERND
Psalm 126

Dieser Psalm beschreibt, was passiert, wenn Gott sich durchsetzt und Situationen verändert. Damals bezog sich der Psalm auf die Befreiung Israels. Wir können auf biblische Entdeckungsreise gehen und andere Situationen finden: eine Wanderung von Jerusalem nach Emmaus. Es geht zurück in die „alte Wirklichkeit" und die zwei Jünger sind hoffnungslos, weil der, auf den sie ihre Hoffnung gesetzt haben, gekreuzigt wurde. Dann kommt dieser Fremde und sie erkennen abends beim Essen, dass es Jesus ist. Auferstanden! Sie rennen mit neuer Perspektive zurück nach Jerusalem (LK 24,13-35). So ging es auch den Frauen beim Grab. Aus einem Trauerritus wurde lebendige Gewissheit. Er lebt! (LK 24,1-8)

Diese Begegnungen darfst du in deinem Alltag auch erleben, weil Gott dir begegnen möchte. Wenn Er in das Leben von Menschen kommt, dann geschieht Veränderung. Das ist wie in einem Traum. Aber der Unterschied zwischen einem Traum und Gott heißt: Realität. Da, wo Gott in unser Leben eingreift, ist es Wirklichkeit — keine Illusion. Er hat die Macht, unser Leben zu verändern — immer zum Guten, weil er für uns ist. Diese Zusage, sie gilt für unser Leben und darüber hinaus in Ewigkeit. Lade ihn ein, dir heute zu begegnen.

Das merke ich mir: _____
_____
_____

MONATSSPRUCH DEZEMBER
MEINE AUGEN HABEN DEINEN HEILAND GESEHEN, DAS HEIL, DAS DU BEREITET HAST VOR ALLEN VÖLKERN.
Lukas 2,30-31

Du bist ein Gott, der mich sieht.
Gen 16,13

Beim Verstecksspielen ist es immer blöd, gefunden zu werden – bei Gott ist es der Hauptgewinn!
Andy Müller

WOCHENSPRUCH
Lasst eure Lenden umgürtet sein und eure Lichter brennen.
Lukas 12,35

27 AUS DEN AUGEN, AUS DEM SINN

Montag

Matthäus 24,45-51

Kennst du dieses Sprichwort? Ich kenne es sehr gut. Im täglichen Erleben trifft man Absprachen. Habe ich sie nicht aufgeschrieben oder man hat sich aus den Augen verloren, schon ist es in Vergessenheit geraten. Manche Absprachen, die wir als Eltern mit unseren Kids haben, funktionieren, solange wir im Haus sind. Fahren wir kurz zusammen einkaufen, kann es durchaus passieren, dass die Absprachen beim Wiederkommen „vergessen" wurden. Den Jüngern damals ging es da nicht besser. Erinnern wir uns an die Szene, in der Jesus sie gebeten hatte wachzubleiben, um mit ihm zu beten. Als er zurückkam, schliefen sie. Menschen haben zur Zeit von Jesus erlebt, wie er sie gesund machte. Von den Zehn aus der Gruppe der Aussätzigen ist auch nur einer zurückgekommen und hat sich an den erinnert, der für ihn das Wunder bewirkt hatte. Und wir heute? Jesus ermahnt uns, treue und kluge Diener zu sein, die wissen, wer der Herr ist. Gott selbst. Wir sollen unser Tun und Lassen nach ihm ausrichten. Wie gehen wir mit unseren Mitmenschen um? Wie gehen wir mit unserer Zeit um? Und wie gehen wir mit dem um, was Gott uns an Begabungen geschenkt hat? Hoffentlich so, dass uns nicht zum Heulen, sondern zum Loben zumute ist.

Das merke ich mir: _____

_____

28 WENN ES NICHT MEHR BRENNT

Dienstag

Matthäus 25,1-13

Wegen der Hitze am Tag wurden die Hochzeiten im Orient abends gefeiert. Die Braut hat zusammen mit den Brautjungfern in ihrem Elternhaus auf den Bräutigam gewartet. Sobald die Meldung kam, dass der Bräutigam sich in Richtung Stadt bewegte, zogen die Brautjungfern los, um ihn in Empfang zu nehmen. Die Brautjungfern hatten Stocklampen dabei. Im Vergleich zu den Lampen, die man im Haus genutzt hat, waren sie sehr klein und mussten öfter nachgefüllt werden. An diesem Nachfüllen, besser am Öl zum Nachfüllen, fehlte es fünf Brautjungfern aus der Gruppe. Was ist dieses Öl für uns heute? Was ist das, was meinen Glauben und meine Erwartungshaltung an Jesus hochhält? Die Gemeinschaft und das gegenseitige Tragen, auch in Zeiten des Zweifels. Jesus mit in meinen Alltag zu nehmen, indem ich bete und höre, mich korrigieren und ermutigen lasse. Für die Menschen damals war es eine Selbstverständlichkeit, immer einen Krug Öl dabeizuhaben, wenn sie mit der Stocklampe unterwegs waren. Christsein ohne Kommunikation mit Jesus und ohne Bezug zu meinem Alltag ist wie die Lampe ohne Öl. Mach keine halbe Sache mit Jesus. Das geht, wie in dem Gleichnis beschrieben, schief. Rechne mit Jesus jeden Tag, nicht angstbesetzt, sondern hoffnungsvoll.

Das merke ich mir: _____

_____

FALSCHE SICHERHEIT

Matthäus 25,14-30

Wir befinden uns im dritten Gleichnis der Abschiedsreden von Jesus. Warum sage ich das? Es ist wieder wichtig zu wissen, dass es um die Zeit geht, in der wir momentan leben. Jesus ist im Himmel und wir leben in dieser Zwischenzeit, bis er wiederkommt. Also ist dieses Gleichnis, genauso wie die vorherigen, für uns voll relevant. Die Diener bekommen etwas anvertraut – Geld. Ein Talent entspricht ca. 2500 Euro. Eine riesige Summe für die meisten Leute damals. Die Diener sollen damit arbeiten, was draus machen. Zwei der drei Diener verdoppeln ihren Einsatz. Der Dritte holt die vergrabenen 2500 Euro raus. Er wollte auf Nummer sicher gehen. Zugegeben, heute wäre das bei „Verwahrentgelten" bei der Bank nicht die schlechteste Variante, aber damals hätte der Mann zumindest noch gute Zinsen einfahren können. Das Urteil über diesen Diener fällt dementsprechend hart aus. Jesus macht deutlich, dass es nicht die Aufgabe eines Christen ist, sich hinzusetzen und Däumchen zu drehen. Auch du hast Talente, die du einsetzen sollst. Dass die Diener unterschiedliche Summen bekommen haben, zeigt, dass es nicht auf die Menge der Begabungen und Fähigkeiten ankommt, sondern auf die Bereitschaft, sie einzusetzen. Wo passiert das bei dir heute?

Das merke ich mir: _____

_____

PERFEKTES ZUHAUSE

Matthäus 25,31-46

Vor meinem ersten Date habe ich richtig Ordnung geschaffen. Ich habe dekoriert und alles getan, damit sich mein Besuch so richtig zu Hause fühlt. Ich habe viel Zeit investiert. Im Vergleich zu der Zeit, die Gott für unser kommendes Zuhause investiert, war das gar nichts. Er macht es perfekt. Bis in die letzte Ecke, damit wir uns wohlfühlen und die Gemeinschaft mit ihm in vollen Zügen genießen können. Für mich ist diese Vorstellung ein erstrebenswertes Ziel. Ob ich einen Schlüssel zu dieser Wohnung bekomme? Jesus wird hier, in seiner letzten Abschiedsrede, deutlich: Gott verramscht diese Wohnungen nicht. Er hat sie für seine Kinder reserviert. Wenn Jesus in meinem Leben ein „Zuhause" hat, dann habe auch ich ein Zuhause bei Gott. Zuhause bedeutet für mich ein echtes Angenommensein. Nach Hause kommen zu können, egal wie ich aussehe und wie es mir geht. Echt und ehrlich sein zu dürfen. Vergebung zu erfahren, Schutz und Versorgung zu erleben. Dieses Erleben von Zuhause fängt nicht erst im Himmel an. Gottes Gegenwart kann ich hier auf der Erde erleben. Jesus betont deutlich, dass es unsere Aufgabe ist, anderen diese Gegenwart Gottes weiterzugeben, indem wir sie erleben lassen, was es bedeutet, wenn Gott sagt: „Willkommen zu Hause".

Das merke ich mir: _____

_____

1 SEI SELBST EIN ERMUTIGER!

Jesaja 40,1-11

Freitag

Eine neue Zeitrechnung beginnt. Die Zeit der Knechtschaft wird durch eine neue Freiheit abgelöst. Aus Angst wird Hoffnung und aus Unterdrückung Freiheit. „Tröstet" bedeutet hier nicht, Mitleid zu haben. Dieses Trösten ist eine Ermutigung. Es kommt etwas Neues, etwas Hoffnungsvolles auf uns zu! Gott selbst. Während ich diesen Text bearbeite, es ist Januar 2022, laufen in den Nachrichten die Infos über die nächste Coronawelle. Omikron dominiert! Was kommt jetzt wieder an Regeln, Veränderungen und Einschränkungen auf uns zu? Mich belastet die Spaltung, die Corona und die damit verbundenen Maßnahmen verursachen. Tröstet, tröstet mein Volk! Ruft es mutig raus! Gott kommt in unsere Gegenwart. Er macht Mut, nach vorne zu blicken und diese Worte von Hoffnung und Rettung laut in unser Umfeld zu rufen. Was bedeutet das für mich persönlich? Ich möchte versuchen, die Priorität in meinem Reden nicht auf die Diskussionen über Sinn und Unsinn von Regeln und die leider damit auch oft verbundenen gegenseitigen Verletzungen zu fokussieren. Ich möchte ein Mut- und Hoffnungsredner sein, der uns immer wieder daran erinnert, dass Gott als Ermutiger und Retter zu jedem einzelnen kommt, egal was unser Leben momentan dominiert.

Das merke ich mir: _____

_____

2 DAS IST DEIN PAPA

Jesaja 40,12-31

Samstag

Was für gigantische Bilder hier beschrieben werden. Unfassbar diese Größe, diese Macht, mit der Jesaja hier Gott beschreibt. Für die Menschen damals vielleicht sogar noch beeindruckender als für uns heute. Heute würden wir vielleicht eher von Bitcoins und Rechenleistung schreiben. Die Größe Gottes bleibt trotz aller Bilder nicht greifbar. Für manche bedeutet das im Umkehrschluss, dass er deshalb auch nicht real ist. Was hilft dir, Gott trotz seiner Macht und Größe als real existierend zu entdecken? Mir hilft der Blick auf die vielen kleinen und großen Wunder, die er schon in meinem Leben getan hat. Das bewusste Hinschauen und vor allem das Dankbarwerden über das, was er mir immer wieder schenkt. Von den Kleinigkeiten bis hin zu den großen, für mich manchmal unerklärlichen Wundern. Dieses Entdecken, dass dieser große, mächtige Gott sich für mich persönlich einsetzt, macht ihn erlebbar und nahbar. Ich muss keine Angst vor einem unberechenbaren Machthaber haben, sondern kann ein stolzes Kind Gottes sein. Nimm dir einen Moment und schreib dir die Dinge auf, die Gott schon für dich getan hat. Lies den Text dann noch einmal und mach dir bewusst, dass dieser mächtige Gott dein Vater ist.

Das merke ich mir: _____

_____

KW 49 bearbeitet von Dr. Thomas Kröck,
Studienleiter für Development Studies,
35085 Ebsdorfergrund
E-Mail: thomas.kroeck@acf.de

WOCHENSPRUCH
Siehe, dein König kommt zu dir, ein Gerechter und ein Helfer.
Sacharja 9,9a

Lied: FJS! Nr. 14 | 1. Advent | Sonntag

DAS EVANGELIUM IN EINER NUSSSCHALE
Psalm 117

In dem kürzesten Psalm der Bibel wird die gute Nachricht in wenigen Worten zusammengefasst. Er spricht davon, wie Gott handelt und wem er sich zuwendet. Bei Gott finden wir Inklusion in Reinform. Er ist nicht der Gott einer auserwählten Gruppe von Menschen, sondern will zu allen, zu Menschen aus allen Nationen eine Beziehung aufbauen (V.1). Gott hat alle Völker geschaffen (1. Mose 1.10) und alle sollen in sein Reich kommen (Offb 7.21). Menschliche Unterscheidungen in „wir" und „die anderen" werden damit überwunden.

Nach Psalm 98 geht es Gott darüber hinaus um die ganze Schöpfung. Gottes Handeln wird mit den Begriffen Güte und Treue beschrieben (V.2). In anderen Übersetzungen heißt es „Gnade und Wahrheit". Es geht um Gottes liebevolle Zuwendung und um seine Verlässlichkeit.

So wird Gott schon in 2. Mose 34,6 charakterisiert, und diese Eigenschaften werden besonders in Jesus sichtbar (Joh 1,17). Der Psalm fasst zusammen, um was es im Advent geht. Wir erinnern uns an die Geburt Jesu, die fleischgewordene Liebe Gottes und an die Hoffnung, dass er wiederkommen wird, um die ganze Schöpfung zu erneuern. Dann werden Menschen aus allen Völkern und alle Geschöpfe Gott preisen. Du kannst heute schon damit beginnen.

Das merke ich mir: _____

Du bist ein Gott, der mich sieht.
Gen 16,13

Dass Gott mich sieht, sich mir zuwendet und mich annimmt, hat mein Leben wertvoll gemacht.
Thomas Kröck

4 EIN ARMER WURM UNTER GOTTES SCHUTZ

Jesaja 41,8-20

Montag

Die Kapitel 40-55 aus Jesaja werden als Trostbuch bezeichnet, das wahrscheinlich an die nach Babylon verschleppten Israeliten gerichtet war. Das klingt auch in diesem Abschnitt an. Er richtete sich an das Volk Israel, das nur wenige Leute zählte (LU: armer Haufe), wie ein Wurm am Boden lag (V.14) und dessen Rechte streitig gemacht wurden (V.11), das arm und elend war und vor Durst umkam (V.17). So können sich auch Menschen fühlen, die mit Jesus leben wollen und eine kleine Minderheit sind. Aber die zu Gottes Volk gehören, müssen keine Angst haben, denn Gott hat sich für sie entschieden (V.8f.) und hilft ihnen (V.10.13f.). Gott will die Israeliten in ihr Land zurückbringen (V.9). Diese Verheißung hat sich im Jahr 538 v. Chr. und auch wieder im 20. Jahrhundert erfüllt. Und Gott gibt Verheißungen, die noch ausstehen: Er will alle, die sich gegen sein Volk stellen, verschwinden lassen (V.11) und auch die Natur erneuern (V.18f.). Vers 15 ist schwer einzuordnen. Ein Dreschschlitten war ein schweres Gerät, mit dem nach der Ernte die Getreidekörner aus den Ähren gelöst wurden. Das steht im Kontrast zu dem Bild vom Wurm. Worauf wirst du dich heute verlassen, auf deine eigenen Fähigkeiten oder auf Gottes Hilfe?

Das merke ich mir: _____

_____

5 DER SANFTE EROBERER

Jesaja 42,1-9

Dienstag

An mehreren Stellen im Jesajabuch geht es um einen geheimnisvollen Gottesknecht. Vers 1 erinnert an die Berufung eines Königs und auch an die Taufe Jesu (Mt 3,16f.). Aber dieser Gottesknecht verhält sich ganz anders als politische und militärische Führer. Er kommt nicht mit lauter Propaganda und setzt sich nicht mit Gewalt durch (V.2f.). Er hat den Auftrag, die Rechtsordnung von Gottes Herrschaft aufzurichten (V.4) und damit der ganzen Welt Erleuchtung und Befreiung zu bringen (V.6f.). Auch darin ähnelt er Jesus (Joh 1,9-14; 8,12). Hinter diesem Knecht steht Gott selbst, der diese Welt geschaffen hat (V.5) und für immer der Herr bleibt (V.8f.). Dass Gottes Reich kommt und seine Schöpfung befreit wird, war auch die zentrale Botschaft von Jesus (Mk 1,14f.).

So wie Gott im Alten Testament sein Volk aus der Sklaverei in Ägypten befreit hat, will er seine ganze Schöpfung befreien. Wie den verschleppten Israeliten in Babylon kann dieser Abschnitt auch uns Hoffnung geben, dass sich Gottes Gerechtigkeit schließlich durchsetzen wird. Die Erwartung kann uns heute Mut geben, diesem Gottesknecht zu folgen und nach seinen Maßstäben zu leben.

Das merke ich mir: _____

_____

GOTT MACHT GESCHICHTE

Jesaja 43,1-7

Vers 1 wird gerne als Konfirmationsspruch oder Segenswunsch zitiert, aber er richtet sich zunächst an das Volk Israel. „Jetzt aber ..." verweist auf die Verse davor (Jes 42,24f.). Weil sie Götzen angebetet und die Armen ausgebeutet haben, hatte Gott sein Volk bestraft und den Feinden preisgegeben. Jetzt aber wird Gottes Liebe neu sichtbar. Er will sein Volk befreien und vor der Vernichtung bewahren. Er ist der Herr, der auch die Weltpolitik gebrauchen kann. Die Perser eroberten Ägypten, erlaubten aber den verschleppten Israeliten die Rückkehr in ihre Heimat (V.3). Die Verse 5 bis 7 sprechen davon, dass Gott sein Volk sammeln wird. Diese Prophezeiung wird zu verschiedenen Zeiten erfüllt: bei der Rückkehr aus dem Exil (ab 538 v. Chr.) und im Zusammenhang mit der Gründung des Staates Israel im 20. Jahrhundert. Auch in Offenbarung 21,24-27 heißt es, dass Menschen aus allen Völkern in Gottes neue Stadt kommen werden. Vers 1, den wir gerne auf uns persönlich beziehen, weist uns damit auf einen größeren Zusammenhang. Gott macht Geschichte mit seinem Volk, zuerst mit Israel, dann aber auch mit seiner Gemeinde. Und du darfst Teil dieser Geschichte sein. Advent erinnert uns daran, dass Jesus wiederkommen wird, um die Erde zu erneuern.

Das merke ich mir: _____

_____

GOTTES ZEUGEN

Jesaja 43,8-13

In diesem Abschnitt wird das Bild einer Gerichtsverhandlung gebraucht, zu der sich alle Völker versammelt haben (V.9). Es geht darum, wer wirklich Gott ist. Dazu werden Zeugen vorgeladen, die nicht sehen und hören können — was für eine Ironie! In Jesaja 42,16-20 spricht der Prophet davon, dass Gottes Volk blind für sein Handeln ist und nicht auf ihn hört. Das „jetzt aber" aus Jesaja 43,1 macht den Unterschied. Jetzt sollen sie zur Einsicht kommen, glauben und begreifen (V.10), denn sie haben Gottes Reden gehört und sein Handeln erlebt (V.12). Es geht nicht um ein vages Gefühl oder eine unsichere Ahnung, denn Gott spricht und handelt, damals wie heute. Geht es dir vielleicht ähnlich, wie dem Volk Israel damals, dass der Glaube zu einer Tradition geworden ist und du Gottes Reden und Handeln nicht mehr wahrnimmst? Gott lädt dich ein, neu wahrzunehmen, wer er ist und was er tut: Er ist der Herr und wird es immer bleiben (V.11.13). Er ist der Retter, der sich jeder einzelnen Person und seiner gesamten Schöpfung zuwendet und alles zurechtbringen wird. Wie das Volk Israel sind auch wir aufgerufen, Gottes Größe neu für uns zu entdecken und sie dann vor aller Welt in Wort und Tat zu bezeugen (Apg 1,8).

Das merke ich mir: _____

_____

8 GOTT MÜHT SICH UM DICH

Freitag — Jesaja 43,14-28

Im Zentrum dieses Abschnitts geht es um den Gottesdienst. Dieser kann so verstanden werden, dass Menschen etwas für Gott tun. In den Gottesdiensten Israels wurden Gott verschiedene Opfer dargebracht (V.23; 3. Mose 1-7). Aber manchmal wurde dies zu frommen Events, bei dem es gar nicht mehr um Gott ging (Jes 1,11-15). Gott ist uns aber gar nicht fern, so dass wir uns bemühen müssten, seine Aufmerksamkeit zu bekommen und ihn durch Opfer wohlwollend zu stimmen. Vielmehr dient Gott uns Menschen, um unsere Beziehung zu ihm wiederherzustellen (V.24f.). Im ersten Teil des heutigen Abschnitts werden wir daran erinnert, was Gott für sein Volk getan hat, um es aus Ägypten zu befreien (V.16f.; 2. Mose 14). Um sie wachzurütteln, hat Gott sein Volk später ihren Feinden, den Babyloniern, ausgeliefert (V.27f.; Jer 52). Jetzt will er sie erneut befreien und ihnen einen Neuanfang ermöglichen (V.14.18f.). In der Geschichte Israels und im Leben und Sterben Jesu (Mt 20,28) wird deutlich, wie sich Gott um die Menschen bemüht. Wie verstehst du Gottesdienst? Als frommes Event, bei dem es um deine Gefühle geht, oder als eine Leistung, die du erbringen musst? Entdecke heute, wie Gott für dich sorgt und danke ihm dafür.

Das merke ich mir: _____

9 GOTTES GEIST SCHAFFT NEUES

Samstag — Jesaja 44,1-5

Schon im vorigen Kapitel (Jes 43,19) ging es darum, dass Gott etwas Neues schaffen will. Das wird heute aufgegriffen. Der heutige Abschnitt spricht nicht mehr Israels Verfehlungen in der Vergangenheit an, sondern ist auf die Zukunft ausgerichtet. Gottes Volk wird mit dem Ehrennamen Jeschurun (der Rechtschaffene oder Aufrechte) bezeichnet. Das Bild vom Wasser im ausgetrockneten Land (Jes 43,19f.) wird jetzt auf die Ausgießung von Gottes Geist bezogen, der Neues wachsen lässt. Eine ähnliche Stelle in Joel 3,1 zitiert Petrus in seiner Predigt zu Pfingsten (Apg 2,16-18). Durch seinen Geist wird die Beziehung zu Gott wiederhergestellt, sein Segen kommt zu den Menschen und schafft neues Leben. Der Vers 5 wird von manchen Auslegern so verstanden, dass Menschen aus anderen Völkern sich zu dem Gott Israels bekennen und so zu Gottes Volk hinzukommen. Dazu zählen auch wir, die wir nicht von Geburt Juden sind. Diese Verse bilden damit eine Brücke zwischen dem Bund Gottes mit Israel im Alten Testament und dem neuen Bund, in dem Menschen aus allen Nationen in Gottes Volk eingepfropft werden (Röm 11,17). Bist du offen für das Neue, das Gottes Geist schaffen will, in deinem Leben und durch dich in der Welt?

Das merke ich mir: _____

Der BORN-Verlag im Deutschen EC-Verband

Der BORN-Verlag ist ein Arbeitsbereich des Deutschen Jugendverbandes Entschieden für Christus (EC) e.V. Von dort aus wurde er 1898 gegründet, um die Verbandszeitschrift, zahlreiche Arbeitshilfen, Liederbücher und als „Gründungsbuch" die Bibellese „Lichtstrahlen" zu verlegen. Die „Lichtstrahlen" gibt es noch immer, ansonsten ist unsere Palette im Verlag aber wesentlich bunter und vielseitiger geworden!

Was steckt dahinter?
Wir haben uns spezialisiert auf Medien für Mitarbeitende. Das heißt, alle, die in der Arbeit mit Kindern, Teenagern, Konfirmanden, in Jugendkreisen, in der Schule, in Studentenarbeiten, in Hauskreisen, bei Freizeiten oder in der sozialen Arbeit haupt- oder ehrenamtlich tätig sind, finden bei uns im BORN-Verlag neue Ideen und praktische Impulse für ihr Tätigkeitsfeld – auch außerhalb des ECs. Dabei sind wir stets bemüht, unser Sortiment an die sich verändernden Gegebenheiten in der Jugend- und Gemeindearbeit anzupassen und immer wieder auch neue Formate und Umsetzungen auszuprobieren. Darüber hinaus bieten wir auch für Familien Ideen, um für und mit Kindern aktiv und kreativ zu sein – hier reicht unser Angebot von Rätselheften und Büchern, über Spiele bis hin zu Karten, Bastelmaterial usw.

Der Weg zu uns
Unsere Produktpalette findet Ihr im Internet unter www.bornverlag.de. Telefonisch sind wir unter +49 561 4095-107 erreichbar. Darüber hinaus könnt Ihr uns auch eine Mail an kontakt@bornverlag.de schreiben.
Gern sind wir bei der Auswahl eines Titels behilflich. Gleichzeitig freuen wir uns über eure Ideen, Anregungen und Manuskripte für künftige Neuerscheinungen!

Steffi Pfalzer
Programmleitung BORN-Verlag, Kassel
E-Mail: steffi.pfalzer@bornverlag.de

„Am Anfang war das Wort ..."

Kommunikation und Medien im Deutschen EC-Verband

Die EC-Arbeit in Deutschland möchte junge Menschen von Jesus begeistern und ihnen helfen, zu prägenden Persönlichkeiten zu werden. Die Arbeitsbereiche, die dies umsetzen, reichen von Pfadfindern über evangelistische Abteilungen für junge Menschen aller Altersgruppen bis zu Sozial-Missionarischen Aktivitäten.

Der EC organisiert Freiwilligendienste und bietet Mentoring und Coaching zur Persönlichkeitsentwicklung für junge Menschen an. Die breite Spanne der sich daraus ergebenden Aktionen und Ziele zu kommunizieren, ist Aufgabe der Abteilung Kommunikation und Medien.

Wir wollen das, was Menschen im EC tun, bekannter machen! Um das zu erreichen, nutzen wir eine breite Palette an Kommunikationskanälen. Dazu zählen unser Verbandsmagazin „entschieden", Soziale Medien, postalische Aussendungen und Mailings, Presseveröffentlichungen, Flyer und vieles mehr.

Zur Kommunikation gehört für uns nicht nur, Botschaften zu senden, sondern auch zuzuhören. Unser Verband ist vielfältig, bunt, jung und zeichnet sich durch eine Vielzahl an unterschiedlichen Bedürfnissen aus. Deswegen ist es für uns unendlich wichtig zu wissen: Wer braucht was? Was ist hilfreich, was nicht? Für Rückmeldungen sind wir immer dankbar!

Außerdem ist es Ziel unserer Arbeit, Medien und Kommunikation auch als Themen selbst zu bearbeiten. Gerade weil die zunehmende Digitalisierung viele ethische Fragestellungen aufwirft, ist es für uns ein Ziel, uns hier thematisch immer stärker einzubringen.

Stefanie Ramsperger, Leiterin Kommunikation und Medien
beim Deutschen EC-Verband, Kassel
E-Mail: stefanie.ramsperger@ec.de

KW 50 bearbeitet von Thomas Kamm;
Geschäftsführer EC-Sachsen-Anhalt;
39340 Haldensleben
E-Mail: thomas.kamm@ecsa.de

MACH'S WIEDER GUT!
Psalm 80

„Der Ton macht die Musik", sagt ein Sprichwort. Welche Töne klangen hier an? Welche Tonart hatte wohl die Melodie dieses Psalms? Sicher keine fröhliche, sondern eine klagende, immer lauter werdende.

Hier klagt ein ganzes Volk. Das Nordreich Israel bestand zwar aus zehn Stämmen, aber Efraim und Manasse bildeten die Mehrheit. Diesem Volk ging es nicht gut. Von Feinden besiegt und beraubt, ging Stück für Stück verloren. Deshalb dieser dreifache Hilferuf an den Hirten Israels, an Gott, der über den Kerubim thront, so wie es Salomo bei der Einweihung des Tempels gebetet hatte (1. Kön 8,33f.).

Die Verse 4, 8 und 20 bilden einen Kehrreim, der immer intensiver und vermutlich lauter wird. So will ich beten lernen: dranbleiben. Nicht weniger, sondern immer mehr. Denn auch bei mir, in meinem EC und meiner Gemeinde ist manches nicht mehr gut. Der Ist-Zustand ist nicht gut und braucht diese göttliche Wiederherstellung. „Das Geheimnis jeden Psalms liegt in Christus", so sagen Theologen. Jesus war und ist der Wiedergut-Macher. Er greift das Bild vom Weinstock auf und bezieht es auf sich (Joh 15). „Er hat alles wohl gemacht", sagen die Leute über ihn (Mk 7,37).

Was muss er in deinem Leben wiedergutmachen? Bitte ihn darum und lass nicht nach!

Das merke ich mir: _____

_____

_____

WOCHENSPRUCH
Seht auf und
erhebt eure Häupter,
weil sich eure
Erlösung naht.
Lukas 21,28b

Lied: FJ5! Nr. 44   2. Advent | Sonntag **10**

Du bist ein Gott, der mich sieht.
Gen 16,13

Wie gut ist es, zu wissen,
ein von Gott angesehener
Mensch zu sein – egal,
was andere in mir sehen.
Thomas Kamm

11 EINMALIG GUT

Montag   Jesaja 44,6-20

Die religiöse Situation in Gottes Volk verwundert sehr. Trotz der ersten beiden Gebote spielten Götzen immer wieder eine Rolle. Alle „made by hand". Jesaja liefert ironischerweise eine Bastelanleitung mit verschiedenen praktischen Tipps. Dabei will er natürlich nicht, dass man diese umsetzt. Er macht damit sehr anschaulich deutlich, wie lächerlich das eigentlich ist. Alle diese Götzen konnte man auf- oder wegstellen, anschauen und anbeten. Auf alle traf zu, dass sie nichts konnten, nichts sagten und nichts machten. Ganz anders und einmalig gut ist unser Gott. Er weiß alles und er kann alles. „Keiner ist wie du!" Vermutlich hast du bei dir keine Statue aufgestellt, vor der du anbetend auf die Knie gehst. Was hat der Text mit dir zu tun? Der vermeintlich gute Rat des assyrischen Königs Sanherib an König Hiskia, ein Zeitgenosse Jesajas, lautet: „Lass dich von deinem Gott nicht betrügen, auf den du dich verlässt!" (2. Kön.19,10) Wem vertraust du? Auf wen oder was verlässt du dich? Lass dich davon nicht betrügen! Lass uns Gott vertrauen, der so einmalig gut ist! Unser Gott kann alles – außer die zu enttäuschen, die sich auf ihn verlassen. Nicht nur sonntags, während der Jugendstunde oder in Weltanschauungsfragen. In allen Dingen.

Das merke ich mir: _____

_____

12 GUT GEMACHT

Dienstag   Jesaja 44,21-28

Weil das Volk so vergesslich ist, beginnt der heutige Text mit einer Erinnerung. Götzen sind von Menschen gemacht. Doch wir Menschen sind von Gott erschaffen. Und auch die gesamte Schöpfung. Die Eigentumsverhältnisse sind geklärt. Und anders als wir, ist Gott nicht vergesslich. Dieses Versprechen gilt auch dir. Unsere Verbrechen und Verfehlungen hat er ebenfalls nicht vergessen oder übersehen, er hat sie beseitigt. Jesaja darf diese erfreuliche Botschaft der Befreiung jubelnd verkünden. Gott ist der Handelnde. Das ist ein Grund zum Jubeln, wie im Himmel, so auf Erden. Weil Gott sich uns so zugewandt und uns befreit hat, dürfen wir uns ihm zuwenden. Der angekündigten Befreiung durch den Perserkönig Kyros lässt Gott Taten folgen. Das Ende der Verbannung wird versprochen. Und was Gott verspricht, das hält er auch. Das war damals so, und daran wird sich auch nichts ändern. Doch der Prophet schaut noch ein bisschen weiter als bis zur Rückkehr des Volkes nach Jerusalem, wie wir es bei Esra und Nehemia nachlesen können. Weil uns unsere Befreiung und die Wiedergutmachung unserer Verbrechen und Verfehlungen nicht möglich waren, hat Gott rund 700 Jahre später nochmals gehandelt. Gut gemacht, Jesus! Vielen Dank dafür.

Das merke ich mir: _____

_____

SIEHT DOCH GUT AUS

Jesaja 45,1-8

Mittwoch 13

Gott macht Geschichte. Als der Handelnde richtet er sein Wort an eine besondere Erscheinung der damaligen Zeit: König Kyros, der Große, Gründer des Perserreichs. Dem wird es in einer gewagten Aktion gelingen, die unbesiegbare Stadt Babylon zu erobern und die Weltherrschaft zu übernehmen. Gott beruft sich diesen Mann, der nicht nach ihm fragte und ihn nicht kannte, zu seinem Werkzeug. Er nennt ihn Hirte, Gesalbter und gibt ihm einen Ehrennamen. Wozu, besser: Für wen er das tut, macht er in Vers 4 deutlich: Es geht Gott um die Befreiung seines Volkes und um die Erkenntnis, wer der einzige Gott ist. Aus der ersten Gefangenschaft in Ägypten befreit Gott sein Volk durch seinen Knecht Mose. Für die zweite Befreiungsaktion sucht er sich diesen Heiden, mit dem er offensichtlich ebenfalls sein Ziel erreicht. Doch für die endgültige Befreiung aus der Gefangenschaft des Getrenntseins von Gott wird er selbst Mensch. Jesus ist der gute Hirte, der Gesalbte, der Befreier, dem nichts und niemand widerstehen wird. In diesem kurzen Text fällt auf, dass Gott dem neuen Herrscher gleich sechsmal zu verstehen gibt, wer der Herr ist und wer alles bewirkt. Gott selbst macht Geschichte. Und dazu stehen ihm alle Mittel zur Verfügung. Sieht das gut aus!

Das merke ich mir: _____

_____

GUT GEPLANT

Jesaja 45,9-17

Donnerstag 14

Die Einstellung, es besser zu wissen als Gott, scheint nicht sehr modern zu sein. Schon zu Jesajas Zeiten gab es Menschen, die Gott auf die Anklagebank setzen und ihn belehren wollten. Sie waren mit Gottes Handeln nicht einverstanden und hätten ihm gern befohlen, wie und wann er zu handeln hat. Diese Haltung ist leider nicht so witzig wie die Beispiele, die Jesaja in Gottes Auftrag aufzählt. Diese Haltung drückt ein tiefes Misstrauen gegenüber dem Schöpfer aus und das ist sehr gefährlich. Kennst du Situationen, in denen du Gottes Tun oder Lassen nicht verstehen kannst? Möchtest du ihn vielleicht auch mit deinen Gebeten manipulieren? Sind deine Fürbitten in Wahrheit verdeckte Befehle? Gott macht deutlich, dass das nicht möglich ist, und dass das nicht nötig ist. Er hat alles und jeden geschaffen. Er hat die Übersicht und einen Plan. Er ist in der Lage, sein Ziel zu erreichen. Das Ziel seines Handelns ist nicht das Infragestellen seines Wirkens, sondern die Erkenntnis, dass er allein Gott ist. Das werden am Ende dieser Welt einmal alle erkennen und bekennen. Wie gut, wenn wir das schon vorher glauben und bezeugen können, dass er alles sehr gut geplant hat, und dass niemand und nichts uns von seiner Liebe trennen kann (Röm 8,39).

Das merke ich mir: _____

_____

Freitag 15 — GUT GESAGT
Jesaja 45,18-25

Das Wort Gottes ist etwas ganz Besonderes. Am Anfang schuf er damit Himmel und Erde. Menschen vertrauten ihm nur aufgrund seines Wortes. Im Zentrum der Anbetung seines Volkes Israel — im Allerheiligsten des Tempels — stand nur die Bundeslade und darin befanden sich nichts weiter als 2 Steintafeln mit den Worten Gottes. Auch wir heute haben nicht mehr als sein Wort. Wir bekommen nicht mehr als sein Wort. Und wir brauchen nicht mehr als sein Wort, weil es so besonders ist. Allein dieses Wort hat einen besonderen Stellenwert (und es wohl deshalb gleich doppelt ins EC-Versprechen geschafft). Dieses Wort ist unwiderruflich und hat auch dann noch Bestand, wenn alles andere vergangen ist. Dieses Wort will uns das Handeln Gottes deutlich machen: Gott plant, Gott kündigt es an und Gott setzt seinen Plan um (Achtung: Spoiler-Alarm für morgen!). Welche Rolle spielt Gottes Wort in deinem Glaubensleben? Kennst du dich darin aus? Weißt du, dass Gott deine Hilfe und deine Rettung ist? Und kannst du mit seinem Volk und der weltweiten Gemeinde der Menschen, die ihn und sein Wort liebhaben und ernst nehmen, bekennen, dass es nur bei ihm Rettung und Schutz gibt (V.24). Ja? Dann hast du es gut. Sag es doch bitte weiter!

Das merke ich mir: _____

Samstag 16 — ALLES WIRD GUT
Jesaja 46,1-13

Das macht Gott mit der Ankündigung des Untergangs der babylonischen Götzen Bel und Nebo deutlich. Diese mussten getragen werden. Zu Hoch-Zeiten des babylonischen Reiches in feierlichen Siegeszeremonien. Nun auf dem Weg in die Gefangenschaft. Eine ganz schöne Buckelei. Eine Aufgabe für Esel. Wobei mal unter uns: Was schleppe ich eigentlich so an religiösem Ballast mit mir rum? Wie anders ist dagegen Gott: Der muss nicht getragen werden — im Gegenteil: ER trägt und erträgt seine Kinder. In aller Treue, Liebe und Geduld. „Von Kindesbeinen an — so jetzt und immerdar", wie es Martin Rinckart in seinem wunderschönen Choral bezeugt. Das macht mir Mut im Blick auf mein eigenes Älterwerden und im Blick auf unsere kleiner und weniger werdenden ECs und alt gewordenen Gemeinschaften. Gott bleibt sich und damit uns treu! Jesus fragt sich selbst einmal, wie lange er uns noch ertragen muss (Mk 9,19). Das war sicher eine rhetorische Frage, weil Jesus Jesaja 46,4 bestens kannte. Wir werden getragen bis ans Ende. Das klingt gut. Auf diese Zusage unseres unvergleichlichen und unvergleichlich guten Gottes will ich mich verlassen. Die Rettung ist geschehen, die Hilfe ist uns versprochen. Deshalb wird alles gut. Ich glaub's. Du auch?

Das merke ich mir: _____

KW 51 bearbeitet von Thomas Hölzemann,
Klinikseelsorger Sana Krankenhaus Gottesfriede,
15569 Woltersdorf
E-Mail: Thomas.Hoelzemann@sana.de

ES WIRD HELLER
Psalm 85

Das Volk Israel ist wieder zu Hause. Die Gefangenschaft in Babylon ist vorbei. Große Freudenfeste wurden gefeiert. Das Projekt „Wiederaufbau" ist gestartet. Eigentlich alles perfekt, oder? Nein. Die Aufbruchsstimmung wird getrübt. Es läuft alles nicht reibungslos. Schon wieder droht Ärger mit den Nachbarvölkern und auch intern gibt es Streit. Aber anstatt, dass nun jeder sein eigenes Ding macht, wendet sich das Volk an Gott: „Du hast uns zuvor geholfen, bitte hilf uns wieder." Diese Bitte hilft.

Im Psalm leuchten nach und nach Hoffnungslichter auf. Güte trifft auf Treue. Gerechtigkeit umarmt Friede. Ehre wohnt im Land. Frucht wird geschenkt. Es wird heller im Land. Psalm 85 passt in die Adventszeit. Draußen ist es dunkel. Doch viele kleine Lichter erhellen die Welt. Jede Woche eine Adventskerze mehr. Diese Adventszeit lenkt meinen Blick auf Gott: Ich schaue auf den, der da kommt. Ich vertraue mich ihm in meinem Hoffen und Sehnen, Tun und Lassen an. Ich rechne damit, dass Christus nicht nur früher mal zur Welt gekommen ist, sondern dass er wiederkommen wird. Ich freue mich über die vielen großen und kleinen Hoffnungslichter in der Welt.

Wo erleuchtet Gottes Liebe heute meine Umgebung? Wo kann ich ein Licht für andere sein?

Das merke ich mir: _____

_____

_____

WOCHENSPRUCH
Bereitet dem HERRN den Weg; denn siehe, der HERR kommt gewaltig.
Jesaja 40,3.10

Lied: FJ5! Nr. 10   3. Advent | Sonntag

Du bist ein Gott, der mich sieht.
Gen 16,13

Gott sieht mich, ich sehe Gott. Die Blickwechsel mit ihm sind für mein Leben immer wieder berührende, heilsame und bewegende Momente.

Thomas Hölzemann

18 GOTTES BERUFUNG STÄRKT

Montag — Jesaja 49,1-6

Dieser Abschnitt ist das zweite der vier „Gottesknechtslieder" bei Jesaja. Die christliche Auslegungstradition liest diese Abschnitte mit Blick auf Christus. Tatsächlich erfüllen sich die Aussagen durch Jesus. Ich kann so beim Lesen des Alten Testaments über Jesus und seine göttliche Berufung staunen. Manche Ausleger sehen im Gottesknecht einen konkreten, von Gott berufenen Menschen. Wieder andere beziehen die Abschnitte auf das berufene Volk Israel. Auch so lassen sich gute Entdeckungen machen. Das spricht für die Tiefe und Vielschichtigkeit der Bibel. Es geht um Berufung. Berufene Menschen sind mit Gott unterwegs. Ihre Aufgaben können verschieden sein. Woher kommen Kraft und Mut dafür? Vielleicht aus der Tiefe einer Berufung („schon im Mutterleib", V.5)? Oder freue ich mich über meine Ausrüstung, meine Gaben, meine Fähigkeiten, die Gott mir mitgibt (Schwert, Pfeil, Köcher)? Vielleicht begeistern mich auch das Ziel und die Größe der Aufgaben („bis ans Ende der Erde.", V.6)? Darin schenkt Gott Energie und Motivation. Was ist deine Berufung? Oder vielleicht auch nur: Was sind deine Aufgaben dieser neuen Woche? Mach sie auch zu Gottes Aufgaben! Bete dafür und entdecke sie in seinem Licht! Lass dich dafür von Gott stärken!

Das merke ich mir: _____

19 GOTT HAT EIN TATTOO

Dienstag — Jesaja 49,7-17

Wieder sehr tröstliche und hoffnungsvolle Worte. Das Volk Israel erlebt sich als Spielball der Weltmächte. Die Botschaft Jesajas lautet aber: Nicht heidnische Könige und tyrannische Fürsten haben euch in der Hand, sondern ihr seid in Gottes Hand gelegt — sogar gezeichnet, festgehalten auf ewig. Ja, so bildlich stelle ich mir das vor: Damit Gott sein Volk Israel nie vergisst und fallen lässt, trägt er das Bild Jerusalems in den Handflächen. Er erinnert sich selbst an sein Versprechen. Es ist kaum denkbar, dass eine Mutter ihren Säugling vergisst. Noch undenkbarer ist, dass Gott sein geliebtes Volk vergisst. Er wird helfen, befreien und retten. Das hat er sich sichtbar „eintätowiert". Dafür steht er auf ewig. Ich darf diese unvergessliche Liebe Gottes auch auf mich beziehen. Auch ich bin und bleibe ewig geliebt, gehalten und getragen in Gottes Hand. Befreit und gerettet, weil er sogar in Jesus Christus seine Hand hat durchbohren lassen am Kreuz. Unvergessbar in Gottes Blick. Wie wäre es, wenn ich mich daran heute auch immer wieder bewusst erinnern lasse? Ich schreibe mit Kuli in meine Handfläche: „Gott vergisst mich nicht!" Und immer, wenn mir heute diese Liebesbotschaft auffällt, sage ich „Ja, Amen!?"

Das merke ich mir: _____

REDEN UND HÖREN
Jesaja 50,4-11 — Mittwoch 20

Hier lesen wir das dritte „Gottesknechtslied". Wieder lässt sich diese alttestamentliche Stelle trefflich auf Jesus hindeuten. Gehorsam vor Gott wurde er geschlagen, verspottet, gedemütigt und gekreuzigt. Doch hat Gott diese scheinbare Niederlage in einen Sieg verwandelt. Ja, vom Neuen Testament her ist es fast unmöglich, hier nicht an Jesus zu denken, und es passt auch in die vorweihnachtliche Zeit, an sein Leiden zu erinnern. Doch gerade in seinem Leiden darf ich das Leiden anderer entdecken. Zu allen Zeiten wurden und werden Menschen um ihres Glaubens willen verfolgt. Gott sei Dank kann ich meinen Glauben frei leben. Ich halte nichts davon, in unserem freien Land irgendwelchen Leidensdruck für Christen herbeizureden. Mir geht es hier sehr gut. Und doch kann es auch für mich im Glauben zu Situationen kommen, die Geduld und Durchhaltevermögen fordern. Woher bekomme ich diese als Christ? Der Gottesknecht weiß: durch reden und hören (V.4). Gerade in schwierigen Zeiten möchte ich das Gespräch mit Gott bewusst pflegen. Ebenso dürfen das Zuhören und das Reden mit Menschen, die müde und kraftlos sind, nicht fehlen. Wem möchte ich heute Mut und Trost zusprechen? Wo möchte ich heute bewusst hinhören?

Das merke ich mir: _____

FRÖHLICHE WEIHNACHT ÜBERALL
Jesaja 51,1-8 — Donnerstag 21

„Hört auf mich!" (V.1.4.7) Durch Jesaja lässt Gott aufhorchen. Nicht nur sein eigenes Volk Israel spricht er hier an, sondern alle Menschen und alle Völker sollen hören. Gott wird handeln. Gerechtigkeit und Rettung wird er schenken. Ein Licht wird über der ganzen Welt erstrahlen. Jubeln und Freude wird zu hören sein. Erinnert euch an das, was geschah! Man könnte meinen, auch Jesaja sei in Weihnachtsstimmung – Jahrhunderte vor Christi Geburt. Warum eigentlich nicht? Hier kündigt der Prophet doch genau das an, worum es Weihnachten geht: Rettung, Heil, Licht und Hoffnung, Friede auf Erden und Freude bei denen, die Gott aufsucht. Die Vorweihnachtszeit wird oft durch so viele kleine und große Aktivitäten gefüllt. Es gibt schöne Traditionen. Es gibt allerdings auch einiges an unnötigem Ballast. Insgesamt ist es aber immer wieder schön. Ich darf es feiern und genießen. Allerdings möchte ich nicht vergessen, was wir in ein paar Tagen wirklich feiern, weltweit und überall: Jesus, der Retter ist da! „Hört mir zu!" Vielleicht brauche ich auch so kurz vor dem Fest jemanden, der mich darauf hinweist, worum es wirklich geht. Wie kann ich dieses Jahr das Weihnachtsfest zum Christus-Fest machen?

Das merke ich mir: _____

22 LIEBE MIT MACHT

Freitag

Jesaja 51,9-16

Manchmal wird Gott unterschätzt. Hier wird in Worten und Bildern von ihm gesprochen, die große Macht ausdrücken: Gott war vor aller Schöpfung da. Er hat das Chaos besiegt. (Der Drache ist eine mythologische Figur, ein Symbol für feindliche Mächte. Manchmal wird es für menschliche feindliche Großmächte genutzt, hier evtl. Ägypten, vgl. Jes 30,7.) Gott hat sein Volk durchs Meer geführt. Gott beherrscht Himmel und Erde, Zeit und Raum. Er ist ein mächtiger, kämpfender Gott („Herr Zebaoth" = Kriegsname Gottes: „Herr, der Heerscharen"). So zeigt Jesaja: Unterschätzt bloß nicht die Macht Gottes. Allerdings will er damit keine Angst machen. Im Gegenteil. Ganz zentral in dieser wuchtigen Rede sind die Aussagen: Die Befreiten werden heimkommen (V.11). Ich bin euer Tröster (V.12). Du bist mein Volk (V.16). Vielleicht unterschätze ich Gott manchmal auch. Zum einen seine Macht: Er ist kein Schönwettergott für lieblich-gemütliche Stunden. Zum anderen unterschätze ich vielleicht noch viel häufiger seinen Eifer und seine Leidenschaft, wenn es ums Retten geht. Mit aller Macht kommt Gott hinein in unsere Welt, in unsere Zeit, in mein Leben, um zu erlösen und zu trösten. Er sagt mir mit liebe- und machtvoller Stimme: Du bist mein!

Das merke ich mir: _____

_____

23 AUF GEHT'S ZUM FEIERN

Samstag

Jesaja 52,1-12

Hat im gestrigen Abschnitt das Volk Israel Gott zugerufen: „Wach auf, wach auf" (Jes 51,9), so ist es heute Gott, der ruft! Es ist aber kein Alarmschrei und kein Warnruf. Es ist eine Einladung zum Feiern, ein Aufbruch zu einem Freudenfest. Gott erinnert an seine Taten. Gott erneuert seine Zusage: Ich komme zu euch, ich werde da sein (V.6). Boten eilen von den Bergen in die Stadt und kündigen Gottes Herrschaft in Jerusalem an. Das ist Grund zum Jubeln. Also los, Israel, mach dich auf zum Feiern! Es könnte am Tag vor Heiligabend keinen schöneren Aufruf geben. Los geht's, macht euch auf. Es gibt Grund zum Feiern. Gott ist da! Wie ist deine Weihnachtsstimmung so kurz vor dem Fest? Glücklich? Voller Vorfreude? Das ist schön. Dann sei doch einer der Freudenboten, die anderen von Gottes Kommen erzählen. Vielleicht schaust du aber auch eher bedrückt auf die kommenden Tage? Du musst arbeiten, anstatt zu feiern? Oder es kommt zu schwierigeren Familientreffen? Oder ganz andere Nöte überschatten die Festlichkeit? Umso mehr: Lass dich von Gott wachrütteln und einladen. Nicht Du wirst die Weihnachtsfreude selbst machen müssen, sondern er macht sie. Er kommt in Jesus Christus zur Welt. Er lädt dich ein, die kommenden Tage mit ihm zu feiern!

Das merke ich mir: _____

_____

KW 52 bearbeitet von Friederike Deutschmann,
Pädagogin für Freiwilligendienste beim
Deutschen EC-Verband, 34134 Kassel
E-Mail: friederike.deutschmann@ec.de

WOCHENSPRUCH
Das Wort ward Fleisch und wohnte unter uns und wir sahen seine Herrlichkeit.
Johannes 1,14a

24 | 4. Advent/Heiligabend | Sonntag

Lied: FJ5! Nr. 13

FREUDENFEST WEIHNACHTEN – FÜR ALLE!?
Psalm 115

Es ist Weihnachten. Ein Fest der großen Freude, vor allem für uns Christen! Im heutigen Psalm steht mehrfach: „Vertraue dem Herrn!" Aber wie, wenn ich allein bin und das an Heiligabend besonders schmerzlich wahrnehme? Aber wie, wenn meine Familie zerstritten ist und Weihnachten sich immer eher wie ein Horrorfest anfühlt als wie ein Freudenfest? Aber wie, wenn ich als alleinerziehende Mutter mit meinen Kindern auf mich allein gestellt bin? Aber wie, wenn ich gerade einen geliebten Menschen verloren habe?

Wie verbringen andere in deiner Nachbarschaft/Umgebung wohl ihr Weihnachtsfest? Wir haben eine Freudenbotschaft für alle diese Menschen: „Er allein bietet Hilfe und Schutz!" (V.9) „Er will uns seinen Segen geben!" (V.12) „Gesegnet seid ihr vom Herrn, der Himmel und Erde gemacht hat" (V.15). Nicht nur dieser Psalm, die ganze Bibel ist voller guter Botschaften. Wem kannst du heute die gute Botschaft überbringen? Wer braucht sie ganz dringend? Vielleicht ist es dran, jemanden einzuladen, an den du länger nicht gedacht hast?

Lasst uns Gottes Liebe in diese Welt streuen und dafür sorgen, dass das Weihnachtsfest nicht nur für uns ein Freudenfest wird!

Das merke ich mir: _____
_____
_____

Du bist ein Gott, der mich sieht.
Gen 16,13

Ich bin nicht davon abhängig, von anderen gesehen zu werden,
weil ich einen unfassbar liebevollen Gott kenne,
der mich gutherzig ansieht – das reicht.

Friederike Deutschmann

Dezember

25 | AUSERWÄHLT UND GESEGNET — Lukas 1,46-55

1. Weihnachtstag | Montag

Ein Loblied, gesungen mit ganzer Seele! Durch die Begegnung mit Elisabet hat Maria erkannt, wie bedeutend ihre Schwangerschaft ist. Als Frau, die den Messias in sich trägt, wird sie als eine „Gesegnete" bezeichnet. „Glückselig bist du, denn du hast geglaubt." So die Worte von Elisabet (V.45). Marias Antwort: Gesang! Sie preist den Herrn, verkündet Gottes Größe und jubelt vor Freude über Gott als Retter. Mit Ehrfurcht erkennt sie, dass nicht nur Elisabet, sondern alle Generationen sie gesegnet nennen werden. Gesegnet? Ist man nicht gesegnet, wenn man reich an Gütern, Freunden und Ansehen ist? Ist das nicht unsere derzeitige Definition von „Gesegnetsein"? Nach unseren Maßstäben sieht Maria vielleicht erst einmal überhaupt nicht gesegnet aus. Sie kommt nicht aus einer Familie, die sich teures Essen oder Kleidung leisten kann. Doch Gott hat sie auserwählt, die Mutter des Messias zu sein. Was bedeutet das für sie? Als das bei ihr durchsickert, dass sie ein überaus besonderes Kind zur Welt bringen wird, ist für sie Worship angesagt: „Ich lobe den Herrn aus tiefstem Herzen." Maria ist nicht die einzige Auserwählte. Wir alle sind von Gott auserwählt und berufen. Ist dir bewusst, dass dich das zu einem gesegneten Menschen macht?

Das merke ich mir: _____
_____

26 | SEHNSUCHT UND FRIEDEN — Lukas 2,29-32

2. Weihnachtstag | Dienstag

Worauf hast du in diesem Jahr besonders sehnsüchtig gewartet? Simeon hatte sein Leben lang sehnsüchtig den Messias erwartet, der in der Heiligen Schrift verheißen worden war: der Trost Israels, der Eine, der sein Volk von seinen Sünden retten würde. Der Heilige Geist hatte Simeon offenbart, dass er nicht sterben würde, bevor er ihn sah. Wie sehr muss das seine Vorfreude noch gesteigert haben! Und dann ist es soweit: Er hält den Retter in seinen Händen, sieht ihn mit eigenen Augen. Dass der Mensch, den Simeon so lange erwartete und herbeisehnte, da ist, bringt ihn zu der Aussage, nun in Frieden sterben zu können. Er glaubt, dass dieses Baby der mächtige Gott ist, der verheißene Messias. Was für ein Frieden stellt sich ein! Und die ersten Worte Simeons drücken diesen Frieden aus, vor allem, wenn man den Original-Text betrachtet. Das Wort, das mit „Diener" übersetzt wird, ist das Wort für einen Sklaven. Und das Wort, das mit „fahren" (oder auch „sterben") übersetzt wird, ist das gleiche Wort, das verwendet wird, wenn ein Sklave entlassen und befreit wird. Stell dir den Frieden vor, den ein ehemaliger Sklave erlebt, wenn er freigelassen wird. Wo möchtest du dich von Jesus befreien lassen?

Das merke ich mir: _____
_____

DEIN FRIEDEN-TANK
Jesaja 52,13 — 53,5

Mittwoch 27

„Er ertrug die Schläge, damit wir Frieden haben." Bekannte Verse, die wir meist zur Osterzeit im Gottesdienst hören. Wichtig ist aber, dass wir beide Geschichten kennen: die von Weihnachten und die von Ostern — sie hängen so eng zusammen! Das Jesuskind brachte Frieden — das singt ein ganzer Engelchor — doch wodurch wurde das sichtbar? Es wird durch das sichtbar, was an Ostern geschah. In dem heutigen alttestamentlichen Text wird genau das vorhergesagt: Durch die Misshandlung Jesu und seinen Tod können wir einen Frieden erleben, den uns die Welt nicht geben kann (Joh 14,15). Dieser Friede übersteigt unseren Verstand (Phil 4,7) und er soll unsere Gedanken und unsere Herzen behüten. Was für eine Gnade — auch wenn der Friede in vielen Zusammenhängen weit weg scheint! An so vielen Stellen wünschen wir uns den Frieden Gottes und er scheint sich nicht einstellen zu wollen. Bei uns fängt es an: Wenn Gott unsere Herzen mit Frieden erfüllt, sind wir befähigt, Frieden auszustrahlen und Jesus als Retter zu bezeugen. Das ist der erste Schritt zur Veränderung in dieser Welt! Nimm dir heute bewusst Zeit, um in der Stille den Frieden Gottes dein Herz erobern und deinen Frieden-Tank auffüllen zu lassen. Denn das wird dich reich machen, zu geben.

Das merke ich mir: _____

_____

TIEFE GNADE
Jesaja 53,6-12

Donnerstag 28

Wenn ich diese Verse lese, verspüre ich oft ein Unbehagen. Doch sie weisen auf das hin, was oft die „Gute Nachricht" genannt wird! Alle Schuld ist komplett beglichen. Ich weiß nicht, wie es dir geht, aber für mich ist Schuld echt kein Kuschelthema. Wenn ich merke, dass ich wieder mal ordentlich Schuld auf mich geladen habe, auch unbeabsichtigt, dann nimmt mich das ganz schön mit. Bis ich damit zu Jesus gehe! Jesaja bekräftigt, dass wir es sind, die wir uns unserem eigenen Weg zugewandt und verirrt haben. Wir haben eine Schuld auf uns geladen, die wir nicht bezahlen können. Deshalb hat Gott seinen Sohn, Jesus Christus, auf diese Erde geschickt. Er hat uns eine Möglichkeit eröffnet, frei von unserer Schuld zu werden. Wenn wir das Kreuz betrachten und den Tod Jesu an unserer Stelle sehen, sollten uns zwei Dinge auffallen: das Grauen unserer Sünde gegen Gott und die Tiefe der Gnade, die uns angeboten wird. Was ist die richtige Reaktion auf ein solches Opfer? 1. Petrus 2, 24f. sagt uns in Anlehnung an die Prophezeiung von Jesaja: „Durch seine Wunden seid ihr geheilt worden. Ihr wart wie Schafe, die sich verirrt hatten. Aber jetzt seid ihr zurückgekehrt zu eurem Hirten, der euch beschützt." Kehre um und geh zu Jesus mit deiner Schuld!

Das merke ich mir: _____

_____

Dezember

29 EWIGE BARMHERZIGKEIT

Freitag   Jesaja 54,1-10

Dieser Text ist von großer Wichtigkeit für die Christenheit! Es geht hier um ein großes Versprechen von unserem großen Gott. Er verspricht uns, dass er sich mit ewiger Gnade über uns erbarmen wird. Diese Verheißung gilt seitdem, denn sein Entschluss steht fest. Genauso, wie Gott nach der Sintflut versprach, die Erde nicht wieder zu verfluchen, sagt er hier (V.8): „Meine Liebe hört niemals auf, darum habe ich Erbarmen mit dir. Das sagt der Herr, dein Befreier." Er gibt zu, dass er Israel für eine kleine Weile verließ und sein Angesicht eine Weile verborgen hielt (V.7f.). „Aber mein Erbarmen mit dir ist so groß, dass ich dich wieder heimhole." Und dabei bleibt es nicht. Er macht ein Versprechen, auf das wir heute noch bauen: Gott wird uns niemals verlassen! Er verspricht in Vers 10, dass seine Gnade und Liebe niemals mehr von uns, seinen geliebten Kindern, weichen werden.

Von dieser ewigen Gnade bezeugen noch einige weitere Bibelstellen. Ich ermutige dich heute, selbst nachzulesen: Psalm 103,17; Psalm 106,1; Psalm 108,5; Klagelieder 3,22f.; Joel 2,13; Micha 7,18.

Das merke ich mir: _____

_____

30 NICHT BILLIG, ABER KOSTENLOS

Samstag   Jesaja 55,1-5

Gott lädt die Durstigen, die Armen und die Hungrigen ein, zu ihm zu kommen und Ganzheit und Zufriedenheit in Gott zu finden. Wie ein Ruf auf einem Marktplatz an die Menschen, die auf der Suche nach den besten Produkten und Getränken zum günstigsten Preis vorbeikommen, ruft Gottes Prophet die Menschen auf, nicht unter den Anbietern zu wählen, die mit dem konkurrieren, was Gott anbietet. Die Botschaft lautet in der Tat, dass sie nicht konkurrenzfähig sind. „Warum Geld für Brot ausgeben, das nicht satt macht?" (V.2) Gott lädt sowohl die geistlich als auch die körperlich Hungernden und Dürstenden ein, zu kommen und Leben in Fülle zu erleben. Das Bemerkenswerteste an diesem Angebot ist, dass es kostenlos ist! Das heißt nicht, dass es billig ist. Nein, es gibt viel zurückzulassen – den Hunger nach Macht, die Begierde nach Dingen, die nicht befriedigen, die Anbetung anderer Götter, die Misshandlung des Nächsten, die Verdrehung der Gerechtigkeit, das Horten von Reichtum auf Kosten der Armen usw. Gott ruft die Menschen von solchen Dingen weg, und er hat alles dafür getan, um diese Erlösung überhaupt möglich zu machen! Das ist keine billige Gnade, aber sie ist umsonst und sie ist für alle, die hungern und dürsten und der Einladung folgen.

Das merke ich mir: _____

_____

KW 53 bearbeitet von Tobias Schäuble,
Diakon und Inhaber von RS Reisen e. K.,
70771 Leinfelden-Echterdingen
E-Mail: t.schaeuble@rs.reisen

IN JEDEM ENDE STECKT EIN ANFANG
Jesaja 55,6-13

Wir befinden uns mit unserem Text im letzten Abschnitt des 2. Teils des Jesajabuches, dem sogenannten Trostbuch. Und auch mit diesem Jahr befinden wir uns heute im letzten Abschnitt.

Was hat das Jahr für dich gebracht? Wie würdest du es überschreiben? Im Bibeltext steckt jede Menge drin: Es geht um die Aufforderung, Gott zu suchen — noch geht das! Es geht um die Verheißung, dass Gott vergibt und dass sein Wort etwas bewirkt, auch wenn es manchmal gar nicht danach aussieht. Es geht um Trost und Hoffnung und darum, dass Gottes Pläne und Gedanken über meinem Leben oft ganz anders sind als meine eigenen.

Vielleicht hast du das sogar besonders gespürt in diesem zurückliegenden Jahr. Was nimmst du dir mit von diesen vielen Gedanken aus dem Text? Wenn du magst, dann investiere doch heute mal ein paar Minuten Zeit und lass den Text direkt in dein Leben sprechen, indem du folgenden Fragen nachspürst: Wo fordert dich der Text heraus am Ende dieses Jahres? Wo wird er dir zum persönlichen Trostbuch, auch mit Blick auf das neue, noch vor dir liegende Jahr?

Ich wünsche dir ein gutes Abschließen dessen, was hinter dir liegt und einen zuversichtlichen Start in das, was da noch kommt im Jahr 2024! Gott ist mit dir!

Das merke ich mir: _____

_____

_____

WOCHENSPRUCH
Meine Zeit steht
in deinen Händen.
Psalm 31,16a

Lied: FJ5! Nr. 16 · Silvester | Sonntag

31

Du bist ein Gott,
der mich sieht.
Gen 16,13

Sehen und gesehen
werden! Darum geht es!
Tobias Schäuble

Die Sozial-Missionarische Arbeit im Deutschen EC-Verband

„Sind wir satten Christen überhaupt noch glaubwürdig?" — Dieser Satz unserer Ideengeberin Marliese Worch aus den 1950er Jahren war Startschuss für den Einsatz für mehr Globale Nächstenliebe innerhalb des EC und darüber hinaus. Seither hat sich das Gesicht der Sozial-Missionarischen Arbeit weiterentwickelt.

Damals wie heute wird auf der einen Seite der Satz unserer Ideengeberin ganz praktisch sichtbar: Seit mehr als 60 Jahren beschäftigt sich die Sozial-Missionarische Arbeit mit ihren inzwischen drei Arbeitsbereichen in Indien, Nepal und Litauen damit, Kindern und Jugendlichen vor Ort „Hoffnung [zu] schenken". Denn „Entschieden für Christus" heißt auch entschiedenes Eintreten für die bzw. den Nächsten. So werden benachteiligte Kinder und Jugendliche mit einer fairen Chance auf ganzheitliche Entwicklung fernab von Armut und Perspektivlosigkeit zu einem Leben mit mehr Perspektive befähigt. Es geht darum, ein selbstbestimmtes und menschenwürdiges Leben in Beziehung zur Gemeinschaft, der Schöpfung und dem Schöpfer zu ermöglichen: Dabei treiben uns die „4D" des Deutschen EC-Verbandes an und wir leben diese Dimension: sozial, also an den Nöten der Menschen orientiert, missionarisch im Sinne des Zeugnisse für Christus, der jeden einzelnen Menschen persönlich ansieht und am christliche Menschenbild, das in der Gottesebenbildlichkeit begründet ist, unabhängig von Geschlecht, Nationalität, Religionszugehörigkeit oder sozialem Status.

Auf der anderen Seite wird es vor Ort in den EC-Jugendarbeiten erkennbar, wenn Botschafterinnen und Botschafter für das Thema Globale Nächstenliebe im Teenkreis oder der Jungschar sensibilisieren und mobilisieren und Workshops zu sozialethischen Themen wie Ebenbildlichkeit, Nächstenliebe oder Rassismus veranstaltet werden. Oder wenn der EC-Kreis sich — im Kiez um die Ecke — mit einem „Nachhilfeangebot" engagiert. Oder wenn ein Jugendkreis für die restliche Schöpfung in der „Waldputzete" Verantwortung übernimmt und Müll und Unrat entfernt. Aber eben auch, wenn sich „klassisch" einzelne EC-Jugendkreise mit einer Patenschaft für einen Menschen im internationalen Bereich engagieren.
Das versteckt sich heute hinter der Frage von Marliese Worch: „Sind wir satten Christen überhaupt noch glaubwürdig?"

Weitere Informationen: www.ec-indienhilfe.de oder auf Instagram: ec_sma
Oder bei: Ulrich Mang, Referent für Sozial-Missionarische Arbeit, ulrich.mang@ec.de

Autor	Woche
Adler, Michael	34
Bast, Thomas	21
Deutschmann, Friederike	52
Dürr, Harald	37
Edler, Annkatrin	29
Engelhardt, Matthias	25
Göttler, Klaus	8
Haubner, Samuel	47
Höcht, Christoph	6
Hofmann, Patrizia	20
Holfeld, Christian	17
Hölzemann, Thomas	51
Hönemann, Christian	24
Jahnke, Michael	27
Johannsen, Lars	22
Kamm, Thomas	50
Käßner, Thomas	16
Kerschbaum, Matthias	15
Koch, Linda	14
Kröck, Thomas	49
Kühn, Daniel	28
Kuttler, Cornelius	26
Limpf, Uli	42
Maier, Thomas	10
Mang, Ulrich	19
Marek, Andy	45
Müller, Andy	48
Müller, Ingo	39
Münch, Stephan	43
Petersen, Christian	18
Pfalzer, Steffi	23
Ramsperger, Stefanie	32
Reitzner, Jan	11
Sames, Thomas	12
Schäuble, Tobias	53
Scherwing, Pierre	44
Schmierer, Andreas	13
Schuh, Simon	36
Schüttendiebel, Karin	1
Seeger, Thomas	5
Seidel, Ronald	40
Siehler, Martin	3
Stattaus, Sebastian	41
Steeger, Reinhard	30
Steinhilber, Björn	35
Szilagyi, Edit	4
Trick, Matthias	7
Trumpp, Matthias	9
van Westen, Sandra	2
Voß, Gerd	31
Westhäuser, Frauke	38
Westhäuser, Gesine	33
Wüst, Lydia	46

Einführungen in die biblischen Bücher

27 ... 1. Mose
28 ... Römer
80 ... Matthäus
97 ... Sprüche
98 ... Philipper
201 ... Jakobus
202 ... Hiob
224 ... Judas
229 ... Jesaja
230 ... Lukas

Bearbeitete Bibelstellen

Buch	Bibelstelle	Datum	Buch	Bibelstelle	Datum
1. Mose	1,1 – 2,17	02.01. – 05.01.	Psalm	82	16.07.
	2,18-25	07.01.		84	19.03.
	3,1 – 6,22	09.01. – 14.01.		85	17.12.
	7,1 – 9,28	16.01. – 21.01.		100	30.04.
	11,1 – 14,24	23.01. – 28.01.		101	09.07.
	15,1 – 18,33	30.01. – 04.02.		103	25.06.
	19,1 – 23,20	06.02. – 11.02.		104	01.10.
	24,1 – 27,29	30.05. – 03.06.		105,1-15	15.01.
	27,30 – 31,32	05.06. – 10.06.		105,16-45	22.01.
	31,33 – 37,36	12.06. – 17.06.		106,1-23	23.07.
	39,1 – 42,38	19.06. – 24.06.		106,24-28	30.07.
	43,1 – 46,34	26.06. – 01.07.		108	07.05.
	47,1 – 50,26	03.07. – 08.07.		111	14.05.
Hiob	1,1 – 5,27	30.10. – 04.11.		112	03.09.
	6,1 – 10.24-30	06.11.		113	04.06.
	7,7 – 14,12	07.11. – 11.11.		114	24.09.
	19,21-29	13.11.		115	24.12.
	31,16-24	14.11.		117	03.12.
	40,1-32	15.11. – 16.11.		118,1-14	28.05.
	42,1-17	17.11. – 18.11.		119,1-8	08.10.
Psalm	4	18.06.		119,9-16	15.10.
	8	01.01.		119,17-24	22.10.
	10	12.03.		126	26.11.
	16	10.09.	Sprüche	1,1 – 2,22	26.04. – 29.04.
	19	29.10.		3,1 – 5,23	01.05. – 06.05.
	22,1-22	05.11.		6,6 – 9,18	08.05. – 13.05.
	22,23-32	12.11.	Jesaja	40,1-31	01.12. – 02.12.
	23	23.04.		41,8 – 44,5	04.12. – 09.12.
	25	05.03.		44,6 – 46,13	11.12. – 16.12.
	27	21.05.		49,1 – 52,12	18.12. – 23.12.
	34	11.06.		52,13 – 55,13	27.12. – 31.12.
	40	29.01.	Matthäus	4,18 – 5,32	10.07. – 15.07.
	60	19.02.		5,33 – 6,23	17.07. – 22.07.
	61	12.02.		6,24 – 8,4	24.07. – 29.07.
	62	05.02.		8,5 – 9,8	31.07. – 05.08.
	63	06.08.		9,9 – 10,15	07.08. – 12.08.
	64	26.02.		10,16 – 11,24	14.08. – 19.08.
	69,1-16	26.03.		11,25 – 12,50	21.08. – 26.08.
	69,17-37	02.04.		13,1-9.18-23	28.08.
	70	19.11.		13,10-17	29.08.
	71	08.01.		13,24-30.36-43	30.08.
	72	06.01.		13,31-52	31.08. – 02.09.
	77	02.07.		13,53 – 15,28	04.09. – 09.09.
	78,1-31	13.08.		15,29 – 17,21	11.09. – 16.09.
	78,32-55	20.08.		17,22 – 19,12	18.09. – 23.09.
	78,56-72	27.08.		19,13 – 20,34	25.09. – 30.09.
	79	17.09.		21,1-46	02.10. – 07.10.
	80	10.12.		22,1 – 23,39	09.10. – 14.10.